Franz Kafka

프란츠 카프카

인간·도시·작품

김 충 남 지음

Franz Kafka

HUFS BOOKS

일러두기

1. 각주에서는 저자와 출판년도, 그리고 쪽수만을 표기하였다. 자세한 것은 참고문헌 목록에서 확인할 수 있다.
2. 주요 인명과 카프카 작품명의 원어는 찾아보기에 나와 있다.
3. 본문 가운데 카프카 작품의 참조나 인용 시 괄호 속에 작품의 약어와 쪽수를 표기하였다. 약어는 참고문헌 목록 중 일차문헌에서 확인할 수 있다.

머리말

카프카가 국내에 소개된 지 반세기가 지나고 그동안 수많은 연구와 번역이 이루어졌지만, 현대인의 삶을 예견했던 카프카는 오늘을 살아가는 우리들에게도 여전히 낯설고 난해한 작가로 다가온다. "한 권의 책은 우리 안의 얼어붙은 바다를 부수는 도끼여야 한다."고 카프카는 설파한다. 우리에게 필요한 책은 정신이 번쩍 들 정도로 강한 충격을 주는 것이어야 한다는 것이다. 이러한 자신의 주장처럼 그의 작품들은 한 결 같이 충격적이고, 매력적인 반면에 난해하다. 때문에 그는 수수께끼 같은 미로의 작가로 불리기도 한다. 그러나 무엇보다 산업화된 사회에서의 인간의 고독과 소외, 불안을 집중적으로 다룬 카프카의 예견은 적중했으며, 그의 작품들은 오늘날에도 여전히 유효하고 현재성이 있음을, 이미 조지 오웰의 『1984』는 물론, 최근의 무라카미 하루키의 『1Q84』 역시 입증하고 있다. 상시 감시체제, 테러, 독재정권, 공포정치 등은 21세기에도 여전히 존재하고 있으며, 카프카와 오웰의 빅 브라더는 구글의 스트리트 뷰로 변신하여 오늘날 더욱 위세를 떨치고 있다. 또한 『판결』에서 시작해서 『소송』과 『성』으로 이어지는 막강한 권력기관과 무력한 개인 간의 투쟁 역시 오늘날에도 세계 곳곳에서 재현되고 있다.

필자는 20세기가 끝나가는 1997년부터 1년간 체코 프라하의 찰스대학교에 교환교수로 가 있었다. 이 1년은 카프카와 함께 한 1년이기도 했다. 마침 대학이 구시가지에 위치하고 있어서, 강의가 끝나면 매일 같이 미로와 같은 구시가지의 골목길들, 카프카 생가, 카프카가 다녔던 학교들, 그가 즐겨 드나들었던 카페들, 평생의 일터였던 노동자재해보험국 앞을 지나다녔으며, 주말에는 몰다우 강의 카를 다리를 지나 프라하 성, 비투스 성당, 황금소로의 작업실 등을 둘러보곤 했다. 모두가 카프카의 영혼이 깃들어 있는 현장들이었다. 그 후 10년이 지나 2007년 다시 프라하를 방문했을 때는 카프카에 대한 체코인들의 관심이 이전보다 훨씬 고조되어 있음을 확인할 수 있었다. 시내 중심가에 카프카 동상이 새로 세워졌으며, 카프카의 이름을 딴 카페들도 많이 눈에 띄었다. 특히 눈길을 끈 것은 몰다우 강변에 있는 카프카 박물관이었다. 규모는 그리 크지 않았지만 전시물 중 인상적인 것은 『유형지에서』의 처형기구 모형과 펠리체와 밀레나 등 4 연인 코너였다. 실내에는 계속 까마귀 울음소리가 울려 퍼져 카프카의 영혼을 불러내는 듯 했다.

카프카에 대한 연구를 좀 더 깊이 있게, 체계적으로 해야겠다는 다짐을 한 것이 아마 이 무렵이었던 것 같다. 이때 마침 필자가 방문교수로 체류하고 있던 마르부르크 대학에서 독일 독문학자 대회가 개최되었는데 주제가 '자연과 문화'였다. 카프카와 관련된 발표가 다수 있었고 마지막 날 기조강연의 주제가 게르하르트 노이만 교수의 「인간과 원숭이, 문화와 자연간의 경계 탐색」으로 카프카의 『학술원에 드리는 보고』를 중심으로 한 강연이었다. 필자는 이 대회에서 자극받아 2008년 일본 가나자와 아시아 독어독문학자 대회에서 졸고 『빨간 페터의 정체성의 변화 – 학술원에 드리는 보고』를 발표하였다. 이어 내친 김에 2009년 10월 이스탄불에서 개최되는 국제 독어독문학자 대회에서 『카프카와 프라하』를 발표할 계획으로 참가를 신청하여 발표자와 좌장으로 선정되었으나 당시 신종플루의 확산 및 건강상의 이유로 참가를 포기하였다. 당시 필자는 이 대회에서 발표를 하고 이듬해 정년퇴임식에서 『프란츠 카프카 –프라하에서 이스탄불까지』를 주제로 고별강연을 할 생각이었다. 정말 아쉽게도 단념해야 했던 퇴임 고별강연을 이제 이 카프카 저술로 대신하고자 한다.

필자는 지금까지, 『프라하의 독일문학』(1995), 『독일표현주의 산문』(2003), 『프란츠 카프카와 프라하』(2003), 『카프카와 표현주의 - 「변신」에 나타난 표현주의적 요소』(2004), 『카프카의 「판결」에 나타난 자아분열 현상과 부자갈등』(2006), 『카프카의 「소송」에 나타난 표현주의 모티프』(2007), 『빨간 페터의 정체성의 변화』(2008), 『카프카의 「유형지에서」의 양극적 독법』(2009), 『프란츠 카프카와 프라하의 카페문화』(2009)등 9편의 카프카 관련 논문들을 발표하였다. 본 저서의 〈카프카와 도시 프라하의 숙명적 관계〉와 작품분석에 있어서 『판결』, 『변신』, 『유형지에서』, 『학술원에 드리는 보고』, 『소송』 등은 이들 논문들을, 『시골의사』는 2009년 세계문학 비교학회 정기 학술대회에서 발표한 논문 『정체된 시간 - 카프카의 「시골의사」에 나타난 폭력과 상처의 현재성』을 본서의 체제에 맞게 수정 보완한 것이며, 〈프란츠 카프카〉, 〈아버지와 아들〉, 〈친구와 연인들〉, 『단식광대』, 『실종자』, 『성』 등은 새로이 집필한 것임을 밝혀둔다.

필자는 또한 2008년부터 현재까지 한국외국어대학교 독일어과의 〈독일작가론〉시간에 카프카 관련 강의를 진행하고 있다. 따라서 이 저서는 지금까지의 연구와 강의의 결과물이라고 할 수 있다. 여러 가지로 부족하고 정제되지 못한 부분이 있을 것으로 생각되지만, 이는 본 저서가 독자 여러분의 사랑을 받아 증보판이 간행될 경우 시정 보완될 수 있으리라 기대한다. 아무튼 이 조그만 결실이 대학에서 독일문학을 전공하는 학생들은 물론 문학을 사랑하는 일반 독자들에게도 카프카 문학을 이해하는데 도움이 되었으면 한다.

2012년 초

지은이 **김 충 남**

차례

I. 카프카의 인간관계

카프카의 인간관계

1_프란츠 카프카[1)]

카프카는 1883년 7월 3일, 유대계 체코인으로서 잡화 행상을 하던 헤르만 카프카와 부유한 유대계 독일 가문 출신인 율리에 카프카의 6남매 중 첫째로 체코 프라하에서 태어났다. 카프카는 어린 시절 부모가 가게 일에 매달렸기 때문에 보모, 가정부, 가정교사 등에 둘러싸여 생활하였다. 이와 함께 잦은 이사는 어린 소년에게 정서적 불안감, 두려움과 외로움을 심어주었다. 또한 자신보다 2년 후에 태어난 동생 게오르크가 이듬해 홍역으로 사망하고, 다음 동생도 태어난 지 6개월 만에 중이염으로 세상을 떠남으로써 카프카는 이미 어려서부터 상실감 속에서 성장하였다. 그러나 잇따라 세 여동생들이 태어남으로써 카프카는 어느 정도 외아들의 외로움을 덜게 된다. 세 자매 중 언니들인 엘리와 발리는 순종적이었던 반면 막내인 오틀라는 집 안에서 유

1) 카프카의 생애에 관한 주요 참고문헌들은 다음과 같다. M. Brod 1977; Koch (Hg.) 1995; Alt 2005; Wagenbach 2007.

일하게 아버지의 독선을 비판하면서 가부장적 질서에 저항하였다. 오틀라는 평생 동안 카프카에게 중요한 의미를 지니는 여동생으로서 그에게는 가장 사랑하는 누이이자 가장 친한 여자 친구이기도 했다. 카프카는 1889년부터 1893까지 독일 소년학교를 다녔다. 초등학교부터 자녀를 독일학교에 보내는 것은 사회적 신분 상승을 꾀하는 중산층 유대인 상인에겐 당연한 일이었다. 때문에 카프카는 소년학교를 졸업한 후 계속해서 프라하 구시가지에 있는 독일어로 강의하는 인문계 국립 김나지움을 다닐 수 있었다. 김나지움 시절 카프카는 독일어 수업시간을 통해 처음으로 괴테, 쉴러, 클라이스트 등의 작가들을 접하게 된다. 카프카는 18세 때인 1901년 여름 김나지움 졸업시험에 합격한다. 1348년에 설립된 카를 대학은 1882년에 독일대학과 체코대학으로 분리되었는데 카프카는 1901년 10월 독일대학에 진학해서는 졸업 후의 진로를 생각해 화학을 선택하였다. 당시엔 유대인으로서 졸업 후 국가 공무원 등 관리가 되기는 어려웠기 때문이다. 그러나 강의가 추상적이고 실용성과 거리가 멀다고 판단한 카프카는 2주 후에 전공을 법학으로 변경하였다. 법학부는 카를 대학에서 가장 규모가 큰 학부로서 유대인 역시 변호사 및 법무사로서 활동할 가능성이 있었기 때문에 당시 유대인 전체 학생 중 50%이상이 법학을 선택하였다. 카프카는 한때 단조롭고 무미건조한 법학 강의에서 벗어나서 독문학, 철학, 예술사 강의를 듣기도 하였다. 그러나 당시 독문학 교수들의 독일적-국수주의적 경향에 거부감을 느끼며 다시 법학으로 회귀하였다.

카프카는 전공 외에도 문학에 많은 관심을 갖게 되는 바, 그 결과로 나타난 것이 바로 『어느 투쟁의 묘사』이다. 이 무렵 문학과 철학에 관심이 있는 독일 대학생들의 만남의 장소는 기숙사 내에 있는 독서토론회 장이었다. 카프카는 막스 브로트를 여기서 처음 만나 사귀게 되면서 많은 영향을 받았다. 그는 브로트의 넘치는 에너지와 사교성, 그리고 문학, 예술과 관련한 끊임없는 활동에 경탄을 금치 못했다. 이 무렵 카프카는 브로트를 통해 프라하서클의 작가들과도 교분을 맺게 되고, 후일 그의 집에서 펠리체 바우어를 알게 되어(1912) 이후 5년 동안 서신교환을 한다. 나중에는 밀레나 예젠스카, 율리에 보리체크 그리고 도라 디아만트와도 사귀게 되지만 이들 중 어느 누구와도 결혼에는 이르지 못한다.

대학 졸업 무렵엔 오스카 바움과 펠릭스 벨취 등과도 친교를 맺었다. 바움은 1883년 필젠 태생으로 어린 시절부터 보헤미아의 민족간 분쟁에 휘말려 있었다. 태어날 때부터 한 쪽 눈의 시력을 잃었던 그는 1893년 체코 학생들과의 패싸움에서 나머지 한 눈마저 잃어버렸다. 그는 프라하의 김나지움을 그만 두고 빈에 있는 유대인 맹인학교로 전학하여 집중적인 음악교육을 받았다. 그 후 탁월한 피아니스트로 프라하에서 피아노 개인교습을 하는 한편, 창작활동도 병행하였다. 그가 남긴 작품으로는 맹인학교에서의 경험을 소재로한 단편집 『호숫가의 삶』, 자전적 소설 『어둠 속의 삶』, 그리고 드라마 『경쟁』 등이 있다. 카프카는 브로트의 외향적 성격과는 대조되는 그의 극기심이 강하면서도 원만하고 침착한 성품을 높이 평가하였다. 벨취는 이미 김나지움 시절에 함께 종교수업을 듣기도 했지만 카프카와 그다지 친한 사이는 아니었다. 대학에 와서 둘 다 법학을 전공하면서 브로트의 중재로 친밀한 관계가 형성이 되었다. 벨취 역시 독일 대학생 독서토론회에 함께 참석하였는데, 특히 그의 풍부한 철학적 지식, 논리적 사고와 분석력이 돋보였다.

1906년 6월 13일 카프카는 마지막 세 번째 구두시험을 통과함으로써 법학박사 학위를 취득하였다. 이 당시 학위 논문은 필요치 않았다. 보헤미아 왕국에서 법학부 졸업생들은 의무적으로 1년간 무보수로 사법관 시보 생활을 거쳐야 했다. 시보생활을 마치고 카프카는

1907년 10월 아시쿠라치오니 게네랄리 보험회사에 취업한다. 이 회사는 1831년에 설립된 운송 및 화재보험을 전문으로 하고 있었다. 토요일도 없는 종일근무체제에 회사 분위기도 경직되고 보수도 적었다. 창작행위도 침체되어 신경이 날카로워진 카프카에게는 사무실 생활이 일종의 형벌과도 같았다. 결국 카프카는 건강상의 문제를 구실삼아 게네랄리에 사직서를 제출하고 1908년 6월 말 노동자 재해 보험국에 지원한다. 이 보험사는 1889년에 설립된 국영회사로서 보헤미아 왕국의 7개 보험사 중 가장 규모가 큰 회사였다. 카프카의 주요 업무는 기업들의 보험료 산정 및 임금과 기계설비와 관련한 공장주들의 기만적 책략에 법률적으로 맞서는 것이었다. 기계톱에 의한 사지 절단, 화상, 독극물 중독 등 노동자들의 재해에 대한 카프카의 법률적 보고서들은 산업화 시대의 끔찍스러운 면을 보여준다. 카프카의 보고서는 명쾌한 논리적 구성, 정확한 법률적 지식, 분명한 논거 등이 특징이었다. 문서작성 능력이 뛰어나 보험국의 연례 보고서도 그의 업무였다. 카프카는 창작활동을 병행하면서도 회사 근무에 충실해 정기적으로 승급과 승진을 거듭하면서 사망 직전 조기퇴직 시까지 거의 평생을 노동자 재해 보험국에 재직하였다.

이 새로운 직장은 근무시간이 오전 8시부터 오후 2시까지였기 때문에 카프카는 저녁시간을 글쓰기에 활용할 수 있었다. 1912년은 처음으로 카프카 문학이 풍성한 수확을 거둔 해이다 9월 22일 밤부터 이튿날 새벽까지 『판결』을 완성하였으며, 9월 25일에는 『실종자』의 집필을 시작하였다. 그리고 11월 17일에서 12월 7일 사이에 『변신』이 완성되고 카프카 최초의 책 『관찰』이 출판되었다. 이 무렵 카프카의 글쓰기에 대한 집념은 놀라울 정도이다. 1912년 가을, 퇴근 후 오후 시간을 매제가 운영하던 프라하 석면회사의 일을 2주 동안 돌봐줄 것을 부모로부터 부탁받고서는 카프카는 자살할 생각까지 한다. 이때 그는 『실종자』 집필에 한창 몰두하고 있던 때라 이 첫 번째 장편소설이 중단될까봐 몹시 우려하였던 것이다. 그러나 살아 있으면 14일만 자신의 글쓰기가 중단되지만 죽으면 영원히 쓰지 못하리라는 판단에 자살 생각을 철회한다.

1912년 12월 4일 카프카는 빌리 하스와 헤르더협회 초청으로 슈테판 대공 호텔의 거울 홀에서 『판결』의 공개 낭독회를 갖는다. 이후 1914년 6월 1일 베를린에서 바우어와 공식 약혼과 6주 후의 파혼에 이르기까지 1년 반의 침체기를 거쳐 8월부터 다시 『소송』과 『유형지에서』 등 왕성한 집필활동을 개시한다.

1916년 11월 막내 여동생 오틀라는 프라하 성 부근의 황금소로에 그림 같은 작은 전셋집을 마련하였다. 카프카는 사무실에서 퇴근한 후 저녁시간에 이 집을 자신의 글쓰기에 활용하였다. 1917년 5월까지 카프카는 이 조용한 암자와도 같은 연금술사의 거리 22번지에서 『시골의사』, 『학술원에 드리는 보고』 등을 집필하였다. 1917년 바우어와 두 번째 약혼을 하지만 폐결핵이 발병함으로써 12월 파혼을 결심하게 된다. 카프카는 1919년 쉘레젠에서 알게 된 율리에 보리체크와 세 번째 약혼을 했으나 아버지의 반대와 자신의 결혼에 대한 두려움으로 이듬해 결국 파혼에 이른다. 몇 차례의 결혼 시도가 실패한 후 카프카는 점점 더 심한 우울증에 시달리다가, 급기야는 후두결핵이라는 치명적인 질환으로 1924년 6월 3일 41세의 일기로 세상을 떠나게 된다. 키어링의 호프만 요양원에서 영면한 그의 임종은 마지막 연인인 도라 디아만트[2]와 의사인 로베르트 클롭슈톡이 지켜보았다. 죽

2) 카프카의 연인들 중 펠리체 바우어와 밀레나 예젠스카는 다음 장에서 상세히 다루어질 것임으로 여기서는 도라 디아만트에 대해서 간단히 소개하고자 한다. 카프카는 누이동생 엘리와 함께 동해의 뮈리츠에 체류하던 중 1923년 7월에 도라 디아만트(1898년 3월4일, 폴란드의 파비아니체 출생)를 알게 되어 그녀와 새로운 인생을 시작하고자 했다. 그는 마침내 프라하와 가족으로부터 벗어나 한 여인과 함께 베를린에서 살 수 있다는 희망을 갖게 되었다. 그러나 후두결핵이라는 치명적인 병으로 이 같은 마지막 소박한 꿈마저 좌절되고 만다. 도라 디아만트

기 전날까지도 그는 단편집 『단식광대』의 교정을 보았다. 그의 유해는 프라하의 스트라슈니체 유대인 묘지에 안장되어 있다.

그러면 이제 카프카의 생애와 문학에 커다란 영향을 미친 인물들을 보다 구체적으로 살펴보고자 한다.

가 그의 임종을 지켰다. 그녀는 카프카의 임종 직전 그가 보는 앞에서 작품의 일부를 불태웠다. 카프카가 사망한지 여러 해가 지나 도라는 연극배우의 수업을 받았다. 20년대 말에 그녀는 뒤셀도르프에서 여류 극작가 베르타 라스크의 작품이 공연되었을 때 배우로 동참하였다. 이 인연으로 도라는 극작가의 아들 루트비히를 알게되고 그와 결혼까지 하게 된다. 루트비히 라스트는 공산주의 신봉자로서 1933년 독일을 떠나야만 했다. 그는 아내와 딸을 데리고 소련으로 망명하였다. 모스크바에서 그는 소위 스탈린 숙청에 연루되어 보르쿠타 강제노동수용소로 추방당한다. 도라는 여러 차례의 절망적인 시도 끝에 딸과 함께 영국으로 출국하는 데 성공한다. 그러나 그녀는 전쟁이 끝날 때까지 포로수용소에서 머문다. 그녀는 끝내 남편의 소식을 듣지 못한 채 1952년 8월 15일 런던에서 사망한다 (H. D. Zimmermann 2004, 202-203). 도라 디아만트의 생애에 관한 자세한 내용은 Reiner Stach 2008, 538-552 참조.

2_ 아버지와 아들

2.1 아버지, 헤르만 카프카

헤르만 카프카는 1852년 9월 14일 체코 슈트라코니츠 인근에 있는 남보헤미아의 작은 마을인 보섹에서 여섯 형제 중 넷째로 태어났다. 당시 보섹에는 총 100명가량의 주민 중 20명의 유대인들이 살고 있었다. 그의 아버지, 즉 프란츠 카프카의 할아버지 야콥 카프카는 유대교의 엄격한 율법에 따라 가축을 도살하는 백정이었다. 채식주의자인 카프카의 관점에서 볼 때 할아버지의 활동은 혐오의 대상이 될 수밖에 없었다. 헤르만은 가난과 고통, 굶주림으로 점철된 어린 시절을 보냈다. 그는 열 살 때 이미 이른 겨울 아침에 맨발로 손수레를 끌며 이웃 마을에 고기를 배달하곤 했다. 학교교육이라고는 초등학교 과정을 밟으며 읽기, 쓰기, 계산 등을 익혔을 뿐이었다. 그는 14세에 친척의 섬유제품 가게에서 도제과정을 밟았다. 그 후 3년간 군복무를 마치고 상사로 제대하였다. 헤르만은 군 시절을 삶의 자신감을 얻은 긍정적인 시기로 평가하였으며, 군대 생활의 경험은 실제로 그의 인생관 및 가치관 형성에 큰 영향을 미쳤다. 제대 후 그는 7년 동안 프라하 인근 마을을 돌아다니면서 잡화들을 파는 행상 생활을 하였다. 헤르만은 1882년 결혼 중매인을 통해 알게 된 율리에 뢰비와 결혼한다. 그는 신부의 결혼지참금의 도움을 받아 프라하 시내 중심가에 잡화 및 장신구점을 개업함으로써 사업가로서 새로운 출발을 하게 된다. 헤르만 카프카의 인격 형성에 영향을 미친 요인들은 어린 시절에 겪은 시골마을의 상황과 군복무 시절의 경험, 그리고 경제적 성공 및 사회적 출세 의지 등이다. 그는 결혼을 통해 부의 증대와 사회적 신분의 상승을 꾀하면서 자녀들을 모두 당시 상류계층이었던 독일계의 학교에 보낸다.

카프카 가문에 있어서 한 가지 흥미로운 사실은 부모와 아들의 출생과 성장배경이다. 헤르만 카프카는 체코 유대계의 시골 프롤레타리아 출신으로 유대인 거주 지역의 폐가나 다름 없는 곳에서 태어나 어린 시절을 보냈으며, 율리에 뢰비는 부유하고 명망 있는 독일 유대계 시민계급 출신으로 구시가지의 가장 아름다운 집들 중 하나인 스메타나 하우스에서 살았다. 그리고 아들 프란츠는 1883년 7월 3일 이 두 시구의 경계지역에서 출생하였다.[3]

헤르만 카프카는 사업가로서 뿐만 아니라, 프라하에 최초로 설립된 유대 교회당의 간부로서, 그리고 프라하 상사재판소 상담역으로서 존경받았던 지역 유지였다. 가정에서 헤르만은 아내에겐 자상한 남편이었지만, 외아들인 프란츠에겐 권위적인 무서운 아버지로 비쳤다. 때문에 헤르만은 흔히 감수성이 예민한 아들을 이해 못한 독선적이고 다혈질의 폭군 가장으로 알려져 있다. 당시의 가정부는 그가 건장한 체구의 잘생긴, 그러나 성미가 급한 주인이었다고 회상한다. 그러나 그

3) Wagenbach 2007, 19.

의 급한 성격은 나이가 들면서 누그러들었다고 한다. 프란츠의 친구들이나 지인들은 그가 일차대전 시 유대인 피난민들에게 기부금을 전달하는 등 어려운 이웃을 돕기 좋아하는 사람이었다고 증언한다. 특히 카프카의 가정을 잘 아는 브로트는 아버지 헤르만을 무서운 폭군으로 일방적으로 매도하는 것은 잘못이라고 강조한다.[4] 헤르만의 가게에서 3년간 일을 했던 한 점원도 『아버지에게 드리는 편지』의 아버지와는 다른 아버지 상에 대해 진술한다. 즉 당시의 상점 주인들은 점원들을 노예처럼 부렸지만, 헤르만은 이들을 인간적으로 대우하였다고 한다. 외아들이며 종손인 프란츠에 대한 아버지의 기대는 성공한 사업가에게서 볼 수 있는 전통적인 기대의 범주를 벗어나지 않는다. 헤르만과 프란츠의 부자갈등 역시 새로이 형성된 유대인 중산층 가정의 가부장적 질서에서 흔히 볼 수 있는 갈등이다. 아버지 세대의 경험 영역과는 현격한 차이가 있는 아들 세대는 교육의 확대와 급속한 경제, 사회적 질서의 변화 등으로 이전 세대와 소통하기가 어렵다. 헤르만과 프란츠의 갈등은 조정하기 어려운 두 세대 간의 갈등이다. 이러한 갈등은 종종 투쟁으로 확대되는데, 적대적인 주변세계에 대한 주인공의 투쟁, 아버지 세계에 대한 아들의 투쟁은 작가 자신의 부자갈등에서 기인하는 카프카 문학의 중심 주제이다. 이 같은 부자갈등이 직 간접적으로 잘 드러난 작품들로는 자신의 작가적 존재를 구원하는 아버지 형상에 자신의 소망을 부여한 『판결』, 해충으로 변한 아들을 아버지가 사과를 던져 죽음으로 내모는 『변신』, 중대장과 병사의 관계에서 아버지에 대항하는 아들을 재현한 『유형지에서』, 익명의 법정이 죄를 제시하고 유죄 판결을 내리는 가부장적 권력 행사를 다룬 『소송』, 그리고 접근불능이며 예측할 수 없는 성의 행정관청과 카의 관계를 통해

4) Hermes 2003, 70.

막강한 권력과 무력한 자아간의 갈등이 묘사된 『성』 등이 있다.

2.2 『아버지에게 드리는 편지』

『아버지에게 드리는 편지』(이하 『편지』로도 적는다.)는 103쪽의 육필 원고에 달하는, 자전적 기록 이상의 의미를 지닌 문학적 저술이다. 이 장문의 편지는 1952년 노이에 룬트샤우 지에 처음으로, 그리고 1953년 브로트에 의해 『시골에서의 결혼준비 및 유고 산문집』에 수록되어 출판되었다. 브로트가 『편지』를 소설들과 함께 펴낸 것은 이 편지의 문학적 성격을 감안했기 때문이다. 브로트는 텍스트와 사실이 일치하지 않는 점도 있다면서, 편지에 나타난 문학적 기법을 강조한다. 따라서 허구성과 사실의 혼합, 과장된 표현, 상호 투영, 정교한 구성, 고발자와 변호사의 음성이 뒤섞여 있는 상상의 대화 등 편지의 문학적 특성으로 인해 텍스트의 전기적 활용은 제한될 수밖에 없다.

카프카의 소설들에서 중요한 역할을 하는 주제들인 교육, 유대사상, 글쓰기, 직업, 질병, 성, 결혼과 가족, 불안과 죄, 고발과 심판, 자유와 억압 등이 여기에서도 일목요연하게 나열되어 있다. 주제의 핵심은 왜 결혼시도들이 모두 실패했느냐 하는 질문, 아들의 불안과 죄의식, 아버지의 권위와 권력, 그리고 그 권력을 쟁취하기 위한, 그리고 권력에 대항하는 투쟁 등으로 아버지의 초상화에 아들의 자화상이 대비되고 있다. 따라서 『편지』의 구성 원칙은 아버지의 자신감에 아들의 자기경멸이 대조를 이루는 반대개념들의 대비이다. 카프카 자신과 아버지, 두 인물의 성격 묘사에도 같은 원칙이 적용되고 있다. 아버지는 정력적이고 활동적인, 자의식이 강한 인물로, 아들은 병약하고 자신감이 없는, 끊임없는 죄의식과 불안에 시달리는 인물로 그려진다. 그리고 아버지는 폭군적이고 변덕이 심한, 외향적이고 억센

그리고 뻔뻔스러운 인간으로, 아들은 내성적인 우울증 환자로 묘사되고 있다.[5)]

“왜 제가 아버지를 두려워한다고 말하는지, 최근에 저에게 물으셨지요?”로 시작되는『아버지에게 드리는 편지』는 방대한 분량의 육필 원고를 통해 카프카가 아버지를 두려워하는 근거를 제시하고 있다. 아버지의 질문이 편지를 쓰게 된 외적 동기를 부여했다면, 실제의 내적 계기는 율리에 보리체크와 결혼해서 가정을 이루겠다는 카프카의 계획이 좌절됨으로써 비롯되었다.

카프카는 결혼이 실패한 원인을 아버지의 거부가 아니라 결혼에 대한 불안이라고 말하지만, 그러나 이 불안이 아버지에 의해 야기되었음으로 결국은 아버지 때문이라는 주장을 하고 있다. 1918년 11월과 1919년 1월 두 차례에 걸쳐 카프카는 요양차 쉘레젠의 슈튀들 팬션에 유숙한다. 여기서 고독한 투숙객 카프카는 폐결핵을 앓고 있는 율리에 보리체크를 알게 된다. 그녀는 이제 막 28세였으며, 체코계 유대인으로 구두수선공이자 유대인 교회 잡역부의 딸이었다. 그녀는 이미 약혼한 적이 있었는데, 그 약혼자가 전쟁 중에 사망함으로써 다시 혼자가 된 상태였다. 카프카는 두 번의 파혼에 대해 이야기하고, 율리에는 약혼자의 사망을 알려준다. 처음에는 결혼은 염두에 없는 플라토닉한 관계였지만 나중에 프라하에서 에로틱한 관계로 발전한다. 율리에는 문학에는 별 관심이 없고, 교양이나 지성과는 거리가 먼 여자로, 카프카 소설에 나타나는, 남성의 욕구 처리 대상으로 격하되고, 정신적 존재가 아닌 육체적 개체로만 인지되는 그런 여성상에 속한다. 카프카는『소송』에서 요제프 카가 가정부 레니에게 접근하듯 그녀에게 다가갔다. 1919년 9월 중순 카프카는 펠리체와 파혼한지 1

5) Anz 1992, 26.

년 반 만에, 율리에를 사귄지 반 년 만에 세 번째로 그녀와 약혼을 한다. 결혼에 대한 약속은 먼저의 두 번의 약혼 때와는 달리, 고독하게 살고 있는 총각 예술가를 다시 생의 한 가운데로 끌어들일 절대적 명령이 아니라, 혼전의 육체적 관계에 대한 도덕적 의무 내지 형식적 정당화로 이해될 수 있다.[6] 그러나 자기보다 신분이 높은 여자와 결혼해 신분상승을 꾀했던 카프카의 아버지는 아들이 사회적으로 하층계급과 결혼하는 것을 용인할 수 없었다. 이 같은 결합은 헤르만 카프카의 눈엔 전적으로 치욕을 의미했다. 유대인 시민사회에서 율리에 아버지의 직업은 최하층 계급이었다. 아들에 대한 모욕은 "차라리 유곽에나 가거라"라는 아버지의 핀잔으로 극에 달한다. 아들의 결혼 계획에 대한 아버지의 격한 반응은 이미 문학 작품에 나타난 것의 재현이다. 7년 전에 완성된 단편『판결』에서 아버지 벤데만은 아들의 결혼계획에 대해 거칠게 반응한다. "그년이 치마를 치켜 올렸기 때문에... 네가 그년에게 다가간 것이지..." (D 57) 아버지의 반대로 인한 마음의 상처가 1919년 11월 중순 쓰여지는『아버지에게 드리는 편지』에서 표현되고 있다. 원래는 사적인 짧은 편지를 계획했다가 쓰는 도중에 아버지에 대한 장문의 문학적 항의문으로 확장되었지만, 끝내 아버지에게는 발송되거나 전해지지 않았다.

카프카가『편지』에서 기억하는 최악의 상황은 아버지가 밤에 물을 달라고 칭얼대며 수면을 방해하는 아들을 발코니로 내쫓는 장면이다.(BV 9-10) 당시에 부모의 매질은 보통이었지만, 카프카의 아버지는 아들을 때린 적은 없었다. 그러나 카프카는 소리만 지르고 때리지 않는 아버지를『편지』에서 비난하고 있다. (BV 24) 카프카는 이때의 기억이 자신의 불행과 고통, 불안이 시작된 원초적 상황임을 강조

6) Alt 2005, 530.

한다. 『편지』에서도 『판결』, 『변신』 등 문학 텍스트에서와 마찬가지로 아버지 체구의 극단적 과장이 두드러진다. 아버지 헤르만은 외아들 프란츠를 자주 수영장에 데리고 간다. 그러나 수영장 행은 카프카가 좋아하기는커녕 그에겐 악몽이나 다름없었다.

> 단순한 아버지의 체격만으로도 저는 이미 기가 꺾여버렸습니다. 예를 들어 우리가 자주 탈의장 안에서 함께 옷을 벗었던 기억이 납니다. 저는 마르고, 약하고, 홀쭉했으며, 아버지는 강하고, 크고 떡 벌어졌었지요. 탈의장 안에서 이미 제 자신이 비참하게 여겨졌었지요. 아버지 앞에서 뿐만 아니라 온 세상 앞에서 말이지요. 왜냐하면 아버지는 저에겐 모든 사물의 척도였으니까요.(BV 11)[7]

성인인 아버지가 어린 아이보다 크고 건장한 것은 자연스러운 것임에도 불구하고 카프카는 자신의 왜소함에 대해 민감하게 반응한다. 다음으로 아들은 어린 시절의 식사장면(BV 14-15)을 떠올리며 아버지를 폭군으로 묘사하고 있다. 특히 아들은 아버지가 스스로 정한 규범을 지키지 않는 점을 무섭게 비난한다. 보통의 아이들은 설사 부모가 말과 행동 사이의 모순된 행동을 보이더라도 차츰 이에 적응하게 되면서 그렇게 진지하게 생각하지 않는다. 카프카는 모든 걸 너무나도 진지하게 생각한다.

권위적이며 폭군적인 아버지의 영향을 받으며 성장한 카프카에게는 아버지가 아직 점령하지 않은 곳을 발견하는 것이 구원일 정도로 매우 중요하다.(BV 55) 거기에 속하는 것은 결혼이 아니라 결혼하지 않는 것이다. 그것이 바로 아버지와 뚜렷하게 구별되는 특징이다. 가정을 이루는 것은 자립할 수 있는 한 방법이기도 하지만 이 자립 역시 아버지에 의해 이미 점령되었다. 때문에 '결혼하지 않는 것'이 아버지의 지도상에서 다른 하얀 지점, 즉 글쓰기와 결합된다. 그러나 카프카가 아

7) 『아버지에게 드리는 편지』의 인용문 번역은 이재황 옮김(1999) 참조.

버지로부터 가장 멀리 떨어진 이 영역조차도 결국엔 숙명적으로 아버지와 연결된다.

> 저의 글쓰기는 아버지에 관한 것이었습니다. 저는 거기서 당신의 품에서 털어놓을 수 없는 불만들을 털어놓았습니다.(BV 42)

편지는 카프카에게 아버지로 인한 깊은 마음의 상처를 치유코자 하는 일종의 심리치료의 한 방편으로서 카타르시스적 효과가 있었는지도 모른다.[8] 편지의 끝 부분에서 카프카는 아버지에게 변론의 기회를 준다. 이 마지막 반론에서 아들은 아버지로 하여금 사회 진화론적 확신에 근거해서 아들이 생활무능력자, 기생충 및 흡혈귀적 존재임을 언급토록 한다. 여기서 이미 7년 전에 『변신』에서 볼 수 있었던 '해충' 메타퍼도 등장한다.

> 나는 우리가 서로 싸우고 있다는 것을 인정한다. 그런데 싸움에는 두 가지 종류가 있다. 그중 하나는 독자적인 적수들 끼리 서로 힘을 겨루는 기사들의 싸움인데, 여기선 각자 독자적으로 싸움을 벌이면서 한쪽이 지면, 한 쪽이 이기는 것으로 끝이 난다. 그리고 또 한 가지는 해충의 싸움으로 여기선 상대를 찌를 뿐 아니라 자신의 생명 유지를 위해 피까지 빨아 먹는다... 네가 바로 그 경우에 해당된다. 너는 생활 무능력자이다.(BV 59)

이처럼 카프카는 아버지에 대한 관계와 이와 관련한 여러 가지 사항들, 즉 유년시절, 형제자매, 어머니, 교우관계, 학교, 성(性), 사업, 유대교, 직업, 결혼시도 등을 마치 고발자처럼 능숙한 수사적 표현과 우스꽝스러울 정도로 과장된 표현으로 언급한 후, 피고인인 아버지에게 발언할 기회를 준다. 즉 아버지 쪽에서 아들을 고발하고, 자신을 변호하는 기회를 부여하는 것이다. 이렇게 해서 법학자이며 작가

---

8) Pfeiffer 1998, 90.

인 카프카는 아버지 뿐 아니라 자기 자신도 재판하고 있다. 카프카는 1920년 7월 4일자 밀레나에게 보내는 편지에서 이렇게 적고 있다. "내일 '아버지에게 드리는 편지'를 당신 집으로 부칠 테니 잘 보관하도록 하시오. 어쩌면 내가 직접 아버지께 전해 드릴지도 모르니까요. 아무도 그 편지를 읽지 않게 하세요. 그리고 당신이 읽을 때 모든 변론적 책략들을 이해하도록 하시오. 이건 일종의 변호사 편지요."(BM 85)[9)]

그러나 편지의 마지막 단락에서 작가는 이 변론 역시 아들에 의해 작성된 것임을 언급함으로써 아버지의 항변을 약화시킨다. 『편지』를 다 읽고 나면 독자의 마음속에 과연『편지』속의 아버지와 실제의 헤르만 카프카가 동일인일까 하는 의문이 남는다. 근면과 성실로 가난한 시골 유대인에서 유복한 도시 유대인으로 성장한 헤르만은 외아들이 그의 사업을 물려받도록 강요하지도 않았다. 그는 아들이 김나지움과 대학을 거쳐 법학박사가 될 때까지 재정적 뒷받침을 아끼지 않았다. 부모의 도움으로 그들의 수준을 넘어서서는 이제 그들이 자기를 이해하지 못한다고 비난하는 것은 이무렵 아들 세대에서 흔히 볼 수 있는 일이다. 그러나 카프카의 반응은 이런 일상적인 반응과는 다른, 지나치게 민감하고 과장된 느낌을 준다. 아이는 결혼을 하고 부모가 되면서 어른이 된다. 프란츠는 결혼도 하지 않고 평생 부모에게 매달려 있으면서 동시에 평생 부모를 비난한다. 그 때문에 또한 평생 죄책감을 느낀다. 『아버지에게 드리는 편지』가 유일한 변명의 글이다. 그는 왜 결혼을 하지 않고 가정을 꾸리지 않는지 설명하면서 그 책임을 아버지에게 돌린다. 그리고 자신의 죄책감도 아버지에게 그 책임이 있다는

9) 카프카가 밀레나에게『아버지에게 드리는 편지』를 보낸 것은 마찬가지로 아버지와 갈등을 빚고 있는 여자 친구에게 자신의 지금까지의 삶의 배경을 이야기해주고 동시에 두 사람이 공동운명체, 또는 운명의 동반자라는 암시를 주기 위해서일 것이다.

것이다. 이 모든 것을 카프카는 대단한 필력으로 아주 인상 깊게 진술하고 있다. 그래서 독자는 그에게 연민을 갖지 않을 수 없다. 타의 추종을 불허하는 예리한 인지와 글쓰기 능력이 모두에게 커다란 감동을 불러일으킨다. 때문에 『아버지에게 드리는 편지』는 문학작품에 다름 아니다.

3_ 친구와 연인들

3.1 막스 브로트

아버지가 프라하에 있는 뵈멘 유니온 은행 부행장이었던 비교적 유복한 가정에서 태어난 막스 브로트는 일찍부터 음악, 문학, 미술 등 정신적 영역에는 익숙해졌지만, 신체적으로는 성홍열, 홍역, 디프테리아, 척추측만증 등 중병에 시달리며 고통스러운 유년시절을 보냈다. 그는 자서전『투쟁적인 인생』에서 이렇게 적고 있다. "나의 가엾은 목은 점점 더 양 어깨 사이에서 사라져 갔다. 내가 나머지 모든 방면에 재능이 있는 신동이라 할지라도, (몸이 이런데) 무슨 소용이 있겠는가?"[10] 특히 그는 네 살 때 발병한 척추질환으로 김나지움 시절까지 머리받침이 있는 쇠 코르셋을 착용하여 모두로부터 놀라움과, 동정, 그리고 조롱의 대상이 되었다. 이러한 신체적 장애를 브로트는 대단한 의지력으로 극복하여 후일 창작 외에도 많은 사회적 활동을 하게

10) M. Brod 1969, 119.

된다. 뿐만 아니라 병약한 아버지와 신경질적이고 폭군 같은 어머니의 불화로 자주 마음의 상처를 입은 브로트는 카프카와 비교하면 훨씬 불행한 어린 시절을 보냈다. 카프카는 특별히 병을 앓은 적도 없었고, 부모의 불화도 겪지 않았다. 카프카의 아버지는 다소 시끄럽고 이기적이었지만, 현명한 어머니의 훌륭한 내조로 가정은 평온을 유지했다.

브로트는 카프카보다 한 살 아래로, 같은 프라하 출신이다. 그리고 같은 유대계 시민가정 출신이고 대학에서는 함께 법학을 전공하였다. 졸업 후 브로트는 우체국에서 카프카는 보험국에서 근무하였다. 둘은 절친한 친구였으며, 함께 저술활동을 하고, 생업으로 인해 고통을 겪기도 하였다. 그러나 브로트는 자신의 처지를 결코 불평하지 않았다. 둘 다 같은 프라하 유대인의 고통스러운 상황에서 출발했지만, 두 작가의 작품 성향은 다르다. 브로트는 이 같은 프라하적 상황을 카프카보다 더 의식적으로 체험했다. 때문에 브로트는 일찍부터 정치적 참여에 관심이 많았고, 곧 시온주의자가 되었다. 그리고 브로트는 자기 소설의 인물들, 특히 여자들을 사랑하고 잘 이해한다. 때문에 왜 잘 생기고 풍채가 좋은 카프카가 항상 여자들과 어려움을 겪는 반면에 작고 땅딸막한 브로트는 여자들의 영웅이었는지 이로써 설명될 수 있다.[11)]

1902년 10월 23일 18세의 브로트는 대학생 독서 토론회에서 쇼펜하우어에 대한 강연을 한다. 그는 니체를 몽상가로 매도하면서 그의 철학을 비난하고, 쇼펜하우어의 의지의 철학을 옹호한다. 강연 후 귀가 길에 카프카는 니체의 생명 철학을 옹호하면서 브로트와 논쟁을 벌인다. 문학 영역에 있어서도 두 사람의 취향은 다르다. 성격과 기질 면에서도 브로트는 사교적이고 대화하기를 좋아했으나, 카프카는 과묵하고 내성적인 성향이었다. 그럼에도 이날 브로트의 강연과 두 사

11) H. D. Zimmermann 2004, 30.

람의 의견대립은 카프카 사망 시까지 이어지는 우정의 초석이 된다. 두 사람 사이를 맺어준 우정의 끈은 아마 문학을 사랑하고 여행을 좋아한다는 점일 것이다.

두 친구는 첫 직장시절 자주 프라하 근교, 이탈리아, 바이마르, 파리, 스위스 등지를 함께 여행하였다. 카프카는 1909년 9월 브로트 형제와 이탈리아의 가르다 호숫가의 리바로 여행한 적이 있었는데, 이때의 체험은 1917년 초에 집필한 『사냥꾼 그라쿠스』에서 재현된다. 이 단편소설은 리바에서의 환상적인 사건을 다루면서 따뜻하고 고요한, 졸리울 정도로 한가한 호숫가의 분위기를 떠올린다. 1910년 10월 카프카는 다시 브로트 형제와 파리 여행을 했으나 등에 커다란 종기가 나서 이들과 계속 유쾌한 기분으로 공동의 일정을 함께 할 수 없어, 헤어져 혼자 지하철을 타고 파리 롱상 경마장으로 가서 경마를 구경한다. 이때의 인상은 후일 『실종자』에 반영된다. 그리고 1911년 8월에는 두 사람이 뮌헨, 취리히, 루체른을 거쳐 루가노로 여름휴가를 떠난다. 이들은 이곳 호텔 테라스에서 『리하르트와 사무엘』이라는 여행소설을 공동으로 집필하기로 합의한다. 그러나 이 소설은 첫 장만 집필된 채 미완성으로 남는다.[12)]

브로트는 독자적으로도 왕성한 창작활동을 하면서 동시대 작가들과 비평가들의 많은 관심을 끈 『노르네퓌게 성』, 『아르놀트 베어』, 『티코 브라에의 신에 이르는 길』, 『체코인 하녀』, 그리고 『유대인 여자들』과 같은 대표적 산문들을 남겼다. 이 중에서 『아르놀트 베어』는 카프카의 『판결』에도 영향을 미쳤다. 브로트는 자신의 창작 외에도 문화 예술을 진작시키는 사회적 활동에 있어서도 많은 업적을 남겼다. 그는 카프카의 천재성을 인정하여 그의 창작을 북돋아주고 출판의 기회를 주

12) Alt 2005, 198.

선하였을 뿐 아니라, 베르펠, 하세크, 야나체크 등 재능 있는 작가 및 예술가들을 적극적으로 후원하였으며, 독일문화와 체코문화의 공존을 위해 헌신적인 노력을 아끼지 않았다. 그러나 브로트의 업적 가운데 후세에 의해서 가장 훌륭한 것으로 인정받는 것은 무엇보다도 카프카의 유고와 관련한 그의 용감한 행위이다. 카프카는 유언에서 친구 브로트에게 자신의 생전에 출판되었던『판결』,『화부』,『변신』,『유형지에서』,『시골의사』,『단식광대』,『관찰』등을 제외한 모든 작품들을 폐기시켜 달라고 부탁하였다. 카프카는 자신이 직접 출판했던 작품들은 사후에도 계속 남기려고 했던 반면에 끝까지 마무리 지을 수 없었던, 소위 미완성 작품들은 모두 폐기 처분하기를 원했던 것이다. 혹시 카프카는『소송』의 요제프 카처럼 자신이 죽고 난 후에도 이들 작품으로 인한 치욕이 오래 살아남을 것 같은 느낌이 들었던 것일까? 그러나 브로트는 카프카의 유언에 반해 모든 작품들을 보존하고, 또 새로운 유고들을 발굴하고 출판하면서 전 세계에 카프카를 적극 홍보하였다. 나아가 브로트의 카프카 전집 출판과 카프카 전기는 프란츠 카프카라는 작가가 프라하 독일문학의 범주를 넘어 서서 세계적 명성을 얻는 계기가 되었다. 결국 오래 살아남을 것 같았던 치욕은 작가의 불멸의 영예로 바뀌었다.[13] 여기서 카프카의 유언과 관련해서 죽기 전에 이미 자신의 원고를 폐기하기도 했었던 카프카가 왜 직접 유고들을 폐기하지 않았을까? 하는 의문이 제기된다. 그러면 카프카가 유언을 통해 말 그대로 자신의 유고 작품들을 폐기하기를 원했는지 아니면 보전과 관리를 부탁했는지 살펴보자. 1904년부터 카프카의 문학적 성장을 지켜보면서 그의 문학을 누구보다 더 잘 이해하고 지원을 아끼지 않은 브로트는 당연히 유고 관리자여야 했을 것이다. 유고의 보전과 관

13) Goltschnigg 2009, 262.

리의 최적임자인 브로트는 폐기를 위임하기에는 전혀 적합지 않은 인물이다. 카프카가 친구에게 유고를 폐기시켜 달라고 유언했을 때, 브로트는 분명히 그 유언을 따르지 않겠다고 선언하였다. 때문에 카프카도 브로트가 자신의 유언대로 폐기하지 않을 것임을 알고 있었다. 이러한 의미에서 카프카는 브로트에게 유언을 어기는 배신자의 역할, 다시 말해 관리자의 역할을 맡기기로 생각한 것이 아닐까? 결국 카프카는 자신이 내릴 수 없었던 유고 출판의 결정을 브로트에게 위임한 것이다.[14)]

카프카가 사망하기 전 병으로 인해 차츰 사회활동을 멀리하는 반면, 브로트는 1918년 이후 더욱 열정적으로 공적 활동을 전개하였다. 체코 공화국이 들어선 이후 끊임없는 저술활동 외에도 '유대민족위원회' 회장단 일원으로 정치적 활동을 하는가 하면, 마르틴 부버의 잡지 「유대인」을 통해 시오니즘의 홍보를 계속하였다. 그리고는 드디어 이스라엘에서 청년시절의 꿈이었던 시오니즘의 실현을 체험하고서는 1968년 텔 아비브에서 84세를 일기로 세상을 떠났다.

3.2 펠리체 바우어

1912년은 카프카의 생애에 있어서 돌파구를 연 해이다. 첫 번째 책 『관찰』을 로볼트 출판사에서 발행했을 뿐 아니라, 스스로도 만족한 그의 첫 중요한 단편인 『판결』이 완성되었고 펠리체 바우어와 알게되어 그녀와 서신교환을 시작한 해이기도 하다. 카프카는 1914년 6월 1일 펠리체와 첫 약혼을 한 후 6주 후인 7월12일에 파혼한다. 1916년 두 사람은 다시 가까워져 두 번째로 약혼한다. 그러나 이 약혼은 카

14) Jahraus 2006, 58-60.

프카의 폐결핵 발병으로 1917년 12월 12일 다시 파혼에 이른다. 그러면 두 사람의 첫 만남에서부터 마지막 이별에 이르기까지의 5년간의 과정을 카프카의 『펠리체에게 보내는 편지』를 중심으로 좀 더 자세히 살펴보자. 1912년 8월 13일 카프카는 브로트와 함께 『관찰』이라는 제목으로 출판될 텍스트들의 순서를 논의하고 결정짓고자 그의 집을 방문하였다. 브로트는 먼저 카프카에게 마침 자기 집에 머무르고 있던 먼 친척뻘인 펠리체를 소개시켜 주었다. 카프카는 펠리체와의 이 첫 만남의 인상을 1912년 8월 20일자 일기에 이렇게 적고 있다: "펠리체 바우어 양. 내가 8월 13일 브로트에게 갔을 때 그녀는 책상 옆에 앉아 있었는데 내가 보기엔 하녀와 같은 모습이었다." (T 431)베를린 태생의 그녀는 당시 24세였으며 시오니즘을 신봉하고, 연극, 오페레타, 레뷔극을 좋아하는 명예욕이 강하고 활동적인 여성이었다. 펠리체는 그 당시 직책이 베를린에 있는 축음기 회사의 영업 담당 지배인이었다. 그렇게 젊은 나이에 책임 있는 지위에 오른다는 것은 당시의 여성에겐 어려운 일이었다. 이날 이후 재회할 때까지 7개월 11일이 걸렸는데 그 사이 카프카는 그녀에게 195통의 편지를 보냈다. 첫 편지는 1912년 9월 20일에 발송되었고, 이후 5년간 서신왕래가 이어졌다. 『펠리체에게 보내는 편지』는 카프카의 생애에 있어서 가장 중요하고 슬픈 사랑의 이야기이다. 1912년 10월 31일부터 편지가 매일같이 프라하와 베를린을 오간다. 11월 중순부터는 카프카의 편지쓰기는 더욱 잦아진다. 하루 중 첫 편지는 오후에 쓰여지고, 두 번째 편지는 밤의 집필이 끝난 후에 완성된다. 저녁에 시작하는 창작활동이 펠리체와의 서신교환이라는 틀 안에서 행해지는 셈이다. 1912년 10월 말과 12월 말 사이에 카프카는 펠리체에게 속달로, 등기로, 때로는 전보와 함께 약 90통의 편지를 보낸다. 편지쓰기가 카프카 글쓰기의 핵심이 된다. 편지 속에 심신을 쏟아 붓는 카프카는 사랑하는 여인과의 동침이 아닌 바로 글쓰기에서 밤의 쾌락을 느낀다. 마치 자신에게 새로운 에너지를 공급하려는 것처럼 카프카는 편지쓰기를 통해 건강한 연인의 활력을 흡입한다. 이는 창작을 위한 힘을 얻기 위한 것이기도 하다. 에로틱한 매력이 없는 펠리체를 카프카는 편지 속에서는 열정적으로 소망한다. 그리고 1913년 6월 중순에 카프카는 펠리체에게 청혼한다. “나의 아내가 될지 생각해 보겠소? 그러겠소?”(BF400) 이 이후 아이러니컬하게도 카프카는 문학과 결혼 사이에서 많은 갈등을 일으키며, 약혼과 결혼을 거부하는 끈질긴 투쟁이 시작된다. 함께 시오니즘에 대해 논쟁을 벌이고, 팔레스타인 여행을 계획했던, 매력적인 젊은이가 첫 구애 이후에 차츰 회의에 가득 찬 염세주의자로 변해간다. 더 이상 펠리체의 관심사였던 시오니즘에 대한 언급도 없고 자신의 창작행위에 대해서도 갈수록 말을 아낀다. 자신에 대한 날카로운 질타, 끊임없는 자기비하가 편지의 주요 내용이 된다. 그럼에도 그녀가 서신교환을 계속한 데에는 두 가지 이유가 있다. 하나는 그녀가 카프카를 매력적인 남자로 생각한 때문이고, 다른 하나는 카프카 수사술의 마력에서 벗어날 수 없었기 때문이다.[15]

1914년 3월 9일자 일기에서 카프카는 결혼계획이 실패할 수밖에 없는 이유를 밝히고 있다: “나는 그 당시 결혼을 할 수가 없었다. 언제나 내가 F.를 몹시 사랑하고 있음에도 내 마음 속 모든 것이 그것(결혼)을 반대했으니까. 이유는 주로 나의 글쓰기 작업에 대한 고려였다. 그게 나로 하여금 (결혼을)못하게 했다. 난 이 작업이 결혼으로 위태로워지고 있다고 믿었기 때문이다.”(T504) 카프카는 끊임없이 작가로서의 정체성이 소멸되지 않을까 하는 불안에 시달린다. 결혼은 카프카에게, 고독으로서만이 지켜질 수 있는 예술가 세계를 위태롭게

---

15) Alt 2005, 271.

하는 것으로 인식된다. 카프카는 결혼을 피하고자 하는 의도에서 펠리체에게 자신을 결혼에 적합하지 않는, 결혼생활을 지탱하기 어려운 남자로 표현하고 있다. "사랑하는 펠리체, 이런 결혼생활에 대해 뭐라고 말하겠어요? 3시 또는 3시 반에 퇴근해서는 뭘 좀 먹고 7시 또는 8시까지 잠을 자고, 또 빨리 뭘 좀 먹고, 한 시간 산책을 하고, 그러고 나서 글을 쓰기 시작하는, 새벽 한시 두시까지. 그런 생활을 당신은 참을 수 있겠어요? 방안에 앉아서 글 쓰는 것 밖에는 모르는 이 남자의 생활을?" (BF 407-408) 카프카는 이 편지를 통해 펠리체에게서, 결혼을 하는 경우 자신의 문학에 대한 집착 등 그의 약점들을 받아들인다는 보장을 바라는 것 같다.

카프카는 애매한 요구들로써 그녀를 거의 출구가 없는 상황으로 몰고 갔다. 그의 메시지는 서로 대립되는 두 가지 호소를 담고 있었다. '나와 결혼하지 말라, 난 결혼생활엔 적합지 않으니까. 결혼은 당신과 나를 불행하게 만들 것이오! 나와 결혼해 주시오. 난 나의 고독을 참을 수 없으니까!'[16] 카프카는 펠리체와 함께 할 수도, 헤어질 수도 없는 상황에서 1913년 9월 마치 약혼으로부터 도피하려는 것처럼 빈, 베니스를 거쳐 리바로 여행을 떠난다. 그곳에서 한 젊은 스위스 여인과 10일 간의 관계를 갖는다. 이 무렵 카프카로부터 6주 동안 서신연락이 없자 펠리체는 친구 그레테 블로흐를 프라하로 보내 상황을 알아보도록 한다. 이 같은 조치는 블로흐가 카프카의 새로운 편지 파트너가 되는 결과를 가져온다. 1913년 10월부터 카프카는 블로흐와 집중적인, 친밀하고 다정한 서신들을 교환한다. 블로흐는 두 사람 사이의 중재자 역할을 벗어나서 카프카에 의해 제2의 연인의 역할을 맡게 된다. 새로이 등장한 프랑크푸르트 차이스 회사의 속기 타이피스트였

16) Anz 1992, 105-106.

던 이 여인의 이름이 일 년 전에 완성된『변신』에 나오는 그레고르 잠자의 근친상간적 열망이 투영된 누이동생의 이름과 동일하다. 현실이 문학보다 더 천천히 움직인다. 그레테는 이제 카프카가 자신의 동경과 에로틱한 소망을 써 보내는 펠리체의 대리인이 된다.[17)]

카프카의 그레테 블로흐와의 서신교환, 그리고 그녀와의 친밀한 관계는 카프카와 펠리체의 파혼에 모종의 역할을 한 것으로 보이지만, 구체적으로 어떤 역할을 했는지는 확인되지 않고 있다. 카프카는 임박한 결혼에 대한 증대되는 불안감을 블로흐에게 토로한다. 블로흐는 자신이 아닌 펠리체가 그의 신부가 되는 것에 대한 질투심에서인지, 아니면 친한 친구에게 경고하고자 하는 의도에서인지, 어쨌든 그녀는 카프카로부터 받은 다정한 편지들을 펠리체에게 보여준다. 이로 인해 카프카는 펠리체에 의해 베를린으로 소환 당한다. 페리체, 블로흐, 펠리체의 동생 에르나, 카프카, 그의 친구 바이스 등이 참석한 아스카니어 호텔에서 격한 적의에 찬 논쟁이 있은 후 7월 12일 겨우 6주 밖에 되지 않은 약혼이[18)] 파기된다. 카프카는 이와 관련하여 후일 '호텔 법정'에 관해 언급한다. 고발자가 펠리체이고, 피고가 자신이며, 블로흐가 배심원 역할을 한 이 법정에서 카프카는 아무 말도 하지 않았고 묵묵히 판결을 받아들였다. 카프카는 프라하로 돌아와서 이 사건을 문학적으로 형상화 하고자 시도하였다. 이렇게 해서 그는 1914년 8월『소송』의 집필에 착수하였다.

카프카의 경우 위기의 시기는 관계대상을 바꿈으로써 극복된다. 펠리체를 잠시 제쳐놓고 블로흐에 집착하는 것은, 마치 장편소설이 진

17) 그레테는 시민도덕 같은 것엔 신경 쓰지 않는, 교태가 많은, 신경질적이고 변덕스러운 성격의 여자였다. 1940년의 그레테의 편지에 의하면 그녀는 1915년에 카프카의 아들을 낳았다고 한다. 그러나 카프카가 아버지라는 증거나 기록은 없다 (Wagenbach 2007, 114).

18) 첫 번째의 공식적인 약혼은 1914년 6월 1일 베를린에 있는 바우어의 집에서 양가의 부모 등 가족들이 참석한 가운데 거행되었다. 이때 카프카는 자신의 처지를 마치 범인이 체포되어 결박되어 있는 것에 비유했다.

척되지 않는 상황에서 잠시 다른 이야기, 즉 단편을 집필하는 것과 같다. 개인적 위기 상황에서 연인의 친구와의 애정관계가 심적 부담이나 긴장감 없이 진행될 수 있는 것처럼, 『판결』이나 『변신』 같은 단편들이 실패에 대한 불안 없이 완성되는 것이다. 카프카는 펠리체와의 관계를 마치 끊임없이 중단되고 이어지는 장편소설처럼 다룬다. 말하자면 그 관계는 『소송』처럼 미완의 원고와 같다.[19] 1915년 1월 주말에 두 사람의 화해를 바라는 블로흐의 중재로 독일과 오스트리아의 국경 역인 보덴바흐에서 카프카는 다시 펠리체를 만난다. 그는 호텔 방에서 펠리체에게 『소송』의 '법 앞에서'를 읽어준다. 이 낭송은 카프카의 펠리체에 대한 감사의 표시로 볼 수 있다. 그는 펠리체로 인해 태어난 작품을 직접 들려주었지만, 그녀는 이 같은 사실을 알지도 못했고 알려고도 하지 않았다. 펠리체는 그녀의 현실적 사고방식과 통속적인 문학이해로 미루어 카프카의 환상의 세계를 이해하기가 어려웠을 것이다. 베를린을 떠나 은밀한 곳에서 에로틱한 만남을 기대했던 펠리체는 실망한다. 카프카는 펠리체에게 이 미완성 장편소설을 읽어주면서 다시금, 자신의 진정한 만족을 찾을 수 있는, 글쓰기의 영역으로 그녀를 끌어들이고자 한다. 보덴바흐에서 실패로 돌아간 만남 이후에 베를린과 프라하의 접촉이 끝나지 않은 것은 거의 기적에 가깝다. 다시 두 사람 사이에 서신교환이 시작된다. 그리고 1916년 6월 말 두 사람은 칼스바트에서 함께 며칠간 휴가를 보낸다. 그녀는 카프카에게 도스토예프스키의 『카라마조프의 형제들』을 선물한다. 1년 후인 1917년 7월 프라하에서 다시 약혼을 하지만, 12월에 다시 파혼에 이르게 된다. 이번에는 폐결핵으로, 어쩔 수 없이 양심의 가책을 받지 않고 파혼하게 된다. 카프카가 펠리체에게 보낸 마지막 편지는

19) Alt 2005, 376.

1917년 10월 16일자 편지이다. 카프카는 1917년 12월 22일 취라우에서 프라하로 돌아간다. 3일 후 펠리체를 만나 결혼을 허용치 않는 자신의 건강상태를 고려해서 파혼 제의를 받아줄 것을 부탁한다. 1917년 12월 27일 아침 카프카는 베를린으로 떠나는 펠리체를 전송한 후, 프라하 우체국으로 브로트를 방문하고서는 울면서 쓰러진다. 브로트는 카프카와 펠리체의 마지막 이별이 있었던 그날의 상황을 이렇게 적고 있다. "그는 막 F.를 역으로 데려다주고 온 길이었다. 그의 얼굴은 창백하고, 굳어있었으며, 엄하게 보였다. 갑자기 그는 울음을 터뜨렸다. 나는 처음으로 그가 우는 모습을 보았다."[20]

1919년 4월 3일 브로트는 카프카에게 3월 25일에 있었던 펠리체와 14세 연상의 은행 대리 모리츠 마라세와의 결혼 소식을 알려준다. 펠리체는 이 결혼에서 2명의 자녀를 갖게 된다.

그러면 여기서 카프카와 펠리체의 관계를 글쓰기와 관련하여 좀 더 자세히 살펴보자. 카프카는 1913년 8월 24일자 펠리체에게 보낸 편지에서 자신을 문학과 동일시하고 있다. "글쓰기에 대한 집착이 아니오. 사랑하는 펠리체, 집착이 아니라 전적으로 나 자신이오. 집착은 찢어 없애거나 억누를 수 있소. 허지만 이건 바로 나 자신이오..." (BF451) 이처럼 카프카에게 글쓰기는 결정적인, 존재론적인 의미를 지니고 있었다. 또 다른 1913년 8월 22일자 펠리체에게 보낸 편지에서는 자신을 "보이지 않는 사슬로 보이지 않는 문학에 묶여 있는" (BF450)존재로 표현하고 있다. 카프카가 펠리체에게 보낸 편지는 책으로 700쪽 이상의 분량이다. 무엇 때문에 그는 정상적인 사랑과 결혼을 기대하고 있었던 이 여자를 필요로 했을까, 아니 악용을 했을까? 바로 글쓰기를 위해서였다. 편지들, 즉 글쓰기가 카프카와 펠

20) M. Brod 1977, 203.

리체의 관계를 결정짓는다. 카프카는 결혼이 아닌 편지관계를 원했던 것 같다. 카프카는 내면의 세계를 원고지에 옮기기 위해 외부 세계와의 접속을 필요로 했다. 자신의 창작을 위해 현실세계와의 연결을 필요로 한 카프카는 문학과 현실을 이어줄 탯줄을 펠리체에게서 찾았다.[21] 카프카는 문학과 현실을 때로는 혼동하기도 한다. 1912년 12월 6/7일자 펠리체에게 보낸 편지에서 카프카는 『변신』의 그레고르 잠자가 죽었다고 보고하면서 펠리체에게 울 것을 요구한다.(BF 160) 허구적 틀 속에서 문학적 인물이 죽은 것을 마치 현실적 사건인 것처럼 문학과 현실을 동일시하고 있다. 그리고 펠리체와의 관계에서 볼 수 있는 만남과 헤어짐의 반복이 겉으로는 그의 글쓰기를 방해한 것 같지만, 실제로는 그것을 가능하게 하고 계속 활발하게 진척시키는 요인이 된다. 첫 만남 이후 편지쓰기와 주요 창작들의 저술 시기가 일치하고 있다. 펠리체에게 첫 편지를 쓴 이틀 후인 1912년 9월 22일에서 23일 사이에 『판결』이 완성되고,『변신』은 11월 17일에서 12월 7일 사이에 집필된다. 그리고 1912년 12월에 『관찰』이, 1913년 5월엔 『화부』가 출판된다. 첫 파혼 이후에도 마찬가지다. 파혼 후인 1914년 8월 초 『소송』을 쓰기 시작하고, 『유형지에서』와 미완성인 『실종자』의 마지막 장 '오클라호마의 자연극장'이 집필된다.

끝으로 한 가지 아쉬운 것은 펠리체 바우어가 카프카에게 보낸 편지들이 사라지고 없다는 점이다. 카프카가 1917년 펠리체와 헤어지고 난 후 그녀의 편지를 불태워버린 것으로 추정된다. 펠리체의 편지들이 보존되지 않아 이성적이고 현실지향적인 인간 펠리체의 대립된 입장을 직접 확인할 수는 없지만, 카프카의 답장을 통해서 그녀의 실용적이고 영리한 논거는 재구성될 수 있다.

---

21) H. D. Zimmermann 2004, 52.

3.3 밀레나 예젠스카

전설에 의하면 태고적 보헤미아는 모권사회였다. 보헤미아의 신화적 통치자들은 리부사로 대표되는 여성들이었다. 밀레나를 보면 이 같은 사실을 믿을 수 있을 것이다. 그녀는 1896년 8월 10일에 치열교정 의사인 얀 예젠스키의 딸로 프라하에서 태어났다. 밀레나는 미네르바 여자 김나지움을 다녔고, 대학에서는 의학, 문학 그리고 언론정보학을 공부하였다. 함순과 도스토예프스키를 탐독한 지성적이고 개방적인 성격의 그녀는 독선적인 아버지의 권위주의적 교육방식에 저항하였으며, 일찍부터 수차례 성적 체험을 가진 결과 대학 입학 전에 낙태수술을 받아야 했다. 아버지의 병원에서 몰핀으로 실험을 하기도 했고 상점에서 물건을 훔치다 체포되기도 하였다. 친구들과 묘지로 밤 소풍을 가거나 몰다우 강을 옷을 입은 채 헤엄쳐 건너는 말괄량이 처녀였다.[22]

1916년 여름 은행원이며 '카페 아르코' 모임의 단골이었던 에른스트 폴락이 브로트를 도와 「행동」지에 실을 체코 시들을 선정하는 작업에 밀레나도 동참하였다. 이후 폴락과 밀레나의 연인관계는 온 프라하의 화제가 되었다. 평소 딸의 단정치 못한 품행을 못마땅하게 여기던 체코 민족주의자이며, 반유대주의자인 그녀의 아버지는 유대인 폴락과 딸의 관계를 인정치 않음으로써 부녀갈등은 극도로 고조되었다. 1917년 6월 아버지는 폴락과의 관계를 끊도록 하기 위해 밀레나를 프라하 근교 정신병원에 입원시킨다. 이 병원에서 9개월을 머무른 후, 성년이 되자 그녀는 1918년 3월 아버지의 단호한 반대를 무릅쓰고 폴락과 결혼, 빈으로 이사를 간다. 결혼 후 두 사람의 관계는 순탄

22) Wagenbach 2007, 138.

치 않았다. 폴락은 퇴근시간 이후는 주로 카페에 머무르며 많은 여자들을 농락하면서, 밀레나에겐 자신의 엽색행각에 관용을 베풀어줄 것을 부탁하였다. 룸펜이나 다름없는 남편으로부터 재정적으로 독립하기 위해 밀레나는 가정부, 체코어 강사 등 여러 가지 일을 하는 가운데 1919년 말부터는 프라하 신문들에 문학, 연극, 영화, 건축 등 폭넓은 주제들을 다룬 글들을 기고하였다. 카프카는 밀레나를 알기 전에 '카페 루브르'와 '유니온'에서 이미 폴락과 교류가 있었으며 그녀를 처음 만난 것은 1919년 10월 '카페 아르코'에서였다. 당시 36세였던 카프카보다 13세 연하인 밀레나는 유대인이 아닌 체코 여자로서, 이미 그 해 2월에 카프카에게 편지로 『화부』를 체코어로 번역하는 것을 허락해 달라고 부탁했었다.[23)]

카프카는 1920년 4월 초 요양차 머물렀던 메란에서 밀레나와의 서신교환을 시작한다. '카페 아르코'에서 불과 몇 시간 밖에 마주하지 않았던 두 사람이 며칠도 되지 않아 편지를 통해 서로의 생의 불안, 미래에 대한 걱정, 고독과 공동체 생활, 사랑과 섹스, 결혼과 간통에 대해 의견을 개진한다. 그리고 서로 편지를 주고받은 지 두 달도 채 되지 않아 밀레나 쪽에서 먼저 호칭을 바꾸어 카프카를 당신, 그대로 부른다. 카프카는 폴락의 의심을 피하기 위해 밀레나에게 '크라머'라는 가명으로 편지를 보낸다. 밀레나에게 보내는 편지는 펠리체의 경우와는 다르다. 수사적 우회가 없는 직설적이고, 직접적인 이해를 구하는 문체이다. 사랑의 문제도 펠리체의 경우보다 더 감각적이고 육체적인 차원에서 다루어진다. 열정적인 밀레나의 편지는 감성적이고 화산이 분출하듯 폭발적인 내용을 담고 있다. 때문에 밀레나는 카프카에게

---

23) 1920년 4월 22일에 크멘 잡지에 그녀가 체코어로 번역한 카프카의 『화부』가 실렸다. 같은 해 9월 말에는 트리부나 지에 체코어 판 『학술원에 드리는 보고』가 발표되었다. 1923년에는 체스타지에 『판결』이 역시 밀레나에 의해 체코어로 번역 발표되었다.

지금껏 본적이 없는 훨훨 타오르는 불같은 여자로 비쳤다.

1920년 6월 말 메란에서 프라하로 돌아오는 길에 카프카는 빈에 들려 4일간 그녀와 함께 지냈는데, 이 나흘간이 그들 관계의 정점이었다. 두 사람은 폴락에게 발견될까 두려워 주로 빈 교외에서 함께 시간을 보낸다. 7월 3일 두 사람은 카프카의 37회 생일을 축하할 겸 빈 숲으로 소풍을 간다. 여기서 둘의 에로틱한 관계가 이루어진다. 서신 교환에 의한 상호간의 친밀감이 여기 한적한 빈 숲 속에서 어려움 없이 육체적 차원으로 옮겨간 것 같다. 그러나 밀레나는 펠리체 바우어와 같은 프리다 브란덴펠트(『판결』)도 아니고, 율리에 보리체크와 같은 레니(『소송』)도 아니다. 즉 그녀는 문학적 상상의 산물이 아니라, 자기만의 개성을 지닌 지적이고 감각적인 여자이다.[24] 또한 밀레나는 펠리체와 달리 문학적 소양과 지성을 겸비하고 있었다. 또한 누구보다도 카프카의 불안을 잘 이해할 수 있는 여자였다. 카프카는 자신의 내면생활을 밀레나 외에 어떤 여자나 어떤 친구에게도 그렇게 솔직하게 고백한 적이 없었다. 지금까지 아무에게도 보여준 적이 없었던 그의 일기마저도 그녀에게 넘겨주었다 그녀는 이미 『실종자』와 『아버지에게 드리는 편지』도 소유하고 있었다. 이는 카프카의 밀레나에 대한 신뢰의 표시이다. 밀레나에 대한 애정과 신뢰에도 불구하고 카프카는 그녀를 만날수록 차츰 소외감을 느끼게 된다. 그 이유는 첫 째로 자기를 위해 밀레나로 하여금 남편의 곁을 떠나게 할 수 없는 점이었으며, 다음으로 두 사람 다 현재의 여건에서 결합할 수 없다는 점이었다. 마지막 결정적 요인은 카프카가 활동적이고 기독교 신앙의 체코 여인에 대해 병약하고 고독한 유대인으로서 심한 열등감을 느낀 점이었다. 6개월간의 밀레나와의 애정관계는 끝나고, 카프카는 다시 엑스터시 후

24) Alt 2005, 542.

의 고독을 되찾았다. 고독은 자신의 작가로서의 정체성을 확인할 수 있는, 글쓰기의 영역이며, 에로스가 배제된 카프카 본연의 영역이다.

밀레나는 1920년대 중반에 빈에서 다시 프라하로 돌아와 폴락과 헤어진 후, 그녀에게 공산주의를 알게 해준 프란츠 크사버 샤프고취와 동거했다. 그녀는 패션 잡지에 기고도 하고, 요리책도 펴냈으며, 좌익 잡지들에 글을 실었다. 두 번째 남편인, 유명한 체코 건축가 야로미르 크레이카에 의해 프라하의 예술세계에 발을 들여 놓으면서 많은 사람들의 열광적인 숭배를 받았다. 그녀는 1933년 이후 독일 망명자들을 보살폈고 1938년 이후에는 유대인 및 공산주의자들이 국경을 넘어 오는 것을 도와주었다. 이와 함께 그녀의 언론활동 역시 1937년부터 1939년 독일 점령군에 의해 출판금지 처분을 당하기까지 「현재」라는 유명 잡지에 기고함으로써 절정에 달했다. 이 무렵 그녀는 히틀러의 독일 뿐 아니라 소련, 그리고 조국 체코에 대해 신의를 저버렸던 영국, 프랑스 등 서방 열강에 대해서도 비판적인 글들을 썼다. 나치스에 대한 저항운동에도 가담했었던 밀레나는 1939년 11월 11일 게슈타포에 의해 체포되어 여러 형무소를 전전하다가 라벤스브뤽 집단수용소에 수감된다. 그녀는 1944년 5월 17일 이 수용소에서 사망한다. 카프카와의 짧은 기간의 교제는 파란만장한 그녀의 생애에 있어서 어떻게 보면 하나의 에피소드에 지나지 않을지도 모른다.

II. 카프카와 도시 프라하의 숙명적 관계

카프카와 도시 프라하의 숙명적 관계

1_ 카프카와 프라하

1.1 생애와 작품의 배경으로서의 프라하

지금까지의 카프카 연구는 주로 그의 작품들을 중심으로 작가의 개인적, 심리적 성향이나 종교적, 실존적 성찰과 관련하여 이루어졌다. 즉 그의 인생을 형성하고, 개성과 작품을 결정짓는 역사적, 사회적 요인들이 간과된 것이다. 카프카 연구를 작품 텍스트에만 국한할 경우 우리는 한계에 부딪칠 뿐 아니라 커다란 연구 성과도 기대하기 어려울 것이다. 그의 작품에 등장하는 모든 주인공들, 즉 벤데만, 잠자, 라반, 그라쿠스, 요제프 카 등은 바로 작가 자신을 의미한다. 이 같은 사실은 필연적으로 작가의 개성, 생활환경, 그리고 그의 인생과 심리적 성향을 형성한 현실적, 사회적 요인들을 돌아보게 한다. 말하자면 텍스트의 밖에 있는 작품 외재적 요인들을 함께 고려하는 것이 중요하다는 것이다. 특히 카프카가 태어나고 활동했던 도시, 프라하는 특수한 역사적, 사회적 상황으로 작가에게 커다란 영향을 미쳤다. 당시 오스트리아-헝가리 제국의 보헤미아 수도로서 프라하는 체코인들이 살고 오스트리아인들이 다스리는, 민족적 사회적 갈등의 온상이며 종교적 갈등의 출발점이었다. 또한 프라하는 독일문화, 유대문화, 체코문화 등 3중의 문화서클이 충돌하는 도시였으며, 카프카를 비롯한 유대계 독일작가들은 "독일 게토, 독일-유대계 게토, 시민 게토 등 3중의 게토에서" 생활하였다.[1] 따라서 카프카에겐 프라하는 민족적, 사회적, 종교적 게토로서 개인적 현실의 핵심으로 작용했을 뿐 아니라, 그의 존재와 정신적 태도, 그리고 문학 창작에 결정적 영향을 미쳤다.

카프카 연구는 이러한 상황들을 카프카의 생애와 작품에 대한 배경으로서 반드시 고려해야 한다. 그러지 않고서는 카프카 전 작품의 본질에 다가갈 수 없을 것이다. 카프카의 작품을 동시대의 역사적 상황이나 사회적 조건을 고려하지 않고 텍스트에만 매달려 신비화한다면, 이 같은 연구는 결국 근본적인 오류를 범하게 된다. 따라서 '카프카와 프라하'의 관계를 학문적으로 철저히 규명하는 일이 무엇보다 우선되어야 할 것이다.

프라하 유대인 구역의 끝자락이며, 구시가지의 동북쪽에 있는 성 니콜라우스 교회의 옆 건물에서 태어난 카프카는 인근의 정육시장 골목에 위치한 소년 초등학교를 거쳐 킨스키 궁전 내에 있는 독일어 사용 국립 김나지움을 졸업한다. 1901/2년 겨울 학기에 카프카는 카를 대학교의 독일 대학에[2] 등록하여 잠시 화학과 독문학을 공부한 후에 법학부에서 법학을 전공하게 된다. 이 시절 처음으로 브로트를 만나 친교를 맺고, 그 외에 오스카 바움, 펠릭스 벨취 등과도 정기적인 만남을 통해 우정관계를 돈독히 한다. 프라하의 독일 대학에서 공부하면서 카프카는 문학에도 많은 관심을 갖게 되는바, 그 결과로 나타

1) Pazi 1978, 11.
2) 1348년에 설립된 카를 대학은 1882년부터 독일 대학과 체코 대학으로 분리되었다 (Salfellner 1996, 37).

난 것이 바로 『어느 투쟁의 묘사』이다. 카프카는 1906년 법학박사 학위를 수여받고, 10월부터 프라하 지방법원에서 1년 간 법률 시보 생활을 한 후 1908년 7월 프라하의 노동자 재해보험국에 직원으로 채용되어 1922년 조기 퇴직할 때까지 근무하게 된다. 조기 퇴직의 원인이기도 한 폐결핵 진단이 내려진 1917년까지 그는 장기간에 걸쳐 이 도시를 떠난 적이 한번도 없었으며, 요양원 입원 기간과, 몇 번의 짧은 여행, 그리고 여러 차례에 걸친 단기간의 베를린 체류를 제외하고는 평생을 프라하에서 살았다. 따라서 프라하는 카프카에겐 중요한 인생의 지표가 될 수밖에 없었으며, 당시 프라하의 문화적, 문학적 상황은 카프카 개인과 그의 작품에 깊고도 지속적인 흔적을 남겨놓았다. 카프카의 생가, 그가 다녔던 김나지움과 대학, 노동자 재해보험국의 사무실 등이 프라하의 구 시가지를 비롯한 시내 중심가에 위치하고 있었다. 이 좁은 영역 안에 그의 전 인생이 갇혀 있었다고 해도 과언이 아니다.[3)]

그러면 카프카와 프라하의 불가분의 관계, 그리고 카프카 작품의 무대로서의 프라하를 좀 더 구체적으로 살펴보자. 합스부르크 제국이 점점 파국으로 치닫고 있는 동안의 프라하 구 시가지는 마치 길 모퉁이들에서 괴물들이 출몰하는 것 같은 유령의 분위기가 감돌았다. 프라하 구시가지의 좁고 구불구불한 미로와 같은 골목들, 폐쇄된 프라하 게토의 흔적, 웅장한 궁전의 모습, 우중충한 교회와 유대교당, 먼지투성이의 오래된 관청 건물 등, 이 모든 것들이 카프카 작품의 고통스러운, 환상적인 분위기를 형성하는데 일조하였다.[4)] 이렇듯 카프카의 모든 작품세계는 프라하와 함께 용해되어 있으며, 프라하는 이들 작품 속에 무수한 파편들로 산재해 있다. 때문에 카프카는 오직 프라

3) Wagenbach 1958, 65.
4) Stölzl 1975, 11.

하의 관점에서만 해석될 수 있다는 주장들이 나오고 있다. 그러나 프라하에 대한 카프카의 감정은 애증이 뒤섞인 것으로 증오 쪽에 더 무게가 실리는 것 같다. 1902년 카프카는 학창 시절의 친구 오스카 폴락에게 "프라하는 사람을 놓아주질 않는다... 이 어멈은 맹수의 발톱을 지니고 있다"(B 14)라고 쓰고 있다. 카프카는 이 편지에서 프라하를 자신을 짓누르는 답답하고 숨 막히는 도시로 묘사하고 있지만, 그의 프라하 탈출 시도는 일차적으로 아버지의 영향과 압력에서 벗어나고자 하는 소망에서 비롯된 것이다. 그러나 유대인을 적대시하는 프라하의 분위기도 그에게 고향도시에 대한 증오심을 심어주기에 족했다. "오후 내내 나는 골목길에서 유대인에 대한 증오로 흠뻑 젖어 있다. 한번은 유대인을 옴 걸린 종족이라고 부르는 소리를 들었다. 그렇게 증오의 대상이 되는 곳에서 떠나는 것은 당연한 일이 아니겠는가?"(BM 184) 카프카는 밀레나에게 보내는 이 편지에서 인간의 존엄성은 물론 생존마저 위협받는 상황에서 벗어나고 싶은 자신의 소망을 표현하고 있다. 이 도시는 카프카에게 더 이상 신뢰받는 사랑스러운 프라하가 아니라 저주받은 도시였다. 그러나 대부분의 유대계 독일인들은 자신들에 대해 적대적인 환경에 동화되고자 처절한 노력을 하지 않을 수 없었다. 이들 프라하의 유대계 지성인들은 스스로에 의지하고 스스로에 몰두한 채, 그리고 일반 대중과의 접촉을 피한 채, 구시가지의 좁은 골목길에서 자신들의 특이한 운명에 대해 숙고하였다.[5] 프라하에 대한 카프카의 복잡하고 모호한 감정은 한편으로는 프라하가 자신이 태어난 고향이었다는 사실, 그곳에서 유소년시절과 청년시절의 결정적인 체험을 했다는 사실, 다른 한편으로는 프라하가 자신의 무소속감, 유랑의 상태를 강하게 느끼도록 해준 곳이라는 데서 비롯된

5) Politzer 1974, 18.

다. 또 프라하는 카프카에게, 거듭된 접근 내지 동화 시도에도 불구하고 끝내 낯선 도시로 머물렀던 것이다.[6)]

프라하는 카프카 이전에도 종종 독일문학의 무대가 되었다. 그 예로 클레멘스 브렌타노의 극시 『프라하의 건설』과 프란츠 그릴파르처의 드라마 『리부사』는 직접 이 도시를 무대로 하고 있으며, 아달베르트 슈티프터의 소설 『비티코』는 프라하 시에 바치는 헌사로 몰다우 강이 흐르는 이 고도와 연관을 맺고 있다. 릴케 역시 『두개의 프라하 이야기』를 썼으며, 구스타프 마이링크는 프라하 소설의 모델로 간주되는 『골렘』을 발표, 동시대에 이미 베스트셀러 작가가 되었다. 카프카의 경우에도 몰다우 강은 단편 『판결』을 가로질러 흐르고, 성당은 『소송』의 결정적 장면에서 그 배경을 이룬다. 그러나 카프카는 자신의 소설들이 프라하를 무대로 하고 있음에도 대부분의 경우 그 배경이 된 장소들의 실명을 밝히지 않음으로써, 많은 독자들이나 독문학자들이 지명을 확인하는 데에 애를 먹었다. 예를 들어 『소송』의 주인공 요제프 카가 채석장으로 가는 길에 있는 공원의 계단들이 어디에 있는지 확인하는 데에 어려움을 겪었다.[7)] 카프카의 소설 중에서 프라하의 도시 모습이 묘사되고 지명이 정확하게 명기되는 유일한 작품이 1904년에서 1010년 사이에 완성된 『어느 투쟁의 묘사』이다. 1904/5년 겨울학기에 21세의 카프카는 이 소설의 초고를 시작하였다. 부분적으로 강한 환상적인 느낌을 주는, 어느 겨울 밤 프라하에서의 산책을 묘사한 이 작품은 작가의 자서전적인 성격을 지닌다. 표현된 내용은 일인칭 화자와 친구 사이의 권력 투쟁으로, 이 두 인물은 순수한 자아와 외형적 자아로 분열된 작가 자신을 대변한다. 3부로 구성된 이 소설은 내용이나 구성에 있어 명확치 못한 인상을 줌으로써 일부에서는 이

---

6) Goldstücker 1963, 13.
7) L. Brod 1979, 130.

작품을 작가 자신의 젊은 시절의 위기에 관한 혼란스럽고 기괴한 묘사로 비판하였다.[8] 그러나 카프카의 작품 중 이처럼 프라하가 중심적 역할을 하는 경우는 없을 것이다. 따라서 '카프카와 프라하'라는 주제와 관련하여 특별히 관심을 끄는 작품이다. 이 소설에서는 구시가지 광장의 마리아 탑, 작은 원형광장의 우물, 물레방아 탑, 크로이츠헤렌 광장, 벤첼 광장, 페르디난드 가, 몰다우 강, 크로이츠헤렌 교회, 카를 다리, 카를 골목, 라우렌치 산, 카를 4세의 입상 등 프라하의 지명과 명소들이 모두 실명으로 표기되고 있다.[9] 이 초기 단편이 지니는 또 하나의 주요한 의미는 이후의 카프카 작품들에서 볼 수 있는 주제와 표현기법들, 즉 고립, 실패와 좌절, 구원의 시도, 변신과 동물 비유 등을 미리 형성해 보이고 있는 점이다.

그러면 이제 프라하를 무대로 카프카와 동시대에 활동한 독일 작가들, 특히 카프카와 친분이 두터웠던 프라하 서클의 회원들을 중심으로 카프카와 프라하, 그리고 이 서클의 상호 관계를 알아보고자 한다.

1.2 카프카와 프라하 서클

세기말에서 1945년까지 프라하에서는 수많은 독일 작가들이 활동하면서 프라하의 독일문학을 꽃피웠다. 프라하 독일문학의 시대는 릴케와 더불어 시작되어 반세기 동안 이어진다. 이 시기에 완성된 카프카의 소설, 릴케의 서정시, 베르펠의 시와 소설, 마이링크의 풍자적 단편들은 근대 독일문학 및 세계문학에 중요한 기여를 하였을 뿐 아니라, 오늘날까지도 체코와 독일민족 간의 우호적 관계 형성에 커다란 역할을 하고 있다. 이들 프라하의 젊은 독일 작가들은 체코와 프라하

8) 권세훈 외 공역, 카프카 문학사전 1999, 159-160.
9) SE 197-232; Rietsch 1992, 106-109.

를 주제로 한 창작 외에도 체코문학의 번역과 홍보를 통해 이 민족의 문화를 세계에 알리는 데에 주도적 역할을 하였다. 야로스라프 하세크, 카렐 차페크, 율리우스 푸치크 등의 작품이 독일어로 소개되면서 체코문학은 20세기에 들어와서 비로소 세계적으로 인정받을 수 있는 계기가 마련되었다.[10] 이들 프라하의 작가들 중에서 특히 카프카와 긴밀한 관계를 유지했던 작가들이 바로 '프라하 서클'에 속한 이들이었다. 이 서클은 1910년에서 38년까지 프라하에서 있었던, 계파나 학파가 아닌 개인적으로 친밀하며 서로 비슷한 목표를 가진 작가 및 비평가들로 느슨하게 결합된 자유분방한 그룹을 말한다. 보다 친밀한 협의의 서클 구성원으로는 카프카, 브로트, 벨취, 바움 그리고 빈더 등을 들 수 있다. 이들은 회원들의 집이나, 아르코 등 당시의 문인들이 드나들던 카페 등지에서 모임을 가지면서 각자 새로 쓴 작품들을 낭독했다. 그리고는 토론과 비평이 이어지고 출판을 협의하기도 하였다. 광의의 서클 구성원으로는 베르펠, 하스, 우르치딜, 레핀, 마이링크, 피크, 푹스, 키쉬 등이 포함된다. 다양한 개인적 특성에도 불구하고 이들의 공동 관심사는 유대교와 유대인의 정체성, 그리고 유대민족주의 운동 등이었다. 또한 이들은 민주주의와 자유주의를 바탕으로 독일문화와 체코문화의 공존을 꾀하였으며, 이들의 작품 속에서 프라하 역시 의미심장한 자리를 차지하게 된다.[11] 뿐만 아니라 이들 젊은 작가들은 프라하라는 정신적 완충지대에서 독일어, 체코어의 2개 국어 사용, 번역활동, 독일문학 및 체코문학과의 긴밀한 관계, 양국의 정신적 유산의 중재 등을 통해 제3의 민족으로서 두 민족 사이에 존재하는 선입견과 편견의 벽을 무너뜨리고 평화를 구축하는데 크게

10) 특히 브로트는 하세크의『용감한 병사 슈베이크의 모험』을 각색하여 무대에 올림으로써 체코 희곡의 소개에 크게 기여하였다.

11) 권세훈 외 공역, 카프카 문학사전 1999, 256.

기여하였다.[12)]

이러한 프라하 서클의 사부이며 구심점 역할을 한 작가는 바로 카프카의 가장 절친한 친구였던 브로트였다. 1902년 10월 23일 브로트는 프라하에 있는 독일 대학생들의 독서 및 연설 동아리에서 카프카를 처음 만나 우정을 키워 나갔다. 그 이후로 그들은 거의 매일 단 둘이 만나 불어를 공부하거나 영화관을 찾았으며 때로는 다른 친구들과 함께 프라하 근교로 야유회를 가곤 했다. 둘이 함께 플로베르의『성 안토니우스』를 읽으며 감격하거나, 호프만스탈의『크리스티나의 귀향』을 읽고 토론을 벌이기도 하였다. 종종 두 사람은 자신의 작품을 상대방에게 낭독해 주며 상호 의견을 묻기도 하였는데, 한번은 카프카가『어느 투쟁의 묘사』를 낭독했을 때 브로트는 그가 참으로 훌륭한 소설을 들려주었다고 감격해 마지않았다. 브로트는 자신의 작품에 대한 카프카의 부정적 평가도 감사히 받아들였다. 1910년 7월 6일 브로트는 이렇게 적고 있다. "훌륭한 친구 카프카가 약 60편의 질이 떨어진 시들을 내치면서 나의 시집을 구해준다."[13)] 그의 일기에는 카프카에 대한 경탄과 애정으로 가득하다. 브로트는 카프카를 프라하 서클로 인도하였을 뿐 아니라, 그에게 바움과 벨취를 소개시켜 주었다. 그렇게 해서 벨취-카프카-바움-브로트의 4자 관계, 즉 가장 긴밀한 프라하 서클이 형성된 것이다.[14)]

브로트는 독일문학사에서는 카프카와 베르펠 등의 친구로서 이들의 창작활동을 독려하고 출판을 주선한, 말하자면 재능 있는 작가들을 발굴한 업적으로 높이 평가받고 있지만, 체코인들에겐 언제까지나 야나체크와 체코 언어극의 홍보자로, 그리고 하세크의『슈베이크』를 최

12) Pazi 1978, 22.
13) Pazi 1987, 88.
14) M. Brod 1964, 4.

초로 무대에 올린 자로 길이 기억되고 있다. 그러나 이러한 업적 외에도 그는 서정시와 산문, 그리고 드라마의 창작과 연출, 문학비평과 철학, 음악 등 다방면에 걸쳐 활동한, 프라하 독일문학의 산 증인으로 높이 평가받고 있다. 또한 그는 프라하 서클의 작가들 중에서 가장 행동적인 유대정신의 소유자로서 새로운 마사리크 공화국에서 시온주의와 독립적인 유대민족의 이념을 위해 투쟁하였다. 이러한 다양한 활동을 통해 그는 프라하의 문학 동호인들이 영감을 얻는 원천이 되었다.[15]

카프카가 사망한 이후 1930년 대 프라하는 독일에서 파시스트들이 권력을 장악함으로써 일시적으로 독일 반파쇼 망명문학의 중심지가 된다. 프라하 서클의 작가들은 망명 작가들에게 여러 가지 조언 뿐 아니라 출판지원, 낭독회 및 강연회 개최 등을 통해 실질적인 도움을 주고자 노력하였다.[16] 이와 함께 독일 및 체코 예술가들의 공동 작업으로 망명 작가들의 드라마들이 프라하의 무대에서 공연되었다. 그러나 1938년 11월 프라하의 독일극장이 폐쇄됨으로써 프라하의 독일문화사는 종언을 고하게 된다. 이후 대부분의 프라하 서클의 작가들이 망명길에 오르지만 서클의 존립을 완전히 포기한 것은 아니었다. 상호간의 우호적 관계 및 사상의 교류가 서신이나 작품활동을 통해 계속 이어졌다. 프라하는 이 서클의 작가들에겐 망명지에서도 개인적 현실의 핵심으로 작용했으며, 나아가 그들의 본질, 정신적 태도, 문학 창작과 삶을 규정했었다. 이들 모두는 그들의 프라하를 마음속에 지닌 채 망명지로 떠났으며, 잃어버릴 수 없는 정신적 고향으로서 보호했을 뿐 아니라 그들의 작품을 통해 이 도시에 기념비를 세워 주고자 노력하였다. 바움, 벨취, 카프카, 빈더, 브로트 등 가장 긴밀했던 프라

15) Urzidil 1967, 295.
16) Pazi 1978, 65.

하 서클도 1946년 바움과 빈더가 사망함으로써 이제 브로트와 벨취만이 남게 된다. 이 두사람의 우정관계는 계속 이어졌고, 둘 다 이스라엘에서 청년시절의 꿈이었던 시오니즘의 실현을 체험했다.

1.3 카프카와 프라하의 봄

카프카의 유고들이 공개되고 난 직후 제3제국은 카프카의 작품으로 대표되는 독일-유대계의 공생에 종지부를 찍었을 뿐 아니라, 아직 생존해 있는 독일-유대계 작가들과 카프카의 작품을 망명지로 추방시켰다. 그 결과 카프카는 오히려 예언적 성격을 지닌 수준 높은 작품을 창작한 작가로 급격히 부상한다. 추방당한 자들은 카프카의 작품에서 실제적인 익명의 권력에 대한 그들 자신의 무기력과 기진이 미리 앞당겨 묘사되어 있음을 보았다. 계속 이어지는 대형 사건들, 즉 세계대전과 스탈린주의의 통치 등은 카프카의 작품들이 우화적으로 현재의 부조리한 세계를 섬뜩할 정도로 정확하게 그려 보이고 있음을 거듭 확인시켜 주었다. “프라하의 봄”에 앞서 카프카의 소설들은 스탈린주의와 전체주의로부터의 해방 시도라는 해설 가능성이 대두되면서 바야흐로 정치적 기능을 지니게 된다.

카프카의 작품은 비사회주의 국가에서는 특별한 주의를 끄는, 열화와 같은 관심의 대상이었다. 수많은 사람들이 그의 작품에서 자신들의 생활감정과 생의 문제를 보았다는 점이 이를 증명하는 것이다. 이미 오래 전에 카프카는 이들 서방국가들에서 수많은 언어로 번역되고, 철학적, 종교적, 심리 분석적, 사회정치적, 순수 예술적 방법 등으로 광범위하게 해석되었다. 그러나 카프카의 작품들이 제대로 이해되기 까지는 오랜 세월이 걸렸다. 양차 세계대전 사이에 카프카의 산문들은 프라하에 살고 있었던 소수의 독일 및 체코 유대인들 등 그의 개인적 친구들에 의해서만 읽혀졌었다. 예외적으로 체코의 출판업자 요제프 플로리안은 2차 세계대전 전에 카프카의 단편『변신』의 체코어 번역을 자신이 출판하는 잡지『아르히』에 게재하여 일반에 소개하였다. 이 단편은 거기서 신을 잃어버린 한 인간의 초상으로 해석되었다. 이는 카프카의 작품이 신의 은총을 체험하기 위한 종교적인 투쟁의 표현이라는 브로트의 해석과 맥을 같이한다. 1945년 이후 비교적 자유로웠던 4년 동안 카프카의 작품들은 종교적 해석 외에도 정신분석과 실존주의 등 다양한 방법으로 소개되었다. 어딘지 모르게 초현실적인 듯한 꿈의 모티프가 강조되었고, 동시에 프라하의 역사적, 사회학적 배경과 프라하 서클에 속한 작가들의 상호관계도 규명되기 시작했다.[17] 그러나 이러한 고무적인 출발은 1948년 2월 공산주의자들에 의해 강압적으로 중단되어버렸다. 카프카, 베르펠 그리고 릴케와 같은 작가들은 가차 없이 브르조아적 타락의 대표자로 낙인 찍혔고, 학교의 교과과정에서도 제외되었다.[18]

이제 사회주의 진영에서는 구속력 있는 사회주의 리얼리즘 이론이 예술분야를 지배하게 된다. 사회주의 리얼리즘은 작가에게 혁명적 상황에 있는 현실을 진실되고 구체적으로 표현할 것을 요구하였다. 그리고 사실에 충실한 예술적 표현이 노동자들을 사회주의 정신으로 개혁하고 교육하는 임무와 결부되어져야 했다. 이러한 교리가 선포되기 전에는 공산주의자들도 카프카를 오늘날의 불공평한 사회의 유기적 조직을 깊이 들여다보고 억압받는 자들을 사랑한, 섬세한 정신의 소유자로 칭송하였다. 그러나 사회주의 리얼리즘이 이념적으로 구속력 있는 예술이론으로 선포된 1934년 8월의 제1차 소련 작가연맹 회의 이후 카프카의 작품은 스탈린의 공산주의 세계에서는 제국주의 세계

17) 김충남 1995, 175.
18) Preisner 1977, 13-14.

의 반동적이고 퇴폐적인 작가의 표본으로 간주되어 완전히 거부당하였다.[19] 스탈린주의 비판은 카프카가 사회주의 리얼리즘의 규범을 부정하기 때문에 그의 작품을 거부하지 않을 수 없었다. 첫째로 그의 작품에서 현실은 해체되고, 남아 있는 것은 괴기한 환상과 끔찍스러운 악몽뿐이다. 한마디로 그의 작품은 이해할 수 없고 지나치게 주관적이다. 둘째로 카프카의 주인공들은 이상을 구현하거나, 인류를 위한 보다 나은 미래를 약속하지 않는다. 셋째로 카프카의 인물들은 현실세계에서 편안함을 느끼지 못하고, 세계로부터 소외되어 있을 뿐 아니라 어찌할 바를 모르는 상태에 처해 있다. 세계는 그들에게 있어 예측할 수 없고 파악할 수 없는 존재이다. 카프카는 이들에게 세계를 변화시킬 수 있는 수단이나 암시도, 소외를 극복할 수 있다는 희망도 주지 않는다. 요컨대 카프카는 사회주의 리얼리즘이 요구하는 혁명적인 발전상황에 있는 현실을 보여주지 않으며 노동자 계급을 사회주의 정신에 입각해서 교육시키지도 않는다는 것이다. 오히려 그는 독자들을 체념과 염세주의 그리고 허무주의로 몰고 가기 때문에 스탈린주의 문학사가들은 카프카를 제국주의 문학과 데카당스의 대표자로 낙인찍지 않을 수 없었다. 스탈린주의 입장에서 보면 카프카는 독자들에게서 세계와 비판적으로 논쟁할 수 있는 용기를 앗아가기 때문에, 이들은 아무런 저항 없이 소위 제국주의 부르조아의 반동 이데올로기에 굴복하고 마는 것이다.[20] 예술작품은 사실적이어야 하고, 혁명적이고 민중적이면서 이해할 수 있는 것이어야 한다. 그리고 참되고 당을 대변하는 것이어야 하며 낙관적이고 유물론적이어야 한다. 나아가 사회주의적 내용이 사실주의적 형식과 일치되어야 하며, 신비적이고 불합리한 것, 또는 불가사의한 것으로 해석될 수 있는 모든 것은 박멸되어야

19) Bahr 1973, 518.
20) Bahr 1973, 520.

한다는 사회주의 리얼리즘 이론이 카프카의 작품에서는 철저히 무시되고 있는 것이다. 따라서 카프카는 자연히 반동적이고 적대적인 문화에 속하게 되었다. 그의 작품은 오랫동안 출판되지도, 토의의 대상이 되지도 못하였다. 카프카의 작품은 부르주아적 사고와 감정, 데카당스, 염세주의적 절망, 반사실주의, 실존주의, 신비주의의 전형으로 분류되었다.

다른 한편으로 카프카와 그의 작품을 구하기 위한 일시적 방편으로서 작가를 마르크스주의적으로 해석함으로써 사회주의 세계의 틀과 규범에 상응하려는 시도들이 있었다. 이러한 방법은 카프카에 대한 위해를 제거하고, 나아가 카프카 작품의 출판을 가능케 함으로써 훌륭한 문화적 유산을 계속 보존하려는 의도에서 비롯된 것으로 주로 신문 잡지 등을 통해 사용되었다. 말하자면 카프카의 작품을 부조리한 자본주의 세계의 표현, 또는 부조리한 오스트리아-헝가리 제국의 관료주의 및 다가오는 붕괴의 표현이라는 마르크스주의적 해석으로 일단 검열과 파괴적 비방을 피해보고자 하는 시도들이었다.[21)]

이러한 시도들에 이어 차츰 카프카의 명예회복을 위한 연구논문들이 발표되었다. 1957년에 체코의 문학사가 파울 라이만이 「카프카의 소설에 나타난 사회적 문제성」이란 자신의 논문에서 카프카를 사회의 비판자 내지 그 희생자로 보면서 그의 명예회복을 시도하였다.[22)] 에른스트 피셔 역시 1958년에 카프카의 소외 극복을 위한 우화적 방법을 분석하면서 마르크스주의 비평가들에게 카프카를 퇴폐적 작가로 보지 않도록 경고하였다. 이러한 노력들은 1963년 리브리체에서 카프카 회의가 열리는 단서를 마련해 주었다. 이와 함께 공산권 문화에서 극적인 해빙 분위기가 무르익는 데에 결정적인 역할을 한 것은 바

---

21) Václavek 1993, 148.
22) Bahr 1973, 524.

로 1962년 모스크바에서 개최된 세계 평화회의에서 행한 사르트르의 연설이었다. 그는 동서간의 지적 교류의 필요성을 강조하면서 카프카의 작품들을 번역하고 출판할 것을 요구하였다. 골드슈티커도 카프카 회의 개회사에서 20차 소련 공산당 대회의 결과와 정치적, 지적 공존에 대한 사르트르의 연설을 이 회의가 이루어지게 된 주요 요인으로 강조하였다.[23]

마침내 1963년 5월 다른 어떤 공산국가보다도 강하게 스탈린주의 정책을 고수하고 있었던 체코슬로바키아에 극적인 해빙기가 시작되었을 때 동서 양 진영 모두 놀라움을 금치 못했다. 이제 카프카는 체코슬로바키아에서 예술의 자유가 부활하는, 즉 "프라하의 봄"의 상징적 인물이 된다. 프라하 대학 독문과 교수였던 골드슈티커가 주도한 리브리체의 카프카 회의에서 2차 세계대전 이후 공산주의 역사상 처음으로 이 작가가 논의의 중심이 된 것이다. 카프카 탄생 80주년을 계기로 개최된 이 회의에는 오스트리아, 동독, 프랑스, 헝가리, 폴란드, 유고슬라비아 등지에서 많은 마르크스주의 비평가들 및 학자들이 참가하였다. 이 회의에서는 공산권에서의 카프카 수용문제가 집중적으로 논의되었다. 리브리체 회의의 두가지 주요 목표는, 첫째로 공산당이 조종하는 문화정책의 틀 안에서 카프카를 금기시 하지 않는 것이고, 둘째로는 카프카의 작품과 프라하 주변 환경과의 긴밀한 관계를 제시하는 일이었다. 즉 카프카와 체코문화와의 관계를 이해함으로써 카프카의 작품이 체코 문화전통의 일부로 간주될 수 있느냐 하는 문제를 규명하는 일이었다.[24] 이 밖에도 예술의 탈 이념화, 예술가의 상상의 자율권을 인정하는 것이 주요 토의 내용이었으며, 체코 지성인들은 이 기회에 카프카와 그의 작품의 구제를 시도하였다. 이러한 의미

23) Goldstücker 1973, 351.
24) Stromšík 1993, 121.

에서 리브리체 회의는 소위 카프카의 명예회복을 위한, 문학 콜로키움 이상의 문화 정치적 사건이라 할 수 있다. 그렇게 해서 이 회의에서는 앞서 브르조아적 퇴폐의 표본적 인물로 공식적으로 유죄선고를 받았던 카프카가 공산주의 세계에 감동을 주는 작가로 칭송받는다. 아무튼 당시 체코의 전체주의 체제하에서 이러한 회의가 개최되었다는 사실 자체가 이미 중요한 정치적 사건으로 평가되고 있다. 왜냐하면 독재국가가 최초로 극히 의심스러운 작가에 대한 국가의 통제를 받지 않는 토의를 인가했기 때문이다. 오늘날의 입장에서 볼 때 이 회의는 전체주의 국가조직의 내적 붕괴의 일면을 보여주는 것이다. 즉 리브리체의 봄은 1968년 "인간적 면모를 갖춘 사회주의"를 표방한 알렉산더 두브체크의 "프라하의 봄"을 앞당겨 실현한 것이다.[25)]

리브리체 회의 이후 가장 두드러진 현상은 소외가 공산주의 세계에서 극복되어졌다는 당의 공식적 견해에 반대하는 입장들이었다. 이와 관련한 논쟁의 초점은 첫째로 카프카가 소외현상을 수동적으로 아니면 비판적으로 표현했는지, 그가 이 병원균의 희생자인지 아니면 보균자인지 하는 문제였으며, 둘째로는 소외문제가 사회주의의 현재 상황에서도 현실성이 있는 것인지 하는 문제였다.[26)] 특히 카프카가 아주 심도 있게 표현한 인간의 소외는 자본주의 세계에서 끔찍스러운 정도에 이르고 있지만 사회주의 세계에서도 결코 극복되지 않았다고 하는 주장들이 잇따랐다. 그리고 다른 어떤 작가도 카프카만큼 강도 높게 이러한 자기 시대의 부정적인 면, 즉 전적인 인간의 소외를 표현하지 못하였다는 견해들도 제시되었다. 실제로 카프카의 작품에 등장하는 주인공들은 한결같이 카프카 자신으로서 낭만적인 인물들이 아니라 후기 자본주의 사회에서 절망에 빠져있는 소시민들이다. 자기 세

---

25) Bahr 1973, 522.
26) Stromšík 1993, 123.

대의 대부분의 작가들과는 달리 카프카는 항상 노동과 직업의 문제, 즉 기계화되고 산업화된, 그리고 상업화된 세계의 결정적인 문제와 논쟁을 벌였다. 이와 관련하여 리브리체 회의에 참석했던 에른스트 피셔는 자신의 발표 논문에서 카프카는 현재 우리 현실의 제 문제들을 열정적으로 숙고하게끔 자극을 주기 때문에 우리는 그를 필요로 한다고 주장하면서 이렇게 요구한다: "우리는 다른 어떤 작가들보다도 더 독창적으로 그리고 경고적으로 후기 자본주의 세계에서의 소외, 사물화, 비인간화를 표현한 작가에게 더 이상 사증(査證)을 거절해서는 안 된다."[27] 그리고 "카프카를 이미 끝난 것으로 관찰하거나 그에 대해 불안해하는 대신에 그의 책들을 인쇄해야 하고 높은 수준의 토의를 진행시켜야 한다."[28]

"프라하의 봄" 아니 "리브리체의 봄"의 효과는 카프카의 작품들이 주도적 역할을 하면서 문화생활의 모든 단계에서 뚜렷하게 나타났다. 먼저 카프카의 작품들은 체코어와 슬로바키아어로 번역되었다. 수많은 강연들이 그의 생애와 작품세계를 다루었고, 라디오와 TV는 카프카-프로그램들을 제공하였다. 카프카 연구가 르네상스를 맞이한 가운데 루카치는 1964년 카프카를 진지하게 생각해야 할 아주 중요한 예술가로 선언하였으며, 유고의 출판업자 츠덴코 슈탐북은 카프카를 유럽의 정신적 통합의 상징으로 보았다.[29] 무엇 보다 중요한 사건은 1967년 6월의 체코슬로바키아 작가연맹의 제4차 회의의 결과였다. 이 회의에서 작가들은 문학 검열의 폐지를 요구하고 언론의 자유를 주장하였다. 공산주의 문화정책에 대한 비판은 작가와 지성인에 대한 엄한 처벌이란 결과를 초래하였지만, 이 같은 자유화 움직임은 식

27) Fischer 1973, 375.
28) Fischer 1973, 365.
29) Bahr 1973, 530-531.

을 줄을 몰랐다. 문화전선에서의 시위와 폭동을 진압코자 한 모든 조처들은 부메랑이 되어 1968년 3월 스탈린주의자 노보트니가 공화국 대통령 직에서 물러나는 결과를 가져왔다. 이제 자유화와 민주화 프로그램은 공식적으로 행동에 옮겨졌지만 몇 개월 후 소련의 무장간섭을 초래하게 된다. 1968년 8월 20일에서 21일에 이르는 밤에 바르샤바 조약국들의 군대가 소련의 지휘 하에 체코슬로바키아를 침공하였다. 이 침략은 카프카적인 악몽의 모든 징후를 지니고 있었다. 바야흐로 악몽이 현실로 나타난 것이다. 카프카는 1968년의 소련의 체코 침공 및 프라하 점령 등 일련의 긴장된 정치 군사적 상황과 관련하여 다시 한 번 전 세계에 크게 부각되었다. 이 같은 사태의 목격자였던 독일 작가 하인리히 뵐은 당시 프라하의 거리 풍경을 이렇게 묘사하였다: "카프카의 생가 앞에 장갑차가 서 있었는데 포문은 카프카의 흉상을 향하고 있었다." 카프카와 체코의 정치 상황과의 관계가 이러한 우연한 거리 풍경을 통해 상징적으로 표현되었다.[30]

1968년 소련의 체코슬로바키아 점령 이후, 소위 사회주의 정상화 시기에, 1963년의 리브리체 카프카 회의와 1965년 의 프라하 독일 문학 회의는 독재정권에 의해 반공산주의 혁명의 이념적 준비로서 비난받았다. 즉 소외는 본질적으로 자본주의 사회의 착취에서 비롯된다는 마르크스주의의 견해에 반해, 리브리체 카프카 회의는 소외현상이 자본주의나 사회주의에서 똑같이 특징적인 현상이라는 주장을 함으로써 당과 사회주의 사회에 해를 끼쳤다는 것이다. 이 이후 오랫동안 카프카라는 이름은 언급조차 될 수 없었다. 독재정권은 체코슬로바키아 내에서 카프카에 우호적인 세계를 무력으로 파괴코자 하였다. 따라서 수정주의자와 반혁명분자로 낙인찍히지 않으려면 어느 누구도 카프카

30) Bahr 1973, 517.

와 그의 작품에 대한 논의 자체를 꺼낼 수가 없었다.

1989년 체코에서는 프라하 시민들의 집단 시위와 총파업에 의한 "벨벳 혁명"으로 공산 정권이 무너지고 민주주의 다당 체제가 도입된다. 그리고 반체제 인사였던 극작가 하벨이 대통령으로 선출되고 사회 각 분야에서 민주화가 진행되면서 프라하 시민들은 오랜만에 자유와 민주주의를 만끽한다. 이제 프라하가 일시적이 아닌 제2의 완전한 "프라하의 봄"을 맞이함으로써 카프카 역시 프라하 시민들을 비롯한 체코인의 가슴 속에서 되살아난다.

돌이켜보면 카프카는 오스트리아-헝가리 제국의 신민으로 태어나 체코 공화국의 시민으로 사망하기 까지 일생을 프라하와 함께 하였다. 뿐만 아니라 사후에도 카프카는 공산 스탈린주의 체제에서 수난을 겪다가 1968년 잠시 자유를 누린 다음 다시 공산 독재국가로, 그리고는 마침내 1989년 자유 민주주의 국가로 거듭난 체코의 수도 프라하와 운명을 같이 하였다. 프라하가 정치적 결빙기를 맞이하면 카프카 연구도 얼어붙었으며, 반대로 해빙기에는 리브리체의 봄, 프라하의 독일 문학 회의 등을 통해 카프카와 그의 작품들이 활발히 논의되었다. 그리고 "프라하의 봄"이 끝나고 소련군이 이 도시를 점령했을 때, 그 탱크의 포문이 구시가지에 있는 카프카의 생가에 부착된 작가의 흉상을 향한 것은 바로 프라하의 심장을 겨냥한 것이나 다름없었다.

프라하 시민들의 목숨을 건 자유화 운동으로 프라하 뿐 아니라 카프카 역시 다시 소생하게 된다. 이제 카프카는 체코 문학사가들에 의해 진정한 휴머니티의 대변자로 재인식되고, 나아가 체코 문화유산의 일부로 다루어진다. 그리고 다른 어떤 나라에서보다 특히 체코에서 카프카의 자극과 암시에 더 많은, 그리고 더 강한 반응을 보였다. 또한 체코의 독자들도 작가의 체코식 이름이 친숙한 탓인지 카프카에 대해 특별한 애정을 느낀다. 카프카는 체코어로 까마귀란 의미로 체코에서는 흔한 이름이다. 카프카의 작품들이 독일어로 쓰여졌기 때문에 자국의 문학으로 인정받지 못하는 상황에서도 체코인들은 카프카 작품의 체코어 번역과 홍보를 통해 이 작가에 대한 특별하고도 긍정적인 관계를 보여준다. 이 같은 체코인들의 이 작가에 쏟은 각별한 애정과 골드슈티커를 비롯한 리브리체 회의 참가자들의 노력과 용기가 카프카의 명예회복과 세계적 작가로의 부상에 결정적인 영향을 미쳤던 것이다.

2_ 카프카와 프라하의 카페문화

2.1 프라하의 카페문화

“카프카가 프라하였고 프라하가 카프카였다” 라고 프라하 태생의 시인이며 소설가인 우르치딜은 양자의 불가분의 관계를 밝히고 있다.[31] 이는 프라하의 정치적, 역사적 변천에 따른 카프카의 생전 및 사후의 운명, 그리고 카프카의 소설들이 항상 프라하를 그 배경으로 설정한 데서 비롯되었다. 때문에 카프카가 태어나고 성장한 이 도시의 구시가지, 노동자 재해 보험회사, 몰다우 강, 카를 다리, 황금소로, 비투스 성당을 모르고서는 카프카를 제대로 이해할 수 없을 것이다. 특히 카프카가 대학시절, 그리고 첫 직장시절에 즐겨 찾았던 프라하의 카페들은 카프카의 인생과 문학세계에 접근하는 또 다른 방법이 될 수 있을 것이다.

먼저 카프카의 인생에 지대한 영향을 미친 친구와 연인들과의 숙명

31) Urzidil 1967, 3.

적 만남이 바로 이 카페들에서 이루어졌다. 때문에 본고에서는 카페와 관련한 교우 및 연인관계도 함께 다루어질 것이다. 그리고 그의 작품의 토양이 된 철학, 예술, 종교, 심리학, 자연과학 등에 관한 폭 넓은 지식들과 외부 현실 세계에 대한 정보들을 카프카는 카페에서의 문우들과의 만남을 통해서 뿐 아니라 거기에 진열된 수많은 국내외의 문학예술 잡지들과 신문들을 통해서도 얻을 수 있었다. 예를 들어 '카페 아르코'는 그 당시 모더니즘 문학과 아방가르드 예술의 출발점이자 교두보 역할을 담당하였는데, 카프카에게 적지 않은 문학적 자극을 주었다.

카프카와 카페라는 주제가 자칫 흥미 위주의 에세이적 성향을 띨 위험성을 배제할 수 없으나, 작금의 학제간 연구라는 추세에 비추어볼 때, 이 같은 연구 역시 카프카 문학을 이해하는 데 조금은 기여하지 않을까 생각된다. 본고는 프라하의 문학 및 예술카페들이 카프카와 그의 문학세계에 미친 영향을 문학적, 문화적, 전기적 관점 등 다양한 시각으로 실증적 방법에 의해 고찰함으로써 가능한 한 학술적 깊이를 보완하고자 한다.

카페하면 먼저 프랑스의 카페들을 떠올린다. 프랑스의 카페는 탄생한 순간 (1680년)부터 역사와 문화의 일부였다. 무엇보다 카페는 학생, 작가, 화가 등 자유인들이 즐겨 찾는 곳이었다. 반 고흐는 카페의 색을 그렸고 랭보는 카페의 시를 노래했다.[32] 예술가들의 피난처이던 카페는 위대한 화가와 소설가, 시인들에게 영감을 주었다. 카페는 문학과 철학의 토론장이었으며, 고통 받는 영혼에게 위안을 주는 안식처이기도 했다.[33] 한편 1900년 경 빈의 카페들은 생업의 중압감에서 해방된 문화 생산자, 특히 보헤미안 풍의 자유 문필가를 배출하는 역

---

32) 르페뷔르, 크리스토프 (강주현 역), 카페를 사랑한 그들, 2008, 187-188.
33) 위의 책, 5.

할을 담당하였다. 이와 관련하여 이 무렵 빈 카페문학의 대표이자 카페문인의 한 전형으로서, 짧은 산문의 대가였던 페터 알텐베르크를 쉽게 떠 올릴 수 있다.

독일의 아방가르드 문학운동 역시 예술가 카페의 분위기를 모르고서는 생각할 수 없다. 독일 근대문학은 처음부터 전위적 대도시 예술이었다. 특히 베를린의 카페들은 작가, 예술가 그리고 지성인들의 중요한 만남의 장소였다. 카페는 정보와 생각, 그리고 가십의 교환 장소이기도 했다. 그러나 카프카의 동시대인인 표현주의 시인 고트프리트 벤에게는 카페가 지적, 정신적 교류의 장소가 아니라, 춤과 음악, 여자와 섹스가 어우러진 유흥과 쾌락의 공간이었다.[34] 그러면 카프카가 태어나고 작품 활동을 한 프라하의 카페들은 어떠했을까?

프라하에 커피가 보급된 것은 1704년 다마스커스에서 프라하로 이주해 온 아랍인 게오르기우스 데오다투스가 커피와 커피 끓이는 도구들을 들고 상류층 가정을 배달 방문하면서 부터이다. 그는 그로부터 10년 후 프라하에서 소규모 카페를 개점하였다. 이후 카페들이 속속 생겨나면서 규모도 커지고 종류도 다양해졌다. 체코 국립극장 맞은편에 있는 '카페 슬라비아'처럼 카페에 식당이 딸린 경우도 많았으며, 일부 규모가 큰 카페에서는 장기, 당구, 카드게임을 할 수 있는 부설 오락장들도 갖추고 있었다. 그리고 피아니스트, 제1 바이올린 주자, 첼리스트로 구성된 악단의 연주도 들을 수 있었다. 1930년대 프라하에는 150여개의 카페가 있었는데, 종업원만 130명에 달하는 대규모 카페도 있었으며, 일반 카페나 카페 레스토랑 외에도 밤에만 문을 여는 나이트카페, 호텔 내에 있는 호텔 카페도 상당 수 있었다.

34) 벤은 카페를 주제로한 시들을 많이 남겼다. 예를 들면 『밤의 카페』(1912), 『밤의 카페2』(1913), 『밤의 카페3』(1914), 『서부의 카페』(1913), 『카페』(1921), 그리고 『영국 카페』(1913) 등이 있다.

프라하의 카페들은 일반 고객들에게 만남의 장소나 유흥장 내지 오락장의 역할을 하였다. 시간이 흐르면서 특별한 목적 없이 카페를 습관처럼 찾는 사람들도 늘어났다. 반면에 제1차 세계대전 후의 수많은 대학생들에겐 독서실, 아니면 공부방이나 다름없었다. 이 무렵 많은 대학생들은 심한 경제적 어려움을 겪고 있었다. 이들은 난방비, 전기세도 지불할 수 없었고, 여러 명이 한 방을 같이 쓰는 경우가 대부분이었다. 그래서 이들은 시내에 있는 카페들을 공부방 또는 세미나실로 이용하였다. 한 잔의 커피 값은 밤늦게 까지 따뜻함과 빛을 살 수 있는 입장료나 다름없었다. 카페는 이 밖에도 동료들 간의 환담 장소, 이성에 대한 성적 모험을 시도하는 공간, 사업가들의 상담실, 기자들의 취재 처, 그리고 무도장 등 온갖 인간관계의 구심점 역할을 하였다.[35)]

도나우 군주체제가 끝나고 체코 공화국이 시작될 무렵 카페문화는 몰다우 수도의 새로운 문화적 출발과 독일, 독일-유대, 그리고 체코 작가들의 그룹문화에 커다란 기여를 하였다. 프라하의 카페들은 우아한 실내장식과 커피, 차, 초콜릿, 계란펀치, 와인, 그리고 샌드위치 등 간식 외에도 다양한 언어들의 수많은 신문, 잡지들을 구비하고 있었다. 아직 인쇄 매체가 지배적이었던 20세기 초에는 카페가 손님들에게 제공하는 신문 잡지들로 20세기 말의 인터넷 카페처럼 세계로 통하는 창구와 같았다.[36)]

졸업 후 첫 직장시절 카프카는 겸손하지만 유머가 있고 친구 사귀기를 좋아하였다. 그는 친구들과 함께 낭독회나 토론회 등 문화행사 뿐 아니라 카페, 선술집, 바 등을 자주 찾았다. 프라하의 바나 나이트 카

---

35) Binder 1991, 15.

36) W. Schmitz/L. Udolph (Hg.) 2001, 232. 오늘날에는 서점들에 딸린 카페들도 많이 생겨났다. 이들 카페들은 작가와 독자들의 만남의 장소로도 활용된다. 여기서 커피를 마시고 작품을 토론하면서 여러 사람의 생각들이 교류된다.

페는 베르펠, 카프카, 브로트, 피크 등이 에로틱한 모험을 펼치는 체험의 공간들이었다.[37] 1907년부터 1912년 사이 카프카는 브로트와 함께 프라하의 문학 독서카페 외에도 루체르나, 런던, 트로카데로, 엘도라도 등 밤의 카페와 카바레 등을 방문하였는데, 트로카데로에서의 여급과의 연애관계는 후에 『소송』의 주인공 요제프 카를 통해 재현되었다.

> …카는 일주일에 한 번씩 엘자라는 처녀를 만나러 갔는데, 그녀는 아침 늦게까지 밤새도록 문을 여는 술집에서 일하는 까닭에 낮에 찾아가면 늘 침대에 누워서 그를 맞이했다. (P 30)

이 무렵 카프카는 술집 외에도 정기적으로 유곽을 찾았다. 불안과 갈망, 혐오와 쾌감, 매력과 거부감, 환상과 구토 등 카프카의 성행위에 대한 모순적 감정이 이 무렵에 형성되었는지도 모른다.[38] 1908년 노동자 재해 보험국에 입사한 후 카프카는 더욱 활발하게 브로트 등 친구들과 함께 시내 중심가에 있는 여러 유형의 카페들을 전전하며 다양한 체험을 한다. 카프카는 직접 카드 게임을 하지 않았지만, 이따금 '카페 콘티넨탈' 등에서 조용히 구경하는 것을 즐겼다. '카페 코르소'의 실내 장식과 분위기가 마음에 들어 퇴근 후 저녁 시간을 이 카페에서 보내곤 했다. 또는 일요일 오후 소풍이 끝나고 친구들과 헤어질 때 '카페 라데츠키'에 들리는 것을 좋아하였다. 그러나 동행 없이 혼자 카페를 방문하는 경우도 종종 있는데, 이는 하루의 사건들이 되새김질 되는 부담스러운 모임에서 해방되고자하는, 즉 소망하는 고독으로의 도피일 수도 있었다. 그러면 이제 카프카가 즐겨 찾았던 프라하의 카페

37) Salfellner 1996, 39.
38) Alt 2005, 180.

들을 통해 카프카의 작가로서의 성장에 많은 영향을 미친 그 사회 문화적 기능을 살펴보기로 한다.

2.2. 카프카와 프라하의 카페들

• 카페 아르코

1907년에 개점한 '카페 아르코'는 이상적인 문학카페의 한 유형으로서, 이 무렵 프라하 독일 문학의 센터 역할을 하였다. 대형 거울들과 대리석 테이블을 갖춘 이 우아한 카페에는 1910년부터 창간된 표현주의 잡지들과 함께 주요 유럽 일간지들, 정기 간행물, 예술 잡지들도 다량 비치되어 있었으며, 자욱한 담배 연기 속에서 도스토예프스키, 휘트먼, 지드, 무질 등에 대한 토론들이 끝없이 이어졌다. 카프카, 바움, 베르펠, 브로트, 에른스트 폴락 등이 이 카페의 단골들이었으며, 이따금 프란츠 블라이, 테오도르 도이블러, 알베르트 에렌슈타인, 엘제 라스커-쉴러, 쿠르트 투홀스키, 오토 그로스, 알프레드 쿠빈 등 외부인사들도 이 카페 모임에 초대되었다. 이 젊은 원탁 모임의 좌장은 베르펠이었다. 카프카는 밖에서부터 벌써 카페 입구의 대형 유리창을 통해 뭔가에 골몰하고 있는 베르펠의 풍채 좋은 모습을 발견하곤 했다. 카프카의 사망시까지 이어지는 두 사람의 우정관계도 바로 이 '카페 아르코'에서 비롯되었다.[39] 시집 『세계의 친구』(1911) 발표 이후 동년배 작가들 중 선두에 서 있었던 베르펠은 낭송자로서도 명성을 떨쳤다.[40] 적지 않은 베르펠의 작품들이 아르코의 소음과 담배 연기 속에서 태어났다. 한 편의 시가 완성되면, 그는 곧 바로 카페

39) 1924년 카프카가 클로스터노이부르크 인근 키어링 요양원으로 옮겨졌을 때 베르펠은 그에게 장미꽃과 함께 막 출판한 소설 『베르디. 오페라 소설』을 선물했다. 베르펠의 이 소설은 카프카가 읽은 마지막 소설이다.

40) Abels 2002, 23-24.

의 청중들에게 큰 소리로 낭송해 주었다. 카프카의 일기와 편지 등에선 자주 베르펠이 화제가 되고 있다. 1911년 12월 18일 자 일기에서 카프카는 베르펠과 자신을 비교하며 이렇게 적고 있다.

> 그는 건강하고 젊고 부유하다. 나는 모든 점에서 다르다. 그밖에도 그는 일찍부터 쉽게 음악적 감각으로 아주 좋은 글을 썼다. 그는 가장 행복한 인생을 살아왔고 앞으로도 그럴 것이다. 나는 떨쳐버릴 수 없는 무거운 짐을 안고 작업을 하며, 음악과는 완전히 동떨어져 있다. (T 299)

이제 1913년을 전후해 베르펠, 키쉬, 코른펠트 등이 프라하를 떠나고, 대부분의 프라하 작가들이 징집된 제 일차세계대전이 발발함으로써 아르코 서클은 차츰 그 규모가 축소되어 징집을 유예받은 바움, 브로트, 카프카 그리고 폴락 등에 의해 그 명맥이 유지되었다.

'카페 아르코'와 관련해 또 한가지 특기할 사항은 카프카와 밀레나 예젠스카와의 운명적인 만남이다. 1919년 10월 카프카는 체코의 여기자 밀레나를 '카페 아르코'에서 처음 만났다. 그녀의 나이 23세 카프카의 나이 36세 때였다. 아르코에서의 만남을 계기로 문학사상 중요한, 아름답고 슬픈 사랑의 이야기 『밀레나에게 보내는 편지』가 생겨난다.

• 카페 유니온

독특한 실내장식과 세계 각국의 수많은 신문과 예술저널, 외국어 잡지 들이 비치된 '카페 유니온'은 독서 카페로서 20세기 초부터 수년 동안 젊은 독일 및 체코의 지성인, 화가, 작가들의 가장 중요한 만남의 장소였다. 이 카페의 주요 고객으로는 초현실주의 화가 요제프 시마, 언론인 요제프 라이너, 그리고 브로트와 카프카 등을 들 수 있다. 특히 『용감한 병사 슈베이크의 모험』을 쓴 하세크도 이 카페를 즐겨 찾았으며, 여기서 작품을 집필하기도 하였다. 카프카는 프라하 독일 작가들 중 드물게 체코어를 훌륭하게 구사하였기 때문에 체코작가인 하세크를, 『슈베이크』를 쓰기전인, 제 일차세계대전 훨씬 전부터 잘 알고 있었으며, '카페 유니온'에서 자주 만나면서 누구보다도 먼저 그의 작가적 재능을 알아보았다.[41] '카페 유니온'의 단골 중 트리부나 지의 편집기자였던 라이너는 밀레나의 여학교 시절 친구인 야르밀라 암브로초바와 결혼했었는데, 어느 날 자기 아내와 베르펠의 친구인 하스가 내연관계에 있다는 사실을 알고는 22세의 나이로 1920년 2월 음독자살하였다.[42] 야르밀라는 이 사건으로 인한 죄책감과 우울증으로 심한 정신적 위기에 처해 있었는데, 카프카는 밀레나의 청으로 1920년 8월 16일 처음으로 그녀를 프라하에서 만난 적이 있다. 이후 그녀는 카프카의 『밀레나에게 보내는 편지』에 자주 등장한다. 아무튼 이 사건은 전 프라하를 떠들썩하게 한 사회적 스캔들이 되었다. 초여름이 같은 사실을 알게 된 카프카는 불안감에 휩싸였다. 그 자신 역시 바로 그때 유부녀인 밀레나와 연애관계에 있어서 이와 비슷한 결말을

---

41) Wagenbach 2007, 55.

42) 카프카는 1920년 6월 12일자 밀레나에게 보내는 편지에서 이 사건과 관련하여 이렇게 적고 있다. : 오늘 당신 편지와 동시에 막스 브로트의 편지가 왔는데, 그 편지에는 특기할만한 대목이 있습니다. "기이한 사건이 일어났어. 그래서 '참고삼아' 적어도 암시는 해야겠기에. 잡지 〈트리부나〉의 젊은 편집인 라이너 (사람들 말로는 아주 예민한 새파란 젊은이라고 하더군. 아마 갓 20세 정도인 모양이야)가 음독자살했네. 내 생각으론 자네가 아직 프라하에 있을 때 그 일이 일어난 것 같아. 이제야 그 이유가 밝혀졌지. 빌리 하스가 그의 아내(태어날 때 성은 암브로초바로, 밀레나 예젠스카의 여자친구이지)와 관계를 가지고 있었다는 거야. 그러나 그 관계는 정상적인 경계를 넘어서지 않았다고 해. 두 사람이 만나는 현장이 들키거나 한 것은 아니고, 그녀는 결혼 전부터 오랫동안 사귀었던 남편 되는 사람을 주로 말이나 행실로 너무 괴롭혀서 그것을 참지 못한 남편이 편집실에서 자살을 했다는 거지. 그녀는 왜 그가 저녁근무를 마치고 집으로 돌아오지 않는지 알아보기 위해 하스씨와 함께 아침 일찍 편집실에 찾아갔는데, 남편은 이미 병원에 옮겨진 뒤였고 그들이 병원으로 달려갔을 때는 이미 숨을 거둔 뒤였어. (...) 이 끔찍한 이야기를 자네에게 왜 늘어놓는지 모르겠네. 혹시 우리가 이와 동일한 악령에 시달리고 있기 때문인지도 몰라. 이 이야기는 우리에게도 해당되는 것이며, 우린 이미 그 이야기의 일부일는지도 몰라." (프란츠 카프카 (박환덕 역): 밀레나에게 보내는 편지 2003, 79-80.) 빌리 하스는 비평가, 언론인, 에세이스트로서 『밀레나에게 보내는 편지』의 초판 발행인이었음.

완전히 배제할 수 없었기 때문이다. 더구나 카프카는 밀레나를 알기 전에 '카페 루브르'와 '유니온'에서 이미 그녀의 남편인 폴락과도 교류가 있었던 터였다. 어쩌면 라이너가 그의 마지막 밤을 '카페 유니온'에서 보냈기 때문에 카프카는 이 카페를 밀레나가 주연을 한 꿈(악몽)의 무대로 삼았는지도 모른다.[43)]

'카페 유니온'에는 아방가르드 예술가, 라이너와 같은 신문사 기자, 대학생, 교사, 하급 공무원 등 체코 중산층이 주로 드나들었다면 상류층이나 저명인사들은 맞은편에 있는 고급 카페 '루브르'를 찾았다.

• 카페 루브르

1901/2년 겨울학기에 '프라하 독일 대학생 독서 토론회'에 가입해 활동하던 카프카는 이와 병행해서 프라하의 브렌타노주의자들과도 관계를 맺는다. 이들은 페르디난트 가에 있는 '카페 루브르'에서 만나 그 당시 프라하의 주요 철학자였던 프란츠 브렌타노의 해석에 몰두하였다. 이무렵 브렌타노는 이미 은퇴하였으나 그의 세 제자들인 언어철학자 안톤 마르티, 후일 브렌타노 전집의 간행자들인 오스카 크라우스와 알프레드 카스틸이 프라하 대학에서 계속 그의 철학이론을 강의하였다. 브렌타노는 인간의 정신현상을 표상, 판단, 그리고 감정의 동요 등 세 가지로 분류하면서, 이 중에서 판단 만이 올바른 도덕적 행동 여부에 대해 결정을 내린다고 주장하였다.[44)] 명쾌한 자율적 판단을 강조한 그의 이론은 후일 카프카의 작품에 나타난 선고, 형벌, 소송 등에 대한 문제들에 큰 영향을 미치게 된다.

오스카 폴락과 후고 베르크만의 소개로 카프카는 1902년, 브로트보다 일 년 전에 이 철학모임에 참여하였다. 그 당시 카프카는 법학을

43) Binder 1991, 29.
44) Wagenbach 2007, 50-51.

전공하면서 두 과목의 철학 강좌를 들어야 했는데, 1901/02년 겨울학기에 그는 크리스티안 폰 에렌펠스 교수의 실천철학 강의를 들었으며, 1902년 여름학기에는 마르티 교수에게서 수강함으로써 브렌타노주의자들과 접촉을 갖게 되었다. 마르티를 비롯한 브렌타노의 철학을 신봉하는 교수 및 학생들은 이 카페에서 격주마다 정기적으로 회합을 가졌다. 카프카도 1902년 여름부터 1906년 초까지 규칙적으로 이 모임의 토론에 참석하였다.[45] 카프카는 이 루브르 철학모임에서도 브로트를 자주 만났는데, 1905년 브렌타노주의자들은 그들 스승의 철학에 대한 믿음이 부족하다는 이유로 브로트를 이 모임에서 축출하였다. 주로 침묵을 지키던 카프카도 브로트를 옹호하는 발언을 하면서 1906년 동조 탈퇴하였다. 카프카는 토론에 꾸준히 참여하였지만, 이들 브렌타노주의자들의 추상적이고 공론적인 개념의 유희는 그의 반발을 불러 일으켰다. 나아가 이들의 독단론적 경향과 브로트의 축출은 결국 카프카가 이 모임에서 탈퇴하는 계기가 되었다.[46]

'카페 루브르'에는 이들 브렌타노주의자들 외에도 당시의 학계 및 사회의 상류층 인사와 지성인들이 자주 들렀는데, 그중에는 1911년부터 12년까지 프라하 독일대학에 재직하고 있던 아인슈타인도 있었다.

이 밖에 '카페 루브르'는 여성해방운동의 본거지이기도 했다. 프라하의 여성들은 19세기까지만 해도 친구들을 자기 집으로 초대해 커피를 마셨다. 이러한 상황은 세기 전환기에 체코 상류층 부인들이 '카페 루브르'에 드나들면서 변화되었다.

카프카는 루브르 모임 외에, 역시 철학에 관심이 많았던 약사 부인 베르타 판타의 집에서 열리는 사적 모임에도 참여하였다. 즉 활동적이고 야심만만한 판타 부인은 이 무렵 판타 살롱이란 모임을 주관하면

45) 권세훈 외 역: 카프카 문학사전 1999, 99.
46) Alt 2005, 110-111.

서 당시 철학 및 자연과학 분야의 프라하 주요 지성인들을 초대하여 강연회를 개최하였다. 카프카는 이 모임에 규칙적으로 참석하면서 피히테와 칸트의 철학, 루돌프 슈타이너의 인지학, 아인슈타인의 상대성 이론, 플랑크의 양자론, 그리고 심리분석 이론 등 새로운 세기의 주요 문제들에 대한 강연들을 경청하였다. 그가 주요 작품들을 저술하기 바로 직전이었다.[47] 또한 판타 살롱의 회원들이 회교도, 무신론자, 불교도, 그리고 신지학자 등 다양한 인사들로 구성되어 있어서, 이 모임은 카프카로 하여금 종교적 문제에 대해 관심을 갖게 하는 계기가 된다. 이후 카프카는 특히 유대사상에 몰두한다.

• 카페 사보이

옛 유대인 거주구역인 요셉슈타트의 베첸스카 거리와 코지 거리가 만나는 곳에 있는 카페 겸 식당인 '체스카 호스포다'는 이전에 '카페 사보이'로 불렸으며 카프카가 단골손님이었다. 학기 중에 카프카는 규칙적으로 체코 또는 독일극장의 공연을 관람했으며, '카페 사보이'에서 공연되는 소극장 형식의 연극에도 많은 관심을 가졌다. 카프카는 1910년과 1911년 렘베르크에서 온 이디시어 연극 공연단의 프라하 객연으로 접하게 된, 생동감 넘치는 동 유대 민족과 그들 종교에 심취하게 되었다. 1910년 5월 카프카는 브로트를 따라 이 카페에서 이츠하크 뢰비가 주연한 『야생의 인간』을 관람하고 많은 감동을 받았다. 이디시어 민속극과 뢰비를 비롯한 단원들과의 교류는 카프카에겐 흥미진진한 체험이었다. 이후 카프카는 여기서 스무 편 이상의 공연을 보았다. 프라하 유대인 중산층은 이 유랑극단을 경멸하였을 뿐 아니라 유대어 연극을 저질의 삼류 연극으로 경멸하였기 때문에, 뢰비는

47) Anz 1992, 70; Wagenbach 2007, 82.

큰 호텔의 무대나 정식 극장이 아닌, 이 카페의 작고 초라한 무대에서 카페 손님들에 둘러 싸여 공연해야 했다.[48] 카프카는 정기적으로 이 공연을 관람하면서 연극배우 뢰비와 절친한 사이가 되었다. 이 때문에 아버지의 노여움을 사게 되었고, 친구에 대한 아버지의 반감을 『아버지에게 드리는 편지』와 자신의 일기에도 기록하였다.

> 제가 어떤 사람에게 약간의 관심만 보여도 – 제 성격상 그런 일이 별로 흔한 일이 아니었지만 – 아버지께서는 제 감정은 전혀 아랑곳하시지 않고 제 생각도 아예 무시하신 채 욕설과 비방, 인격 모독의 말을 퍼부으시며 간섭하셨지요. 예를 들어 유대인 독일어 연극배우인 뢰비처럼 티 없이 맑고 순수한 사람들까지도 그런 수모를 당해야 했습니다. 그를 알지 못 하시면서도 아버지는 제가 지금은 기억할 수 없는 어떤 섬뜩한 말들로 그를 독충과 비교하셨지요. 그리고 제가 아꼈던 사람들에 대해선 번번이 그러셨듯이 아버지는 그때에도 역시 거의 자동적으로 개와 벼룩의 속담을 꺼내셨지요. 연극배우인 그에 대해 저로서는 특별한 기억이 있습니다. 그 당시 그를 가리켜 아버지가 하신 말들에 대해 저는 일기에다 이렇게 적어두었기 때문이지요. "아버지가 (전혀 알지도 못하는) 내 친구에 대해 그렇게 말씀하시는 것은 오로지 그가 내 친구라는 이유 때문이다. 아버지가 앞으로 나한테 부모에 대한 자식으로서의 애정과 감사하는 마음의 부족을 탓하실 때마다 나는 오늘의 그 일을 반론으로 제기할 수 있을 것이다."[49]

카프카는 1911년 11월 3일 자 일기에서, 아버지가 자신이 뢰비와 같은 삼류 배우를 만나는 것을 못마땅하게 생각하며 이렇게 말했다고 적고 있다. "개와 함께 잠자는 자는 벼룩과 함께 일어난다." (T 223) 카프카는 아버지의 노여움에도 불구하고 뢰비와의 우정을 계속 돈독히 하면서 그의 이디시어 문학 강연을 주선하였으며, 수많은 공연 평과 연극작품들의 내용 소개도 맡아 하였다. 그리고 7년 후에는 잡지에 실을 뢰비의 회고록을 편집하기도 하였다.

---

48) Binder 1991, 22; Wagenbach 2007, 83.
49) 프란츠 카프카 (이재황 역): 아버지에게 드리는 편지 1999, 34-35.

• 독서 카페

이무렵 프라하에는 '카페 사보이'와 같은 공연 카페 외에도 수많은 저널들을 비치한 독서 카페들도 성업 중이었다. 독서카페를 찾는 고객들은 여기서 시사문제나 예술과 학문에 관한 소식을 접할 수 있었다. '아르코'가 개점하기 전 프라하 독일어 작가들의 단골 카페였던 '카페 콘티넨탈'은 1890년 개점 시 200내지 250 종류의 잡지들을, 1911년에는 400 종류를 비치하고 있었다. 같은 거리에 있는 '카페 에디슨'은 300종을 제공하고 있었다. '콘티넨탈'은 독일어를 구사하는 작가들을 비롯한 문화계 인사들의 구심점 역할을 하였다. 이 카페에는 작가들 외에도 특히 기자들이 많이 드나들었는데, 이는 뵈멘의 가장 중요한 일간신문인 '프라하 일간'의 편집국이 바로 인근에 위치하고 있었기 때문이다. '카페 콘티넨탈'은 당구장과 오락실을 갖춘 프라하 최대의 카페였다. 카프카는 이 카페에 들려 신문도 읽고 카드놀이를 구경하기도 하였다. 현재 '콘티넨탈'은 사라지고 없으며 그 자리에 은행이 들어서 있다.[50]

시민회관은 1911년에 완성된 유겐트양식의 건축물로서 카프카는 여기서 개최된 강연회 및 낭독회에 즐겨 참석하였다. 또한 이 회관 내에 있는 카페는 카프카에게 특별한 의미를 지닌다. 베를린에 살고 있는 약혼녀 펠리체 바우어와 만났던 몇 안 되는 프라하의 카페이기 때문이다. 펠리체는 1912년 8월 그녀의 첫 프라하 체재 시 이 카페에서 즐겨 오후의 커피를 마시곤 했다. '시민회관 카페'는 제1차 세계대전 후 1920년경에 독일어, 영어, 불어 신문과 저널들을 구입하는 데 120,000크로네를 지출하였다. 그 당시 보험회사원 카프카의 월급이 700크로네인 것을 감안한다면 상당히 큰 금액이었다. 카프카 역시

50) 클라우스 바겐바흐 (김인순 역): 카프카와 프라하 2004, 133.

이 같은 독서 카페가 제공하는 기회를 십분 활용하였다. 1908년 12월 10일 자 엽서에서 이날 한 카페에서 몇 가지 흥미로운 잡지들을 읽었다고 적고 있으며, 1913년 3월에는 펠리체에게 서녁에 브로트를 방문한 후에 자신의 독서 욕구를 충족시키기 위해 독서 카페에 갔었다고 보고하고 있다.[51]

• 호텔 카페

'호텔 파리스'는 체코 작가 보후밀 흐라벨의 소설『나는 영국왕의 시중을 들었다』에도 등장하는 프라하의 오래된 아름다운 호텔이다. 이 호텔 카페에서 카프카와 브로트가 1917년 12월 26일 의미심장한 만남을 갖는다. 카프카는 이 해 8월 폐결핵에 걸렸고, 전날(12월 25일) 그를 만나기 위해 베를린에서 온 약혼녀에게 그녀와 헤어지겠다는 확고한 자신의 결심을 전했다. 이제 이 카페에서 카프카는 친구에게 자신의 결정을 알려준다. 이날 오후엔 카프카와 친구들이 펠리체와 함께 소풍을 가기로 계획되어 있었다. 5년간의 투쟁을 끝내는 마지막 두 사람의 만남이기도 했다. 5년 전으로 거슬러 올라가 카프카는 1912년 8월 13일 브로트의 집에서 처음으로 펠리체를 만난다. 밤늦게 까지 세 사람은 유대어 연극, 춤, 오페레타 등에 대해 이야기를 나눈 후 헤어진다. 이날 밤 펠리체는 프라하의 최고급 호텔인 '푸른 별 호텔'에 투숙한다. 5주 후인 9월 20일 카프카는 그녀에게 첫 편지를 보내고 이후 5년간 두 사람의 서신왕래가 계속된다. '푸른 별 호텔'은 1866년 비스마르크가 투숙했었던 프라하 최고급 호텔로서, 주로 왕족이나 귀족, 그리고 에디슨, 게르하르트 하우프트만 등 유명 인사들이 숙박했었다. 시민적 품위를 항상 의식하는 펠리체도 프라하에

51) Binder 1991, 24.

오면 이 호텔에 묵었으며, 대리석 탁자와 고급 의자로 치장된 호텔 카페에서 아침 식사를 하였다. 카프카는 이 호텔 앞을 지날 때면 펠리체가 머리에 떠오르면서 왠지 우울한 생각이 들었다고 한다. 이 밖에 카프카와 관련된 호텔 카페는 바츨라프 광장 주변에 있는 '오이로파 호텔'과 '검은 말 호텔'의 카페 등이다. 오이로파 호텔은 당시 슈테판 대공 호텔로 불렸던 유겐트 양식의 아름다운 건축물이다. 여기 1층과 2층 사이에 위치한 카페, '거울 홀'에서 카프카는 1912년 12월 4일 단편 『판결』을 낭독하였다. 카프카로서는 최초의 공개 낭독회였다. '검은 말 호텔'은 카를 4세 때의 가장 오래된 프라하 호텔 중의 하나이다. 모차르트가 여기서 돈 지오바니의 첫 시연을 했다고 한다. 이 호텔의 카페에서 카프카는 약혼녀 펠리체 바우어의 친구였던 그레테 블로흐와 만나, 앞으로 있을 자신과 펠리체와의 혼인과 관련한 여러 문제들을 상의하기도 하였다.

카프카는 대학 재학 시절, 그리고 회사원으로 사회생활을 하던 초기에 프라하의 카페들을 규칙적으로, 때로는 거의 매일같이 방문하였다. 또한 브로트가 그를 작가서클과 예술가모임에 안내함으로써 카프카는 당시의 대표적 젊은 작가들, 예술가, 지성인들과 교류를 맺었다.

특히 베르펠과 하스를 중심으로 한 아르코 모임에는 1908년부터 꾸준히 참석하였다. 카페 방문은 그에게 대화의 기회 뿐 아니라, 독서물과 당시의 아방가르드 문학 및 예술에 대한 정보를 제공해 주었다. '카페 아르코', '카페 센트랄' 등에는 300종의 저널들이 비치되어 있었는데, 그중에는 근대문학의 주요 기관지들인 '폭풍', '행동', '브렌너', '새로운 격정', '포룸', '백지들' 등도 있었다. 카프카는 카페에서 읽은 수많은 국내외 저널들을 통해 앞으로의 작품 집필에 자양분이 되는 많은 지식을 축적할 수 있었다. 그러나 카페에서의 글쓰기는 소음에 민감한 그로서는 상상할 수 없는 일이었다. 그의 창작은 절대적 정숙을 요구

했다. 그는 카페에서는 조용히 관찰하거나 경청하는 편이었으며, 베르펠, 바움, 브로트 등 몇 몇 친구들과 담소하거나 토론하는 것을 좋아 하였다.[52] 과묵한 성격의 카프카는 자주 카페를 방문하면서도, 큰 규모의 행사나, 공개 낭독회 등은 기피하였다. 카프카는 친구들에게는 즐겨 자신의 원고를 낭송해주지만 카페에서의 낯선 청중들 앞에서는 심적 부담을 느꼈다. 친구들은 그를 뛰어난 낭송자로 회상하였다.

가족외의 개인적인 접촉이나 중요한 상의도 주로 카페에서 이루어졌다. 베르펠, 브로트, 뢰비와의 친밀한 관계도 '아르코', '루브르', '시티', '사보이' 등 카페에서의 규칙적인 만남에서 비롯되었다. 아버지 때문에 친구들을 자기 집으로 데려갈 수 없었던 카프카는 1907년 9월에 문을 연 '카페 시티'에서 자주 브로트와 만났다. 특히 카프카는 여기서 브로트와 함께 자신의 첫 책인『관찰』의 출판과 관련한 제 문제들을 상의하였다. 또한 시온주의 대학생들의 만남의 장소이기도 했던 이 카페에서 카프카는 동유대인 유랑극단을 이끌고 프라하에 온 뢰비와 종종 자리를 함께 하곤 했다.[53]

그러나 1912년 8월 펠리체를 알게 되고 9월에『판결』을 집필하면서 문학적 돌파구를 열었을 때 그의 일상생활은 변화를 가져왔다. 1913년 초까지 그는 거의 매일 밤『실종자』와『변신』의 집필에 몰두했었다. 따라서 주중에는 저녁에 외출할 시간이 없었다. 그가 '노동자 재해 보험국'에서 오후 2시에 퇴근하면 나머지 오후 시간과 저녁은 잠을 자거나 산책으로 보냈다. 이는 밤의 집필로 인한 건강상의 부담을 덜기 위해서였다. 1912년 가을부터 시작된 펠리체와의 집중적인 서신교환 은 결정적으로 그의 체력을 소모시켰고, 이후 카프카는 사람들 사이에서 점점 더 심한 고독감을 느끼게 되었다. 게다가 '프라하 서

52) Alt 2005, 187-188.
53) Binder 1991, 22.

클'의 작가들이 군 복무 등으로 프라하를 떠나고 브로트 등 가까운 친구들이 결혼을 해, 보다 가정에 충실하게 된 점 역시 그의 고독감을 증대시키는 요인이 되었다. 이러한 고독한 상황은 1914년 후반 『소송』의 집필을 거쳐 1917년 여름 폐결핵 발병 시까지 계속된다. 카프카의 현실 접촉이 줄어들고 내면의 세계로 침잠하는 이 기간에 외부로 향하는 카프카의 유일한 통로는 펠리체와의 서신교환이었다.

이후 카프카에게 있어서 카페와 관련한 획기적 사건은 바로 밀레나와의 만남이다. 밀레나는 카프카의 연인 및 편지 파트너일 뿐 아니라 카프카 작품의 체코어 번역자이기도 하다. 그녀에 의한 『화부』, 『판결』, 『학술원에 드리는 보고』 등 그의 뛰어난 작품들의 유려한 체코어 번역이 없었더라면, 카프카가 체코인들에게 널리 알려지고 사랑받을 수 있었을까?

이와 함께 '카페 아르코'에서 베르펠 등과 함께한 문학토론, '카페 루브르'에서 브로트 등과 함께 한 철학수업, '카페 사보이'에서의 이디시어 연극관람, 그리고 '카페 콘티넨탈'을 비롯한 독서카페에서 읽었던 수많은 저널 등은 아버지와의 갈등 그리고 펠리체와의 서신교환과 함께 카프카의 인생과 문학세계에 지대한 영향을 미쳤을 것이다.

3_ 프라하의 독일문학

3.1 개념과 특징

프라하의 독일문학은 19세기의 마지막 4반세기에 프라하에서 태어났거나, 보헤미아 또는 모라비아 출신으로 오스트리아-헝가리 제국이 붕괴되기 전에 프라하에서 문학활동을 시작한 작가들의 작품들을 대상으로 한다. 프라하 독일문학이 지역적 범주를 벗어나 세계적 중요성을 얻게 되는 전성기는 1894년의 릴케의 등장, 즉 그의 첫 시집 『삶과 노래』가 출간된 시기부터 프라하가 나치의 점령으로 독일문학의 산실로서의 역할을 중단하게 되는 시기까지이다. 이 기간에 활동한 프라하 독일 작가들로는 카프카, 베르펠, 브로트, 바이스, 키쉬, 빈더, 코른펠트, 푹스, 피크, 우르치딜 그리고 마이링크 등이 있다. 대다수 작가들이 유대계였던 프라하 독일문학은 자유 시민문학의 시기와 사회주의 입장에 선 과도기 문학을 거쳐 반파쇼 망명문학에 이르기까지 근 50년 동안 독일어권 문학에 커다란 수확을 가져다주었다.

프라하 독일 작가들의 공통점은 인본주의적인 기본 태도, 국수주의의 거부, 체코 민족의 문화적, 문학적 노력에 대한 우호적 입장 등이라 할 수 있다.[54] 또 이들은 자신들이 처한 게토적 상황으로 인한 불투명한 현실과 미래를 작품을 통해 꾸준히 확인하는 작업을 하였으며, 나아가 일찍부터 시민문학의 일반적 위기의식을 두드러지게 표현하였다. 프라하 독일문학의 시대적 배경은 자유주의 시대가 끝난 제국주의 시대이다. 자유로운 자본주의 경쟁과 시민 자유주의 시대의 종말은 특히 유대인들에겐 커다란 위협을 의미했다. 왜냐하면 그들의 운명은 자유주의의 운명과 불가분의 관계에 있었기 때문이다. 프라하의 독일문학이 지역적 한계를 벗어나 세계문학으로 발전한 결정적 원인은 이들 프라하의 작가들이 이 세계에 나락과 종말이 다가오고 있다는 것을 느낀 최초의 시민사회 계층이었다는 데서 찾을 수 있다.[55] 프라하의 독일문학은 이 세계가 파멸에 직면해 있다는 인식을 바탕으로 하고 있기 때문에 운명에 체념적으로 굴하려 하지 않으려면 근본적으로는 다음과 같은 두 가지 반응, 즉 주어진 상황에서 어떻게 해서든 뛰쳐나오려는 의지와 아직 구할 수 있는 것은 구하기 위해 위협을 직시하면서 그 속에서 참고 견디고자 하는 결의만이 있을 뿐이다. 릴케 이후 프라하 독일문학이 항상 시도했던 것은 바로 이 두 가지 반응이었다. 또한 프라하 독일인들의 가슴 속에는 앞으로 다가올 암울한 미래에 대한 종말론적인 인식에 대립해서 오래되고 존귀한 것에 대한 낭만적 동경이 자리 잡고 있었던 것이다. 가슴 속에서 영원한 논쟁을 벌이는 바로 이 두 영혼이 릴케 이후 프라하 독일문학을 규정짓는 양극이라 할 수 있다. 오래되고 존귀한 것에 대한 낭만적 동경은 릴케의 경우 근대문명이나 산업화, 기계화와는 무관한 순수하고 소박한 것에 대한 애정, 그리고 옛 생활 질서의 보존에 대한 애착 등에서 나타나고

54) Reimann 1967, 9.
55) Goldstücker 1967, 30.

있고, 베르펠의 경우에는 유년시절에 대한 영원한 향수와 아직 성스러운 인간과 세계, 그리고 인간과 신과의 원초적 관계에 대한 동경에서 찾을 수 있다. 또한 릴케와 베르펠은 이와 대립되는 다른 영혼, 즉 그들이 한 위대한 역사적 시대의 종말에 살고 있다는, 그들이 성장하고 친숙해 있었던 세계가 치명적인 위협을 받고 있다는 의식으로 가득 차 있었다. 이러한 암울한 예감이 그들 창작의 원동력이 되기도 했다. 그 밖의 다른 프라하 독일 작가들도 다가오는 한 시대의 종말을 강하게 느꼈지만, 이것이 동시에 새로운 시대의 시작을 의미한다는 것을 인식할 수가 없었다. 이러한 상황에서 프라하의 독일문학에서는 탈출구가 없는 절망감, 소외, 고독 등 근대의 생의 문제에 대한 주요 모티프들이 등장하게 된다.

특히 소외의 개념은 카프카를 떠올리게 한다. 고독과 소외로 점철된 생을 살다 간 카프카는 젊은 릴케처럼 신낭만주의도 받아들일 수 없었고, 젊은 베르펠처럼 애매모호한 휴머니티의 구현에 전념할 수도 없었다. 종교 역시 그에게 안식처나 피난처를 마련해 주지 못했으며, 키쉬처럼 혁명적 프롤레타리아 계급과의 동일성을 위해 투쟁할 수도 없었다. 그리고 카프카도 다른 시민 작가들처럼 독일-유대인 존재에서 비롯된 문제들과 싸워야 했지만 어떠한 해결방법도 그를 만족시킬 수 없었다. 이러한 카프카의 타협할 수 없는 태도는 클라이스트를 연상시킨다. 이 같은 태도는 두 사람으로 하여금 그들 세계의 어떤 영역에서도 편안함을 느낄 수 없게 했으며 종국에는 이들을 파멸과 좌절로 이끌어 갔던 것이다.[56)]

카프카는 한때 체코 사회주의 문학의 창시자인 스타니스라프 코스트카 노이만을 정점으로 하는 무정부-공산주의 지성인들과 접촉하면

56) Goldstücker 1963, 16.

서 노동자 계급의 편에 서서 싸우고자 하는 결심을 진지하게 생각한 적이 있었다. 이와 관련해서 카프카가 프라하 무정부주의자들의 모임인 '청년클럽'의 회의에 참석했다는 사실은 중요한 의미를 지닌다.[57] 왜 카프카가 말없이 이들 무정부주의자들이 모이는 주점의 테이블에 앉아 있었는지를 이해하기는 어렵지 않다. 이들이 증오하는 대상이 군국주의와 자본주의, 그리고 특히 오스트리아의 관료주의였기 때문이다. 권위와 법원, 관청에 대한 이들의 저항은 카프카 자신의 저항이기도 했다. 그러나 그는 끝내 어떤 정치정당의 당원도, 무정부주의자도, 노동운동가도 아니었다.[58] 카프카는 당시 체코 노동자 운동의 이념적 취약성, 민족문제에 대한 이들의 기회주의적 태도에 실망하여 노동자 계급을 옹호하고자 했던 자신의 결심을 단념하게 된다. 노동자 계층에의 접근에 의한 해결 가능성이 수포로 돌아가자, 이제 다가오는 자유주의 이후의 기계화되고 비인간화된 세계가 불가피한, 변화시킬 수 없는 세계로 나타났으며, 더 이상 투쟁의 과제가 아닌 형이상학적 문제로 대두되었다. 스스로를 이 세상에서 모든 것을 박탈당한 자로 느꼈던 카프카에게는 자기 파괴적으로 철저하게 탈출구가 없는 자신의 상황을 되풀이해서 규명하는 것 외에는 다른 방도가 없었다.

카프카 전 작품의 모체가 되는 고독과 소외의 최초의 징후를 1907년에 씌어지고 1913년 출판된 단편집 『관찰』에 수록된 『상인』이란 단편에서 찾을 수 있다. 이 단편은 고독한 인간의 지친 영혼에서 기인하는 환상과 기술문명으로 인한 비인간화 현상을 사실적으로 묘사한 작품이다. 이후 계속되는 작품들을 통해 카프카는 오늘날 인간의 유리되고 접촉을 상실한 상태를 묘사하고 있다. 그러나 그는 고립의 끔찍스러운 결과를 제시하면서 동시에 그 같은 상태를 극복하려고 시도한

57) Politzer 1974, 24.
58) Politzer 1974, 24-25.

다. 그렇게 해서 물질주의 문명사회에서 상실되어 가는 원초적 인간상의 부활을 꾀하고 있는 것이다.

3.2 프라하 독일문학의 성과

이처럼 릴케, 베르펠, 카프카 등을 배출한 프라하의 독일문학은 오스트리아-헝가리 제국과 히틀러의 지배, 양차 세계대전 등 역사적으로 어려운 상황에서 소수민족으로서 겪어야 했었던 고난과 역경을 극복하면서 근 50년 간 전 독일어권 문학에 커다란 수확을 가져다주었을 뿐 아니라 독일문학을 세계적 수준으로 끌어올리는데 커다란 기여를 하였다. 그러나 프라하의 독일 작가들은 독일문학의 발전에만 영향을 미친 것은 아니었다. 이들은 체코의 문화생활에 대한 긴밀한 관계로 해서 이 나라의 문학과 예술에 중요한 자리를 점하고 있었다. 체코의 문화적 생활과 프라하를 배경으로 하는 프라하 독일작가들의 작품들, 즉 릴케의 『라르의 제물』과 『두 개의 프라하 이야기』, 카프카의 『소송』과 『성』, 키쉬의 르포르타주 문학, 베르펠의 『무사 다그의 40일』, 그리고 마이링크의 풍자적 단편들, 레핀의 『프라하 라프소디』 등은 현대 독일 문학의 중요한 구성요소일 뿐 아니라 동시대 세계문학에도 크게 기여하였다. 또한 이들 작가의 작품들은 오늘날까지도 체코와 독일 민족 간의 우호적인 관계의 발전을 위해서도 중요한 의미를 지닌다. 그러나 프라하 독일 작가들의 모든 작품이 다 체코인들에게서 긍정적인 평가를 받은 것은 아니었다. 체코인들의 릴케 수용은 상반감정의 양립으로 표현할 수 있다. 체코의 독자들은 릴케의 작품을 읽고서 매혹되기도 하지만 동시에 거부감을 느끼기도 한다. 이러한 감정은 브로트에게도 적용된다. 이 무렵 독일어로 쓰는 프라하 문학에서 가장 즐겨 다루어진 체코 관련 주제는 '독일 남자와 체코 여자'

라는 양자 관계였다. 카프카와 밀레나의 관계도 이 같은 주제의 하나로 볼 수 있다. 이와 관련해 특별히 주목을 끈 소설은 브로트의 『체코인 하녀』였다. 유대인, 체코인, 독일인들 간의 정치적, 민족적으로 긴장에 찬 분위기에서 브로트의 이 소설은 문학의 범주를 훨씬 벗어나는 반응을 불러 일으켰다. 소설 속에 표현된 체코인과 독일인 간의 상호 이해는 피크에 의해 "지금껏 들어보지 못한 화해의 통지"[59]로 환영받았으나 이러한 평가는 소수에 불과했다. 독일인 유대인, 체코인 3자가 모두 이 소설에서 분노와 모욕을 느꼈다. 체코인들은 체코 음악과 민중예술에 대한 작가의 애정에 찬 이해를 간과하고서는 소설의 여주인공, 즉 체코인 하녀의 비천한 사회적 지위와 신체적 특징을 강조한 것에 대해 항의했다. 독일인들은 체코의 예술과 언어에 대한 찬사가 과장되었다고 느꼈으며, 유대인 측에서는 우둔하고 감정이 메마른 남자 주인공이 유대인을 나타내고 있다는 비난이 일었다. 이러한 항의와 이의 제기는 '프라하 신문'에서 오랫동안 논의되었다. 브로트의 『체코인 하녀』와 함께 키쉬의 소설 『소녀 목동』도 체코 측의 공격의 대상이 되었다. 체코 측에서는 프라하의 독일작가들이 즐겨, 그리고 의도적으로 프라하를 비참과 불행, 매춘과 범죄의 온상으로서 소설의 무대로 택하고 있다는 일부 피해망상적인 반응들도 나왔다.[60] 그러나 이러한 논란의 대상이 된 경우는 소수일 뿐 대부분의 젊은 프라하의 작가들 -브로트, 피크, 베르펠, 푹스, 바움, 카프카, 키쉬 등- 은 체코 민족의 투쟁과 문화적 노력을 편견 없이 관찰하고 체코민족을 보다 잘 알기위해 그 생활에 직접 동참하면서 모든 체코적인 것에 대한 독일인들의 편견과 선입견을 허물어뜨리고 두 민족 사이에 평화의 기틀을 마련코자 했다. 그 일환으로 프라하의 독일작가들은 독일과 체코

59) Pazi 1978, 25.
60) Pazi 1978, 26.

사이의 민족적 틈을 메우기 위해 체코어와 독일어를 둘 다 구사하면서 양 민족의 정신적 유산을 중재하고자 노력하였다. 이런 의미에서 이들의 존재는 체코인의 입장에서 보더라도 하나의 희망이었다. 다시 말해 프라하의 독일작가들은 역사적으로 어려운 상황 속에서 소수민족으로서 겪어야 했던 모든 고통을 감내하고 극복하면서 독일민족과 체코민족 간의 상호 문화적 교류의 가교 역할을 훌륭히 수행하였다. 또한 이들이 주도하는 프라하의 독일문학은 세기의 전환기와 20세기의 독일문학을 살찌우고, 체코의 문학과 예술을 전 독일어권에 알려 그 가치를 인정받게 했으며, 나아가 릴케, 카프카, 베르펠 등을 배출하면서 동시대 세계문학에도 크게 이바지하였다.

Ⅲ. 카프카의 작품세계

1. 카프카와 표현주의
2. 단편소설
   2.1 『판결』
   2.2 『변신』
   2.3 『유형지에서』
   2.4 『학술원에 드리는 보고』
   2.5 『시골의사』
   2.6 『단식광대』
3. 장편소설
   3.1 『실종자』
   3.2 『소송』
   3.3 『성』

카프카의 작품세계

1_ 카프카와 표현주의

카프카의 작품세계를 논하기 전에 먼저 논란의 여지가 많은 카프카의 표현주의 귀속 여부를 알아보고자한다. 카프카의 작품들이 주로 표현주의 시기에 집필되었고, 『판결』, 『화부』, 『변신』, 『관찰』, 『시골의사』, 그리고 『유형지에서』 등 주요 작품들이 생전에 표현주의의 대표적 출판사인 쿠르트 볼프사에서 출판되었기 때문에 카프카를 표현주의와 연관시키는 것은 자연스러운 현상일 것이다. 특히 카프카의 작품 중 『변신』, 『판결』 그리고 『소송』 등은 이미 표현주의와 관련하여 많이 논의되고 있음은 주지의 사실이다. 때문에 구체적 작품 분석에 앞서 주제와 형식면에서 양자의 차이점과 유사점을 한번 살펴보는 것이 카프카의 작품을 동시대의 문학사적 배경과 관련하여 이해하는데도 도움이 될 것이다.

카프카가 표현주의에 속하느냐 하는 문제는 계속해서 제기되었으며, 어떻게 표현주의가 정의되느냐에 따라, 또는 표현주의의 특징이 무엇이냐에 따라 전혀 상반되는 답변이 나왔다. 이를테면 1910년대 문학에서 확인할 수 있는 소외 현상이나 부자 갈등의 주제화는 카프카의 작품들 역시 표현주의 산문에 포함시킬 수 있지 않느냐 하는 주장을 뒷받침했으며, 표현주의의 외침을 이 운동의 특징으로 절대화하는 경우에는 요란한 외침에 대한 카프카의 신경질적인 반응을 이유로 그를 표현주의에서 배제하게 된다. 카프카의 표현주의 귀속 여부에 대한 논쟁의 대표적인 경우로 조켈과 라아베의 견해를 들 수 있다. 조켈은 카프카의 뛰어난 "주관적인 것의 비유적 표현"을 이유로 그가 고전적 표현주의자임을 확인하면서 동시에 표현주의자들 중 가장 성공적인 작가로 보고 있다.[1] 반면에 라아베는 카프카 소설의 우화적 형식은 독보적인 것으로 여타 표현주의자들과의 비교는 불가능하다고 이에 반박하고 있다.[2] 이 같은 논전에서 중도적 입장을 취하고 있는 브링크만은 라아베와 조켈, 둘 다 옳다고 인정한다. 문제는 이들이 어디에 포커스를 맞추고 있느냐 하는 것이다. 이를테면 라아베는 근접관찰을 하고 있고, 조켈은 전적으로 실증적이고 전경을 보는 역사적 시각을 지니고 있다는 것이다.[3] 그러나 많은 카프카 연구자들은 이 같은 논쟁에서 라아베의 견해에 동조하고 있는데 예를 들면 칼러는 표현주의의 주제 보다 문체에 더 많은 관심을 갖고서, 간결함, 템포, 면밀함, 응축된 서술 등의 특징을 지닌 표현주의 산문의 문체는 카프카의 그것과 상관이 없다는 주장을 하고 있다.[4] 따라서 카프카를 표현주의자로 분류하는 것은 잘못이라는 것이다. 그러나 주제나 서술기법을 표현주의 귀속 여부의 주요 기준으로 설정하는 경우에는 카프카의 작품들이 다른 표현주의 작가들의 작품과 유사하다는 주장이 나올 수 있

1) Sokel 1963, 288.
2) Raabe 1973, 405.
3) Brinkmann 1980, 175.
4) Kahler 1965, 165-166.

다. 즉 라아베에 의해 문예사적으로 예외적 지위가 강조된 카프카의 우화들도 불안, 절망, 상실감, 탈출구가 없는 상황을 주제화함으로써 다른 표현주의자들의 문제의식에 접근하고 있다는 것이다. 실비오 비에타, 한스 게오르크 켐퍼와 토마스 안츠 같은 문학사가들은 카프카의 소외문제에 관한 문학적 형성이 그 밀도나 사고의 정확성에 있어서 동시대 표현주의자들을 대표할 만큼 탁월하다는 것을 인정한다.[5] 아무튼 카프카의 표현주의 귀속 여부는 지금까지도 많은 논란을 불러일으킬 뿐 아니라, 그 기준 역시 충분히 입증되지 못했기 때문에, 이 문제는 주제와 형식의 두 가지 관점에서 철저히 재조명되어져야 한다.

카프카의 작품은 스트린드베리, 트라클, 하임 등 초기 표현주의자들의 작품과 같은 토양에서 생성되었으며, 1924년의 그의 죽음은 표현주의 운동의 종말과 때를 같이 한다. 카프카의 첫 번째 작품『관찰』이 로볼트 사에서 출판된 1912년에 하임의 유작 시집『생의 그림자』와 소설집『도적』, 카를 아인슈타인 의『베부퀸』, 라인하르트 조르게의『거지』, 벤의『시체 공시장』그리고 알프레드 리히텐슈타인의『여명』이, 1913년에는 베르펠의 시집『우리는』, 되블린의『민들레꽃 살해』등이 발표되었다. 그리고 1915년과 1916년에는 그 당시 표현주의의 대표적 출판사인 쿠르트 볼프 사가 발행한 새 문학 시리즈『최후 심판의 날』에 베르펠, 하젠클레버, 트라클 등의 작품과 함께 카프카의『변신』과『판결』이 수록되었다. 이렇게 해서 동 시대 비평은 카프카를 표현주의 작가로 취급하게 되었다. 이처럼 카프카의 창작기간이 표현주의 시기와 일치하지만, 그의 표현주의 귀속 여부에 문제가 없는 것은 아니었다. 특히 표현주의 문학의 주제보다도 문체에 더 큰 비중을 두는 비평가들이 이에 이의를 제기하였다. 라아베는 카프카의 작

5) Krull 1984, 30.

품들이 대체로 표현주의 시기에 생성되고 베르펠과 같은 표현주의 작가들과의 교류도 있었지만, 카프카의 경우에는 표현주의 특유의 역동적이고 적극적인 문체 경향을 찾아 볼 수 없다고 지적하였다. 표현주의 문체는 다양성을 특징으로 하기 때문에 통일된 문체를 찾기가 어렵지만, 격정과 역동성, 그리고 열광적 경향을 표현주의 산문의 주된 문체적 현상으로 본다면, 이러한 문체에 카프카의 정확하고 분명한 문체는 정면으로 대립된다는 것이다.[6] 카프카의 신중하고 정화된 언어와 문체는 프라하 독일어[7]와 건조한 공문서체로 특징 지워진다. 이러한 이유에서 라아베는 카프카를 표현주의자로 부르는 것은 타당하지 않다고 주장한다. 마르티니와 파울젠 역시 이 같은 견해에 동조하면서 카프카를 적극적인 표현주의자로 보지 않았다. 마르티니는 자신이 펴낸『표현주의 산문집』에 카프카의『기도자와의 대화』를 수록한 것은 카프카가 동시대인이란 광의의 의미에서 표현주의자들 세대에 속하기 때문이지, 그의 산문이 표현주의 양식과 일치해서가 아니라고 서론에서 밝히고 있다. 완전히 자신의 독자적인 문체를 발전시켜나간 작가의 작품이 일반적인 표현주의 양식에 엮어 넣어질 수 없다는 것이다.[8] 파울젠 역시 카프카는 표현주의 운동의 주류에서 멀리 떨어져 있다고 주장한다. 그 이유로 카프카는 갖가지 어려움이 혼재해 있는 현실에 속수무책으로 내맡겨져 있다는 사실과, 적극적인 저항의 몸짓이나 외침을 찾아볼 수 없는 그의 수동적 태도를 들고 있다. 흔히들 그의 전 작품을 말없는 저항, 억눌린 절규라고 표현하는 것도 같은 맥락에서 이해될 수 있다.[9] 그러나 표현주의자로서의 카프카에 대해 부정적인

6) Raabe 1973, 405.

7) 카프카의 언어 정화주의, 딱딱한 문장구성, 어휘의 빈약 등은 프라하 독일어의 배경이 없이는 상상할 수 없다. 무미건조한 프라하 독일어에는 일반적인 구어체나 방언 등에서 볼 수 있는 다양한 표현과 친근감 등이 결여되어 있다.

8) Martini (Hg.) 1977, 17.

9) Paulsen 1983, 244.

입장을 보인 이들도, 카프카가 표현주의 문학 및 표현주의자들과 일정한 거리를 유지하긴 했지만 그래도 동시대의 문학, 즉 표현주의 문학의 제 문제에 관심을 갖고 수동적이지만 작가로서 직접 참여도 하였다는 데에 대해서는 특별한 이의를 제기하지 않고 있다. 그리고 카프카의 작품에 나타난 꿈의 구조라든지 근대 노동세계의 주제화에서 다른 표현주의 작품들과의 공통점을 발견하기도 한다. 특히 하임의 산문과는 유사성이 많다. 하임의 산문에 나타난 주제들은 소외, 광기, 피조물의 고통, 질병, 죽음, 공포 등이었다. 특히 부자 모티프, 즉 아버지에 대한 증오는 카프카, 하임 그리고 다른 표현주의자들의 산문에서도 주요 모티프로 나타나고 있다. 카프카의 『변신』에서 주인공이 아버지가 던진 사과로 인해 치명적인 부상을 입게 되는 장면은 바로 표현주의의 중심 모티프인 아버지와 아들 간의 갈등을 주제화한 것이다. 장르는 다르지만 카이저의 『아침부터 자정까지』와 『변신』 사이에도 주제상으로나 형식상으로 유사한 점이 많다. 초기 표현주의 문학에 등장하는 소외-탈출시도-자아분열 등 3단계 과정을 이 두 작품에서도 확인할 수 있다. 은행 출납계원과 잠자는 둘 다 직장과 가정으로부터 소외되고 있다. 소외 경험의 결과로 이들에게 공통으로 나타나는 것은 개체를 속박하는 노동 및 일상세계로부터 탈출코자 하는 자아해방의 시도이다.[10] 이 같은 동일한 주제와 모티프를 다루고 있다는 점에서 『변신』은 초기 표현주의 작품으로 간주될 수 있다. 죽음으로 끝나는 자아의 붕괴와 극복할 수 없는 소외의 경험을 다루고 있는 『판결』과 『소송』 등도 마찬가지이다.

그러나 카프카를 표현주의자로 규정하는데 있어서 가장 큰 걸림돌이 되는 것은 언어 면인데, 특히 문제가 되는 것은 바로 표현주의의

---

10) 본서의 카프카의 문학세계 중 『변신』(소외로부터의 탈출)참조.

외침이다. 표현주의 시인들의 감정적이고 격정적인 수사학과 요란한 외침 등은 카프카의 반감을 유발시켰다. 예를 들어 카프카는 요한네스 로베르트 베허의 시들에 대해 “난 이 시들을 이해하지 못한다. 소음과 단어의 울부짖음이 지배적이다(...) 단어들이 언어로 응축되지 못한다. 이건 하나의 외침이다.”[11]라는 촌평을 하였고, 『인간이 외친다』라는 시집을 발표한 에렌슈타인을 “허공 속에 실종된, 울부짖는 어린 아이”[12]에 비유하기도 하였다. 자연히 소음에 민감한 카프카와 표현주의의 외침은 상호 대립될 수밖에 없다. 핀투스의 유명한 표현주의 시선집 『인류의 여명』에 대해서도 부정적인 평가를 하고 있다. “이 책은 나를 슬프게 한다. 시인들이 인간들을 향해 손을 내뻗는다. 그러나 인간들은 다정한 손이 아닌, 눈과 심장을 겨누는 경련적으로 움켜쥔 주먹만을 본다.”[13] 라아베는 여기서 다정스러운 손과 경련적으로 움켜쥔 주먹의 대립을 최후의 진실을 추구하는 예술과 시대의 저항정신에서 잉태되어 몸짓과 단어들로 표현되는 문학 간의 대립으로 보고 있다. 나아가 이 같은 대립을 시대를 초월한 자와 시대의 제약을 받는 자 간의 대립[14]으로 간주한다. 결국 라아베는 카프카의 활동 시기가 표현주의와 함께 한다는 표면적인 일치점을 인정하면서 “프란츠 카프카를 표현주의에 넣을 수 있다”[15]라는 명제로 시작해서 이를 철저하게 반박하는 논리를 전개한다. 라아베의 반박은 특히 카프카를 전적으로 표현주의자로 선언하고 있는 조켈의 표현주의 저술 『문학적 표현주의』를 겨냥한 것이다.[16] 그러나 조켈 역시 언어적으로는 카프카를 표현주의자로 보기 어렵다는 견해를 밝히고 있다. 표현주의 산문의 언어

11) Janouch 1951, 53.
12) Janouch 1951, 46.
13) Janouch 1951, 86.
14) Raabe 1973, 400.
15) Raabe 1973, 386.
16) Brinkmann 1980, 175.

적 특징들은 병렬문, 생략, 문장의 왜곡 등이다. 이들 언어적 경향들 중 어느 것도 카프카에게 해당되지 않는다. 따라서 언어와 문체만을 기준으로 한다면 카프카는 표현주의에서 제외되어야 한다. 그러나 언어적-문체적 요소가 아니라 서술관점이나 서술형식 및 구조가 분류의 기준이라면 카프카는 당연히 표현주의에 속한다. 또한 그는 표현주의에 만연된 우화적-비유적 서술형식을 다의성을 지닌 극단적 형식으로 상승시키면서 동시에 논평 배제라는 되블린의 원칙[17]과 결합하고 있다. 대표적인 초기 표현주의 산문작가인 되블린과 마찬가지로 카프카는 서술된 과정의 철저한 객관화를 위해 전지적 (全知的)화자를 배제한다. 즉 이야기되는 사건이 수미일관 인물관점에서 서술될 따름이다. 이러한 인물관점의 철저한 실행이 1910년과 1912년 사이에 완성된 되블린의『민들레꽃 살해』, 하임의『광인』과『도적』그리고 카프카의『판결』과『변신』등에서 나타나고 있다. 가장 흥미롭고 완성도가 높은 이들 표현주의 산문들은 모두 주인공의 개인적 관점에서 바라본 왜곡된 세계를 보여준다.[18] 이러한 서술형식 외에도 우리는 카프카의 작품에서 표현주의 시기의 특수한 문제들에 대한 근본적이고 과격한 표현을 보게 됨으로써 그가 표현주의와 밀접한 관련이 있음을 알게 된다. 즉 야콥 판 호디스, 하임, 벤, 트라클, 카이저, 톨러, 슈테른하임 등 탁월한 표현주의자들에게서 확인할 수 있는 자아의 분열과 인식론적 불안 등은 역시 카프카의 작품들을 특징짓는 요소들이기도 하다. 나아가 카프카의 문학은 다른 표현주의자들에게서 나타난 이 같은 주제와 형식들의 과격화 현상으로 이해될 수 있다. 이를테면 흉

17) 절제된 언어의 사용, 모든 논증과 장식적 비유의 배제, 그리고 세세하게 설명하지 않고 그냥 차곡차곡 세워두거나 나열하는 것이 되블린 문체의 특징이자 목표이다. 되블린의 단편에선 일어나는 사건들이 냉정하고 객관적인 정확성과 함께 연속적으로 나열되고 있다. 이 같은 되블린 문체의 병렬원칙은 모든 논평과 화자의 서술적 개입을 배제하는 것을 전제로 한다. (김충남 2004, 75).

18) Sokel 1969, 165.

측스러운 동물 메타퍼, 즉 해충으로서의 자아는 인간의 소외 현상을 극단적으로 형상화 한 것이다. 이밖에도 그의 텍스트에 나타난 충격 효과는 벤이나 하임의 추(醜)의 미학[19]을 능가하고 있다.

19) 예를 들면 하임은 그의 시 『오펠리아』에서 오펠리아라는 이름이 떠올리는 젊고 아름다운 처녀의 모습을 썩어버린 끔찍스러운 존재로 표현하면서 추의 미학을 강조하고 있다. 나아가 시체의 머리 속에 둥지를 튼 물쥐들의 모습, 오펠리아의 손을 죽은 생선 지느러미와 비교하는 장면, 처녀의 가슴 위로 미끌어지는 뱀장어의 모습 등 추의 미학이 이 시의 1부를 압도하고 있다 (Heym 1964, 160-162).

2_ 단편소설

2.1 『판결』

• 서언

카프카는 1912년을 자신의 인생과 창작에 있어서 결정적인 전환점으로 보았다. 그는 20 쪽 분량의 『판결』을 바로 이 해 9월 22일 밤에서 23일 새벽 사이 여덟 시간 만에 썼다. 카프카의 독창적인 창작의 돌파구로 간주되는 이 단편이 발표되자 당시 보헤미아지의 편집장이었던 파울 뷔글러는 "위대한, 놀랄 정도로 위대한, 열정적이면서도 자제심이 있는 인재의 획기적 작품"[20]이라고 찬사를 아끼지 않았으며, 후세의 비평가도 이 작품으로 인해 하룻밤 사이에 세계문학의 개념과 흐름이 바뀌어 버렸다고 평했다.[21]

이처럼 그의 문학에 새로운 전기를 연 1912년 가을은 여러 가지 면에서 그의 인생에 있어서도 분수령이 되는 시점이었다. 카프카는 『판

20) Dietz 1975, 41.
21) Matt 2006, 102.

결』을 쓰기 직전인 1912년 8월에 친구인 브로트의 집에서 베를린 출신의 펠리체 바우어를 알게 되었고, 이 단편을 그녀에게 헌정했다. 카프카는 이후 5년 동안 그녀와 사귀면서 두 번이나 약혼을 하였지만 결혼에는 이르지 못했다. 이 같은 작가의 자전적 요소가 다른 어떤 작품보다도 『판결』에서 가장 분명하게 나타나고 있다. 카프카는 자신의 일기를 통해 게오르크 벤데만과 프리다 브란덴펠트 뒤에는 작가 자신과 그의 약혼녀인 펠리체 바우어가 숨어 있음을 밝히고 있다.[22)]

이 작품에는 펠리체와의 관계 뿐 아니라 아버지와의 관계, 그리고 유대계인 한 동유럽 극단의 단장인 뢰비[23)]와의 개인적인 친분 등이 투영되어 있다. 이러한 자전적 요소들과 함께 『판결』은 카프카의 전체 작품 가운데서 특별한 위치를 차지한다. 이 단편을 통해 카프카는 처음으로 자신 만의 독특한 소설 형식을 개진하면서 자신의 고유한 문체와 의미심장한 주제를 형성했다고 느꼈으며, 창작에 대한 자신감을 갖게 되었다. 이 이후의 작품들은 『판결』에 나타난 기본구조의 계속적인 발전과 변경에 지나지 않는다. 때문에 『판결』은 카프카의 단편들 중에서 가장 많이 해설되고 있으며, 작가 자신 역시 직접 이 단편에 예외적으로 상세한 논평을 가할 뿐 아니라, 그의 문학적 발전에 있어서 핵심적 지위를 부여하고 있다. 카프카는 1916년 8월 출판업자 볼프에게 보낸 편지에서 『판결』이 그의 작품들 중에서 가장 애착이 가는 단편이라고 적고 있다.[24)]

---

22) "Georg는 Franz와 같은 수의 철자를 지니고 있다... Bende 역시 Kafka와 같은 수의 철자를 지니고 있으며, 모음 e가 Kafka에서 모음 a와 같은 위치에서 반복되고 있다. Frieda 역시 Felice와 같은 수의 철자와 동일한 첫 글자를 지니고 있으며, Brandenfeld는 Bauer와 같은 첫 글자를 지니고 있다. 그리고 'Feld (밭)'라는 단어의 의미도 'Bauer(농부)'와 어떤 연관성을 갖는다."(T 492)

23) 카프카는 『판결』을 쓰기 직전에 한 동유럽 극단의 영향을 많이 받았다. 그리고 이 극단의 단장인 뢰비와 개인적인 친분을 맺었다. 이 사람이 『판결』에 나오는 친구의 모범일지도 모른다(Wagenbach 1964, 71-72).

24) Gray 2003, 11.

카프카 연구자들 역시, 작가가 설명될 수 없다고 선언한, 이 수수께끼 같은 단편을 특수한 카프카적 소설의 전형으로 간주하면서 많은 관심을 갖고 오늘날까지도 다양한 방법으로 해설을 시도할 뿐 아니라, 나아가 연관성이 있고 추적할 수 있는 의미를 찾고자 부심하고 있다. 이처럼 『판결』이 카프카의 작품들 중 가장 많은 연구의 대상이 되는 이유는 아마도 이 단편이 지닌 난해성과 다의성에 있을 것이다. 서양의 어떤 작품도 카프카의 소설만큼 그렇게 진지하게, 몰두해서 읽혀지지는 않았을 것이다. 또한 그렇게 수많은 방법으로 해석되지도 않았을 것이다. 때문에 카프카 해설의 역사는 바로 문학 방법론의 역사이기도 하다. 『판결』은 특히 문학 텍스트의 해설 방식을 설명하는데 적합한 단편이다. 왜냐하면 이 단편은 수많은 전기적 요소, 소설의 구조 및 다양한 주제와 관련하여 항상 논의의 중심에 있기 때문이다. 그렇게 해서 『판결』은 펠리체 바우어와의 불행한 약혼의 소설화 시도로, 작가적 자신감의 표명으로, 부자갈등이 내재된 위계적 질서의 가족관계에 대한 비판으로, 성문제에 대한 논쟁 등으로 읽혀질 수 있다.[25)]

본고는 이 같은 여러 가지 해설 방식 중 특히 주인공의 동성애적, 이성애적 관계 및 부자관계, 친구관계 등을 통해 나타나는 자아분열 현상과 친구를 둘러싼 부자간의 갈등과 투쟁에 주안점을 두고, 자아인식과 자아의 소멸이라는 관점에서 판결의 의미를 살펴보고자 한다.

• 『판결』에 나타난 자아분열 현상

이 단편은 형식상의 폐쇄성과 내용상의 개방성으로 특징 지워 진다. 즉 사건의 진행이 형식상으로는 그 시작과 끝에 나타나는 강이라는 틀 구조 내에서 진행되고 있지만, 군데군데 비약적이고 해명할 수

25) O. Jahraus/S. Neuhaus(Hg.) 2002, 28-29.

없는 균열들을 내포하고 있다. 먼저 단편의 서두는 문학적 사실주의의 규범을 따르는 전통적 작품이라는 인상을 준다. 하루의 시간, 계절, 날씨 등으로 시작되는 첫 문장은 전형적인 소설의 시작으로서 사실주의 작가들의 작품들, 즉 고트프리드 켈러의 『옷이 날개다』, 테오도르 슈토름의 『임멘 호반』, 테오도르 폰타네의 『제니 트라이벨 부인』의 첫 서술을 연상케 한다.[26]

> 가장 아름다운 봄철의 어느 일요일 오전이었다. 젊은 상인 게오르크 벤데만은 강을 따라 길게 늘어선 나지막하고 가볍게 지어진, 거의 높이와 색깔로만 구분되는 집들 중 어느 한 집의 이층 자기 방에 앉아 있었다. 그는 지금 막 외국에 머무르고 있는 한 젊은 시절의 친구에게 보내는 편지를 끝낸 터였고, 그 편지를 장난치듯 천천히 봉하고는 팔꿈치를 탁자에 괸 채 창 너머로 강물과 다리, 그리고 연한 녹색을 띤 건너 편 강가의 언덕을 바라보았다. (D 43)

그러나 이야기가 진행되면서 차츰 전통적 소설에 대한 독자의 기대는 어긋나게 된다. 결국에는 텍스트가 일련의 수수께끼 같은 질문들을 던진다. 페터스부르크의 친구는 누구이며 무엇을 의미하는가? 주인공은 왜 그 친구에게 자신의 약혼 사실을 알리기를 그토록 주저하는가? 아버지가 한편으로는 친구의 존재를 부정하면서 다른 한편으로는 이 친구와 서신 연락을 하며, 그의 대리인이라는 주장은 어떻게 설명될 수 있는가? 아버지가 게오르크에게 내리는 엄하고 냉혹한 판결의 동기는 무엇인가? 왜 게오르크는 이 처벌을 받아들이며, 스스로 집행하는가? 게오르크는 죄 없는 희생자인가? 아니라면 그의 죄는 무엇인가? 본고는 이 같은 여러 의문점들에 대한 가능한 해명들을 텍스트 내용의 흐름을 좇아 모색해 보고자 한다.

게오르크 벤데만은 3년 전부터 러시아의 페터스부르크에 살고 있는

---

26) S. Vietta/H.- G. Kemper 1975, 287-288.

친구에게 망설임과 내면의 갈등을 겪은 후에 양심의 가책을 느끼며 자신이 좋은 가문의 딸인 프리다 브란덴펠트와 약혼을 했다는 내용의 편지를 쓴다. 여기서도 우리는 의문점을 갖게 된다. 자신의 약혼에 무슨 문제가 있기에 친구에게 그 사실을 알리는 것이 그토록 어렵단 말인가? 그리고 친구에게 약혼 사실을 알렸다는 것을 꼭 아버지에게 보고해야 하는 이유는 무엇일까? 왜 아버지는 이에 대해 그토록 회피적이고 모순된 반응을 보이는 것일까? 그리고 급기야는 아들과 약혼녀의 관계에 대해 그토록 분노를 터뜨리는 걸까?

> 그년이 치마를 이렇게 쳐들었기 때문에, 그 추잡한 년이... 그년이 치마를 이렇게... 쳐들었기 때문에 네가 그년한테 달라붙었다. 그리고 방해받지 않고 그년한테서 욕구를 채울 수 있기 위해, 네 어미의 추억을 더럽히고 친구를 배신했고, 네 애비를 꼼짝 못하도록 침대에 처박아 놓았다."(D 57)

게오르크가 양심의 가책 때문에 친구에게 약혼사실을 알리기를 주저하는 것, 이러한 양심의 가책에 대한 약혼녀의 과격한 반응("게오르크, 당신에게 그런 친구들이 있다면, 도대체 약혼 같은 건 하지 말았어야 하지 않았을까요."(D 48)) 등은 독자를 의아하게 만든다. 그러나 이 단편을 이성애적 소망과 동성애적 소망간의 갈등의 표현이라고 본다면, 그리고 자신의 성의 정체성에 대해 확신이 없는 한 남자의 어려움에 관한 이야기로 본다면 이 문제는 어느 정도 이해될 수 있을 것이다. 바로 게오르크와 약혼녀의 대화에서 게오르크에 내재한 이성애적- 동성애적 요인 사이의 성적(性的) 갈등이 표출되고 있다.[27] 게오르크 자신의 갈등을 투영하는 약혼녀의 과격한 반응은 이러한 관점에서 만이 이해될 수 있다. 친구가 가족이 없는 독신자이며, 게오르크와

---

27) Kaus 2004, 239.

약혼녀 사이의 방해요인이 되고 있다는 점, 그리고 그 친구가 자신의 결혼식으로 마음이 상하지 않을까 하는 게오르크의 염려, 또 게오르크가 친구를 배신했다는 아버지의 책망, 그리고 아들의 약혼에 대한 아버지의 격한 반응 등으로 미루어 볼 때, 친구, 게오르크, 아버지 이들 세 사람 모두가 상호간에 동성애적 성향을 보여준다고 할 수 있다. 따라서 잠재적인 부자간의 동성애 관계에서 본다면 약혼녀뿐만 아니라 친구 역시 아들의 사랑을 얻기 위한 다툼에서 아버지의 경쟁자가 된다. 그러나 아들의 약혼녀에 대한 이성애적 관계에 비추어 보면 친구와 아버지는 똑같이 게오르크로부터 기만당한 자들이다.[28]

물론 이 작품에서 보다 큰 비중을 차지하는 것은 게오르크의 신부에 대한 이성애적 관계 보다는 친구와 아버지에 대한 동성애적 관계라 할 수 있다. 그러나 이들 삼자 간의 실제의 성애적 관계가 문제되는 것이 아니라 형이상학적, 심리적 관계가 주요 관건이 되고 있다.

친구는 여기서 실제의 존재는 문제되지 않는 초현실적, 심리적 현실로 부각되고 있다. 처음에는 친구의 존재가 의문시 되다가("너는 페터스부르크에 친구가 없어... 어째서 하필 그곳에 친구가 있단 말이냐. 난 전혀 믿을 수가 없구나."(D 53)) 갑작스럽게 아버지의 동맹자("네 친구와 난 아주 훌륭하게 결합되어 있어."(D 58-59))로 떠오르는 것 역시 같은 맥락에서 친구라는 인물의 형이상학적 내면화로 이해될 수 있다.[29] 그렇게 해서 부재하는 친구는 게오르크 유년기의 원래-자아로, 또는 시민적이고 적응력이 있는 자아와는 대비되는 예술가적이고 고독한 카프카 자신의 자아로 해석될 수 있다. 말하자면 친구는 실체가 있는 인물이 아니라, 아버지와 아들이 공유하고 있는 어떤 추상적인 존재, 아버지와 아들의 관계가 의인화된 존재라 할 수 있

28) O. Jahraus/S. Neuhaus (Hg.) 2002, 136.
29) Kaus 2004, 240.

다. 카프카는 이와 관련하여 자신의 일기에서 “친구는 아버지와 아들 사이의 연결고리이다. 그는 그들의 가장 큰 공통점이다.”(T 491-492)라고 적고 있다. 카프카는 펠리체에게 보내는 편지에서도 이 소설의 친구에 대해 이렇게 언급한다.

> 친구는 거의 실제의 인물이 아닙니다. 그는 오히려 아버지와 아들에게 내재한 공통적인 존재일 겁니다. 이 이야기는 아버지와 아들의 주위를 순회하고 있으며, 친구의 교차하는 형상은 부자관계에서 나타나는 시각의 변화일 겁니다. (BF 396-397)

작가는 아버지에 관해서도 자신의 견해를 피력하고 있다. “이야기의 전개는 공동의 존재인 친구로부터 아버지가 뛰어나와 대립적 존재로서 게오르크와 마주하는 것을 보여줍니다.”(BF 491-492) 카프카에 따르면 아버지 역시 친구처럼 추상적 존재이다. 이렇게 본다면 게오르크 벤데만 만이 자신의 이름을 지닌 진짜 인물이다. 다른 인물들, 아버지, 어머니, 친구, 신부 등은 게오르크와 관련해서 기능하는, 그리고 그에게 종속된 유형적 존재에 지나지 않는다. 단지 신부는 좀 구별된다. 우리는 그녀의 이름을 알게 되지만, 그렇다고 그녀가 개성이 있는 인물이란 큰 비중을 차지하는 것은 아니다. 그녀는 게오르크의 생각과 편지 속에서 머물러 있을 뿐 아직 그의 존재에 관여한 것은 아니다. 언제든지 다른 유복한 가문의 처녀로 대체될 수 있는 유형일 따름이다.

이들 유형들 중에서 게오르크의 젊은 시절의 친구는 주인공과 함께 특별한 기능을 담당한다. 아버지의 입장에서 본다면 게오르크와 그의 친구는 아들-인물의 부분 자아들이라 할 수 있다.[30] (“나는 너의 친구

30) Kaus 1998, 272.

를 잘 알고 있지. 그가 내 마음에 드는 아들일거야."(D 56)) 그리고 이 작품을 카프카의 삶과 저술 사이의 갈등이란 관점에서 보면 게오르크와 그의 친구는 카프카의 정신분열적 자아가 밖으로 표출된 두 부분들이라 할 수 있다. 즉 러시아에 있는 친구는 작가, 정신적 인간, 또는 카프카의 순수 자아를 대표한다. 반면에 게오르크 벤데만은 결혼생활에 대한 카프카의 소망을 구현한다. 이들 양자 사이에서 게오르크의 아버지는 사업에 성공한, 그리고 결혼을 앞둔 게오르크를 파멸시키고 예술가적 풍모의 병약한 친구를 찬양한다. 우리는 여기서 사업가에 반대하고 작가의 입장을 옹호하는 헤르만 카프카와는 전혀 닮지 않은 아버지를 만나게 된다. 따라서 이야기에 나오는 페테스부르크의 친구와 아버지 간의 긴밀한 결합관계는 카프카 생전의 실제 상황과는 일치하지 않는다. 그러나 이 소설에서 카프카의 시민적 자아와 작가적(예술가적) 자아가 갈등을 빚는 것은 분명한 사실이다. 여러 가지 면에서 게오르크와 친구 사이의 관계는 작가의 서로 대비되는 두 가지 생존방식을 떠올리게 한다. 먼저 게오르크 벤데만과 페테스부르크의 친구는 시민생활의 요구조건에 대한 상반되는 반응을 보여준다. 친구는 시민 생활의 제도권으로부터의 탈출을 결심하고, 벤데만은 시민 생활의 권력구조에 적응코자 한다. 따라서 친구는 카프카가 지닌 비사회적 인간의 특성을 대표하는 반면에 게오르크는 결혼과 성공이라는 강박관념에 사로잡힌 시민적 자아를 구현한다.[31)]

또한 친구는 성공적인 상인으로의 자기 발전과정에서 억눌려질 수 밖에 없었던 게오르크의 원래의 자아, 즉 순진한 유아적 특성을 대표한다. 이 같은 특성의 친구는 카프카 자신의 아득한 어린 시절의 절대적 자아일지도 모른다. 나아가 황달을 앓는 총각, 외국에 살고 있

31) Gray 2003, 16.

는 이방인, 고독한 실패자인 친구[32]는 정처 없이 떠도는, 세상물정에 어두운, 정신적 존재의 표상으로서 독특한 카프카적인 메타퍼가 되는 것이다. 때문에 고향을 떠나 타국에서 유리되어 실패한 시민으로 살아가는 독신 친구를 카프카의 제2의 자아, 즉 그의 고립된, 부모의 집에서 해방된 작가적 존재의 모습으로 보게 되는 것이다.

• 부자갈등과 판결의 의미

장면이 바뀌어 게오르크가 좁은 복도를 통해 아버지의 방으로 들어가는 그 순간부터 독자는 차츰 더 깊숙이 비현실과 불가해의 미로 속으로 들어가게 된다. 앞에서 볼 수 있었던 문학적 전통은 이제 찾아볼 수 없다. 장면전환이 바로 줄거리의 전환점이 되면서 결정적인 문제들이 제기된다. 먼저 제기되는 의문은 '도대체 어째서 게오르크가 그의 아버지에게로 가는 걸까?'이다. 게오르크는 아버지가 자신의 행위에 대해 동의해 주기를, 즉 자신의 편지에 대한 아버지의 축복을 기대한다. 게오르크에게 이 편지는 특별한 의미를 지닌다. 그는 여기서 분명히 아버지의 후계자로서 성공적인 시민 생활을 영위하고 있음을 고백하고, 처음으로 젊은 시절 친구의 인생행로에 대한 내적 거리감을 분명히 하고 있기 때문이다. 이러한 배경에서 보면, 게오르크가 아버지에게로 가는 것은 그가 여전히 정신적으로 심히 아버지의 권위에 종속되어 있음을 말해주는 것이다. 아버지에게 남아 있는 것은 – 친구의 경우처럼 – 옛 추억들 뿐이다. 그는 아직 집에 있지만, 근본적으

32) 카프카가 『판결』을 쓰기 직전에 막스 브로트의 소설 『아르놀트 베어』(1912)가 출판되었다. 이 소설은 지성적이지만 변덕이 심한 서유대인이 아주 고령인 그의 할머니와의 만남을 통해 시온주의자가 되는 과정을 다루고 있다. 베어에게도 역시 젊은 시절의 친구인 필립 에씨히가 있다. 그의 누런 얼굴은 『판결』에 나오는 벤데만의 친구를 연상케 한다. 『판결』의 시작 상황이 브로트 소설의 제1부를 끌어온 것처럼 보인다면, 중간 부분은 그와 정반대로 진행되고 있다. 베어의 친구 에씨히는 타국에서 성공을 해서 돌아온다. 그는 타국에서 다시 태어난 것처럼 활력이 넘치고 자의식이 강한 모습이다 (Binder 1979, 278-279).

로는 친구처럼 고향이 없다. 아버지 역시 고향 사람들과의 사회적 교류도 없다. 그리고 홀아비로서 독신의 상태로 되돌아갔다. 독자들은 소설의 2부가 시작되는 이 시점에서 친구의 출현을 기대했을지 모른다. 그러나 아버지가 친구의 역할을 맡아 하는 한 친구가 직접 이 소설에 등장할 필요가 없다.

아버지는 창 밖을 내다보지 않는다. 그는 전망도 없이, 의사소통도 없이, 현재도 없이, 과거 속으로 되돌아가, 이 없는 입으로 살아가고 있다. 생존을 위한 영양섭취도 포기한 채 마치 감옥이나 무덤의 어둠 속에서 살아가고 있는 것 같다. 아버지의 방은 외부세계로부터 차단된, 즉 우리가 알고 있는 세계의 밖에 있는 공간이다. 아버지의 방에서 확인할 수 있는 물질적 존재의 해체는 절대적인 정신적 존재를 위한, 나아가 판관의 직(職)을 위한 전제일지도 모른다.[33] 먼저 두 사람의 만남을 통해 확인할 수 있는 것은 일련의 모티프들에서 나타나는 전도된 현상들이다. 즉 젊음이 노령으로 전도되고 있으며, 햇빛이 비치는, 푸릇푸릇한 강 저편의 확 트인 전망이 좁은 마당 저편의 어둠침침한 담장을 향한 시선으로 대치되고 있다. 미래를 내다보는 신랑 대신에 과거에 집착한 홀아비를 보게 된다. 독신의 고독을 피하고자하는 게오르크가 홀아비의 고독과 마주하고 있다.[34]

사업상으로도 게오르크는 이미 아버지보다 우위에 있으며, 그의 약혼 역시 홀아비인 아버지에 대한 승리의 첫걸음을 의미한다. 이제 그는 집 안에서 아버지의 방과 가장의 권위를 자기 것으로 함으로써 승리를 확정짓고 아버지의 대리인이 되고자 한다. 이 같은 역할 바꾸기가 바로 오랫동안 출입이 없었던 아버지의 방을 찾은 보다 중요한 목적이다. 아버지가 게오르크에게 진실을 촉구하자("게오르크야, 나를

33) W. Zimmermann 1974, 189.
34) Speiers 1994, 102.

속이지 말아라... 너 정말 페터스부르크에 그런 친구가 있느냐?"(D 52)) 아들은 갑자기 아버지를 돌보고자 하는 효심에 사로잡힌다. ("우린 아버지를 위해 다른 생활방식을 도입해야겠어요. 근본적으로요. 아버지는 여기 어둠 속에 앉아 계신데 거실에 계시면 따뜻한 볕을 쪼이실텐데. 아침도 원기를 돋우기 위해 제대로 드시지 않고 아무렇게나 한 술 드십니다. 아버진 창문을 닫은 채 앉아 계신데, 바람이 통한다면 아버지에게 아주 좋을 텐 데요. 안돼요, 아버지! 전 의사를 불러오겠어요. 그의 처방을 따라야 해요. 우리 방을 바꾸도록 해요. 아버지가 앞방으로 오시고 제가 여기로 오지요."(D 52-53)) 게오르크의 아버지에 대한 갑작스러운 효심은 도덕적 자각이나 새로운 이타주의적 생각에서 비롯된 것이 아니다. 그의 제안들 -이를테면 의사의 왕진이나 방 안의 환기 등-은 아버지의 뜻과는 전혀 다른 그분의 생활방식에 대한 새로운 규정을 도입코자 하는 시도이다. 그래서 게오르크는 돌본다는 구실 하에 아이에게 그들의 권력을 행사하는 부모의 역할을 맡아 하고 있다. 이 같은 게오르크의 권력증대에 상응해서 방금까지만 해도 거인 같았던 아버지의 급속한 쇠퇴 현상이 일어난다.[35)]게오르크는 아버지를 돌보는 동안 자애로운 어머니의 입장을 취한다. ("이제 아버지를 침대에 좀 눕히겠어요. 아버진 절대 안정이 필요해요. 오세요, 옷 벗는 것을 도와 드리겠어요"(D 53)) 아들은 마치 어머니처럼 아버지를 품에 안고 침대로 가면서, 자신의 여성적인 면을 행동으로 보여준다. 아버지는, 게오르크가 옷을 벗기고 침대로 데려가는 동안, 아주 쇠약한 상태에 있다. 이 옷을 벗기는 과정에서 아버지는 어린아이로의 본질적인 퇴행과정을 밟고 있는 것이다. 이 부분에서 아버지 벤데만은 늙은 아이의 행동을 보여준다. 그의 더러운 속

35) Bartels 1982, 245.

옷은 어린 아이의 기저귀를 연상케 한다. 더욱이 아버지가 그의 품에서 아이처럼 시계 줄을 갖고 놀자, 게오르크는 끔찍스러운 느낌이 든다.[36] 게오르크는 이 순간 아버지가 되고 늙은 벤데만은 아들이 되는 것 같다. 아버지가 바로 직전에 아들에게 여전히 거인으로 보였고 그의 진실에 대한 촉구가 아들을 당황하게 한 후에, 이 같은 변화는 놀라울 따름이다. 게오르크는 아버지를 침대 −침대는 이 순간 형이상학적으로 무덤과 동일시되고 있다− 에 누이고서는 두 번씩이나 그가 이불에 잘 덮였다는 것을 확인해줘야 한다. ("잘 덮여졌으니 안심하세요"(D 55)) 그는 아버지에게 이불이 아니라, 마지막 안식을 위한 수의를 덮어주는 것 같다.

> 아니다! 하고 아버지가 대답과 질문이 충돌하듯 소리쳤고, 일순간 이불이 휘날리며 완전히 펼쳐질 정도로, 힘차게 젖히고 나서는 침대에 똑 바로 섰다. 한 손만을 그는 가볍게 천장에 대고 있었다. "너는 나를 이불로 덮으려고 했다. 나는 안다. 내 새끼야. 그러나 나는 아직 덮이지 않았어. 그리고 이게 내 마지막 힘이긴 해도 너에겐 충분하다. 지나치게 많은 힘이다."(D 56)

이불을 내동댕이치고 침대에서 벌떡 일어서는 것은 흡사 무덤에서 부활하는 것과 같다. 여기서 이불은 관 뚜껑이나, 묘석판을 의미한다.[37] 아버지는 게오르크가 자신을 이불로 덮는 행위를, 자기를 제거하고 산채로 파묻고자 하는 시도로 파악한다. 때문에 아버지의 힘찬 부활은 아들의 이 같은 시도를 폭로하는 행위로서 새로운 이야기의 전환점을 형성한다.

앞서 게오르크의 아버지에 대한 외견상의 배려에서 우리는 언뜻 사

---

36) 여기서 시계줄은 양자의 연결을 표현한다. 아버지는 연결을 끊으려 하지 않는다. 아들은 분리를 위해 애를 쓰고 또 시간이 필요하다. 원하지도 않았는데 침대에 뉘어진다는 것은 아버지에겐 금치산 선고를 의미한다. 아들은 연결을 끊으려하고, 아버지는 산채로 파묻힐 위기에 처한다 (A. Weber/C. Schlingmann, G. Kleinstadt 1973. 35).

37) A. Weber/C. Schlingmann, G. Kleinstadt 1973, 36.

랑스럽고 헌신적인 아들의 모습을 보는 듯 했다. 그러나 이것은 그의 존재의 겉모습일 뿐이다. 보다 근본적으로는 그는 악마 같은 인간이다. 왜냐하면 이러한 배려 뒤에 실제로는 아버지에 대한 무관심과 이기심이 숨겨져 있기 때문이다. 게오르크의 부자연스러운 사랑 표현은 자신의 아버지에 대한 지배 의지를 숨기고자 하는 위장술에 다름 아니다. 이 순간부터 게오르크는 실제로 사형선고를 받은 자이다. 왜냐하면 그의 죄, 즉 아버지를 파묻고 그의 권위를 탈취하고자 하는 은밀한 소망이 명백히 드러났기 때문이다. 이로써 아버지의 사형선고는 정당화 된 것인가? 그렇다. 게오르크가 자신의 물질적 기반을 확고히 하고 새로운 독자적인 가정을 꾸리고자 아버지에 대한 금치산 선고를 꾀하는 것이 분명하지 않는가? 자신이 악마적인 인간이었다는 고발을 정당한 것으로 인정하지 않을 수 없었기 때문에, 게오르크는 아버지의 판결을 받아들이는 것이다.[38] 그러면 판결의 의미를 보다 구체적으로 살펴보자.

갑작스럽게 반전된 부자관계는 아버지가 판결을 내릴 수 있는 틀을 형성해준다. 이제부터 부자간의 대화는 아버지가 판사의 역할을 하고 마침내 판결을 내리는 심문과 같다.

> 너 외에도 뭔가 더 있다는 것을 이제 알겠지. 지금까지 넌 너밖에 몰랐어! 너는 본래 순진한 아이였지만, 보다 근본적으로는 악마 같은 인간이었어! – 때문에 명심해라: 난 지금 너에게 익사형을 선고한다! (D 60)

이 핵심부분, 즉 '선고'는 특별히 신중한 해석을 필요로 한다. 첫 번째 문장은 자아의 세계에만 사로잡혀 있는 자기중심적 태도에 대한 비난을 담고 있다. 아버지의 판결에 의하면 인간의 성숙은 자아의 세계에서 뛰쳐나와 자신의 외부에 존재하는 것에게 스스로를 열어 보일 수

---

38) Gray 2003, 34-35.

있는 능력을 의미한다. 두 번째로 사형선고를 받는 것은 사업상의 성공을 위해 원래의 자아를 축출한 "악마 같은 인간" 게오르크이지, 본래의 게오르크였던 순진한 유아, 즉 친구가 아니다. 그에게 내려지는 판결은 잃어버렸던 자신의 절대적 존재에 대한 마지막 자아인식이다. 그가 곧바로 이의 없이 집행하기 때문에, 아버지의 판결은 자신의 내면의 목소리와 동일하다. 즉 아버지는 게오르크의 대변자인 셈이다. 때문에 판결문은 일인칭 형식으로 바꿔 표현해도 무방하다. "이제 나는 나 외에도 뭔가가 있다는 것을 알게 된다. 지금까지는 나 자신만 알았었다! 나는 사실은 순진한 아이였는데, 그러나 더 근본적으로는 악마 같은 인간이었어! 이제 나는 나에게 판결을 내린다..." 게오르크는 판결에서 인식과 진실, 그리고 성숙에 이르게 된다.

아버지의 판결이 아들에게 미치는 영향은 기이한 느낌을 준다. 게오르크는 어떤 비밀스러운 힘에 의해 방에서 내쫓기듯 문 밖으로 뛰쳐나간다. "차도를 지나 강물 쪽으로 내쫓기듯 문 밖을 뛰어 나갔다. 이미 그는 굶주린 자가 음식물을 움켜쥐듯 난간을 단단히 붙들고 있었다."(D 61) 아들은 아버지가 내린 사형선고를 스스로 집행하면서[39] 동시에 부모에 대한 사랑을 고백한다. "부모님, 저는 그래도 언제나 당신들을 사랑했었습니다."(D 61)

아버지의 사형선고와 게오르크의 자살행위[40]에 앞서 아들은 아버지가 죽기를 소망했었다. ("그가 쓰러져서 박살이 났으면!"(D 58)) 이 같은 소망의 근저에는 증오, 불안, 반항 그리고 아버지에 대한 살해

39) 문학사가는 표현주의 작가들인 브론넨, 하젠클레버, 조르게 그리고 베르펠의 작품에서도 폭군과 같은 아버지의 형상이 나타나기 때문에, 자연히 카프카와 표현주의의 관계를 떠올리게 된다. 그러나 이들 작품과 비교했을 때 결정적인 차이는 바로 아들의 아버지에 대한 행동에 있다. 게오르크는 아버지에게 반항하지 않고 그의 판결에 복종한다 (W. Zimmermann 1974, 183).

40) 그가 다리에서 뛰어 내려 스스로 아버지의 판결을 집행하는 것은 맹목적인 복종행위라기 보다는 자신의 자아발전 행위를 인정해주어야 했을 아버지의 과격한 거부로 인한 절망감에서 비롯된 자실행위로 보는 견해도 있다(O. Jahraus/S. Neuhaus (Hg.) 2002, 74-75).

의지 등 오이디푸스 콤플렉스가 깔려 있다.[41] 실제로 게오르크가 방을 떠나는 순간 아버지는 침대 위로 쓰러진다. 마치 판결의 위력이 아버지와 아들에게 균등하게 작용하는 것 같다. 결과적으로 두 번의 사형선고가 내려진 셈이다. 그러나 부자갈등의 극복이란 관점에서 본다면, 아들이 강에 뛰어들기 직전 아버지의 죽음은 양자 간의 화해로 해석될 수도 있다. 부자간의 갈라진 세계가 죽음을 통해 하나로 되고 있다. 갈등의 진정한 해결로서의 죽음이란 카프카 문학의 근본주제가 여기서 처음으로 부각되고 있다. 이와 관련하여 게오르크의 죽음에서 확인할 수 있는 또 다른 심층심리학적 요소는 바로 마조히즘적 성향이다. 이는 다시 말해 고통, 처벌, 그리고 파멸에 대한 소망을 의미한다. 도덕적으로는 이를 이기심과 반항의 죄를 속죄하고 싶은 소망으로 표현할 수 있을 것이다. 죽음에 존재를 내맡김으로써, 이기심으로 인해 자기 자신에게서 소외된 자아가 다시 원래의 자신과의 합일에 이르게 되는 것이다. 이 같은 합일은 근원으로의 회귀, 즉 유년시절의 순진함으로의 회귀를 의미한다.[42]

• 맺는 말

게오르크 벤데만은 죽지만 친구는 살아남는다. 카프카의 문학적 환상은 성공적인 직업인이며 장래의 가장이 될 게오르크를 죽이고, 순수한 작가적 존재는 계속 살아남게 한다. 이처럼 카프카는 『판결』을

41) 정신분석이 특히 관심을 갖는 주제, 모티프, 상황 등이 이 소설에서도 쉽게 발견될 수 있다. 애정, 증오, 죄의식, 처벌에 대한 환상 등이 뒤얽힌 아버지, 아들, 어머니 사이의 가족관계 등은 오이디푸스 콤플렉스를 다루는 드라마의 특징적 요소이기도 하다. 카프카는 자신의 일기에서 이렇게 적고 있다. "이 이야기 『판결』을 나는 22일에서 23일에 이르는 밤에, 즉 저녁 10시에서 새벽 6시까지 단숨에 썼다(...)글을 쓰는 동안 많은 감정들이 교차했다(...)프로이트에 대한 생각들도 물론." (T 461.) "프로이트는 물론"이라는 표현은 카프카가 프로이트의 기본 사상을 개인적으로 수용했음을 증명한다. 아들의 약혼녀와의 관계를 사랑하는 어머니와의 관계에 대한 암호화로 해설한다면, 이 이야기에는 분명히 정신분석에서 말하는 오이디푸스콤플렉스의 상황이 존재한다. (O. Jahraus/S. Neuhaus 2002, 134).

42) W. Zimmermann 1974, 195-196.

통해 자신의 운명을 문학적으로 선취하고 있다. 그는 운명을 실제의 삶에 앞서 정신적으로, 환상 속에서 먼저 실천하고 형성한다. 카프카에겐 경험적 삶이 신빙성이 없는 허구적 현실인 반면, 문학은 그의 참 현실이고, 참 인생이다. 이러한 점에서 『판결』은 카프카 자신의 미래를 스케치한 우화라 할 수 있다. 나아가 그의 문학은 자신의 내면의 생을 투영하는 것으로 그에게는 생의 필수조건이었다. 거대한 아버지가 외아들을 익사형에 처하는 『판결』을 카프카는 자신의 독자적인 문체와 창작의 이상을 실현시켜준 결정적인 작품으로 보았다. 『판결』은 이처럼 카프카 문학에 있어서 돌파구를 연 작품일 뿐 아니라 이 이후의 위대한 소설들의 근간이 되는 작품이었다. 특히 『소송』과 『성』 등 장편소설들에 나타난 저 기이한 관료주의 역시 『판결』에 나타난 무력한 자아와 막강한 권력의 대립이란 기본구조의 환상적 발전과 변화에 다름 아니다.

2.2 『변신』

• 서언

『변신』은 『판결』과 함께 카프카의 소설들 중에서 가장 많이 논의된 작품이다. 『판결』에 이어 1912년 11/12월에 완성된 『변신』은 3년 후인 1915년 10월에 처음으로 르네 쉬켈레가 발행하던 월간지 「백지」에 발표되었고, 다음 달 단행본으로 쿠르트 볼프 출판사에 의해 간행되었다. 집필 및 간행 시기가 표현주의 문학의 핵심 시기에 해당되고 표현주의의 대표적 잡지와 출판사를 통해 세상의 빛을 보게 됨으로써 『변신』은 동시대인들에 의해서 표현주의적인 작품으로 수용되었다. 이에 본고는 표현주의 문학의 주요 주제들에 속하는 소외와 탈출, 부자갈등 등이 카프카의 대표적 단편인 『변신』에서 어떻게 표출되고 있는지 다른 주요 표현주의 작가들의 작품과 비교하면서 구체적으로 고찰하고자 한다. 아울러 서술기법 면에서도 상호 어떤 유사점이 있는지가 역시 논의의 대상이 될 것이다.

• 변신과 소외

카프카의 작품과 관련하여 가장 먼저 떠오르는 개념은 기계화된 산업사회에서 느끼는 현대인의 소외감정이다. 『변신』에 앞서 1907년에 완성된 초기 단편 『상인』에서는 자기 직업의 노예가 된 한 소 상인의 내적 독백을 통해 인간성이 상실된, 기계화된 일상에서 느끼는 끔찍스러운 고독이 소외의 본질로서 강조되고 있다. 이 단편에서 우리는 카프카 작품의 모체로서 극복할 수 없는 고독의 뿌리와 그 표현형식을 분명히 인식하게 된다. 소외와 고독의 소 비극이라 할 수 있는 이 단편은 카프카 특유의 정확한 사실주의적 세부묘사가 두드러진 작품이다.[43)]

소외와 관련된 또 다른 주제인 변신 역시 카프카의 초기 작품 『시골에서의 결혼준비』에서 나타나고 있다. 이 단편에서 주인공 라반은 시골의 약혼녀를 방문하는 번거로움을 피하기 위해 자신의 몸이 두 부분으로 분열되기를 소망한다. 자신의 실제 자아는 해충으로 변해 침대에 누워 무책임의 상태에 빠져들고, 거짓 자아가 시골로 달려가 약혼녀에 대한 의무를 다한다는 것이다. 『변신』에서는 해충이 되겠다는 어린애 같은 소망, 즉 라반의 백일몽이 그레고르 잠자 의 비밀스러운 운명으로 나타나고 있다. 그러나 그레고르의 변신은 라반의 변신과는 정반대로 진행되고 있다. 왜냐하면 그레고르는 동물로의 변신을 전혀 원치 않았기 때문이다. 오히려 변신은 끔찍스럽고 이해할 수 없는, 낯선 것으로서 그를 엄습한다. 그는 라반처럼 자신의 자아와 해충을 동

43) 김충남 2003, 195.

일시할 생각도 없다. 그레고르의 형상은 자신의 본질적 자아를 표현하는 하나의 은유로서, 그리고 동시에 실제의 사실로 다루어지고 있다.[44] 즉 그의 변신은 다시 깨어날 수 있는 흉몽이 아니라 냉엄한 현실이다.

> 그레고르 잠자가 어느 날 아침 불안한 꿈에서 깨어났을 때, 자신이 침대에서 한 마리의 흉측한 해충으로 변해 있음을 발견했다. (D 115)

갑작스로운 해충의 형상은 분망하고 분업화된 노동과정에서 소외된 자아의 비유적 표현으로 서, 일상세계와 자아 사이의 근본갈등이 표출된 것이라 할 수 있다. 회사에 의해 소모품처럼 사물화된 그레고르의 변신은 야콥 판 호디스 의 시 『세계의 종말』에 나타난 두 동강나는 인간들, 하임의 표현주의 시들에서 볼 수 있는 실체를 상실한 주체들, 벤의 『시체공시장』 시들에서 확인할 수 있는 단순한 고기 덩어리들로서의 인간의 사물화를 훨씬 능가하고 있다.

독자를 경악케 하는 『변신』의 첫 장면은 『소송』의 첫 장면과 너무나도 유사하다. 『소송』에서도 요제프 카가 관계당국에 의해 불시에 기습당하는 일이, 그레고르의 경우처럼, 늦잠을 자고 침대에서 일어난 다음에 벌어진다. 카프카의 소설들은 대개 자기 망각 내지 경악의 순간과 더불어 시작된다. 잠에서 깨어난 직후 비몽사몽간에, 전혀 준비되지 않은 상태에서 요제프 카는 기습적으로 체포된다. 그레고르의 변신 역시 갑작스러운, 예견되지 못한, 그리고 예견할 수 없는 사건으로서 마른 하늘에 날벼락 같은 것이다. 이렇게 요제프 카나 그레고르 잠자 둘 다 그들의 일상적인 생활 및 존재권에서, 직업활동 등의 익숙한 시공간적 연속에서 갑자기 떨어져 나오게 된다.[45]

---

44) Sokel 1970, 63-64.
45) Emrich 1965, 192.

또 하나의 눈에 띄는 현상은 그레고르에게 변신의 원인을 규명하려는 의지나 호기심이 없다는 점이다. 이는 『소송』에서 요제프 카가 자신의 체포에 대한 진짜 이유를 규명하려고 시도하지 않는 것과 마찬가지이다. 때문에 변신은 처음부터 하나의 수수께끼 같은 해명할 수 없는 사건으로 나타난다.[46] 그레고르 잠자 역시 명확하게 규정할 수 없는 존재라는 것이 첫 번째 문장의 분석에서 나타나고 있다. 여기서 자신이라는 재귀대명사는 분열된 그레고르에게 주의를 기울이게 한다. 주어인 그 (그레고르의 인간으로서의 의식을 의미하는)가 목적어인 자신 (동물로 변한 외관을 의미하는)을 인지하는 것이다. 이처럼 그레고르는 초기 표현주의 작품에서 흔히 볼 수 있는 개인의 다의적이고 정의 내릴 수 없는 육체적-정신적 존재방식에 구체적으로 상응하는, 문학적으로 형상화된 흉물이라 할 수 있다.[47] 그는 새로운 그로테스크한 존재형식으로 인한 육체적 불편을 느낄지 모르지만, 그의 생각은 여전히 이전의 외판사원으로서의 생활과 이와 관련한 일상적 자극과 걱정들의 주변을 맴돌고 있다. 그레고르는 정신적인 면에서 여전히 이전과 같은 인간으로 존재하며, 그에게 변신은 불운하긴 하지만 우연한 일시적 사건으로 여겨진다. 그러나 주변 인물들은 단지 그의 흉측스러운 외관과 동물적 표현형식 때문에 그에게 어떠한 배려나 도움도 거부하며 오로지 어떻게 하면 자신들을 이 끔찍스럽고 낯선 존재로부터 지킬 수 있을지 만을 생각한다.[48] 그러는 가운데도 그레고르의 인간으로서의 의식은 계속 유지되며, 변신의 결과로 생겨나는 개인적 문제들을 경험하고 성찰한다.

그는 철갑처럼 딱딱한 등을 대고 누워 있었는데, 고개를 약간 들면, 활 모양의

46) Sokel 1973, 284.
47) Kempf 1990, 337.
48) Wiese 1962, 334.

각질로 나뉘어진 불룩한 갈색의 배가 보였고, 그위에 이불이 완전히 미끌어질 정도로 겨우 걸려 있었다. 다른 부위의 크기와 비교해 볼 때 형편없이 가느다란 그의 수많은 다리들이 눈 앞에 맥없이 허위적대고 있었다.

「나에게 무슨 일이 일어난 것일까?」 하고 그는 생각했다. 꿈은 아니었다. (D 115)

처음 문장들은 화자의 관점에서 쓰여졌다 할지라도 개인적 논평이 배제된 객관적 묘사는 놀라울 정도이다. 행이 바뀌면서 관점도 그레고르의 것, 즉 인물관점으로 바뀐다. 이후 체험화법과 내적 독백이 독자로 하여금 그레고르의 사고를 일별케 한다. 그리고 그레고르가 자신이 처한 상황을 극복코자 시도하는 가운데 독자는 주인공의 성찰과 소외된 상황 사이의 긴장관계를 인식하게 된다.

「좀 더 계속 잠을 자면서 이 모든 어리석은 일들을 잊어버린다면 어떨까」하고 생각했으나 전혀 그렇게 할 수가 없었다. (D 116)

그는 낯선, 소외된 상황을 어처구니없는 짓으로 떨쳐버리려 하지만, 변화된 신체적 현실로 인해 곧 다시 그 상황으로 되돌아온다.

그는 백 번쯤 그 같은 시도를 해 보았고, 허우적거리는 다리들을 보지 않으려고 눈을 감았다가 옆구리에서 지금껏 느껴보지 못한 약간의 둔중한 고통을 느끼기 시작했을 때야 비로소 그만 두었다.

「아 맙소사」 그는 생각했다. 「이 무슨 고된 직업을 나는 택했단 말인가!」 (D 116)

여기서 눈을 감는 일과 직업에 대한 생각은 이전의 존재 및 사고형식에 집착코자 하는, 그리고 자신의 소외된 형상을 자기와 타인들로부터 감추고자 하는 시도의 일환이다.

동물로의 변신은 언어의 상실, 음식물 섭취와 공간적 이동에 있어서의 변화를 의미하지만, 그레고르의 의식은 순수한 인간적인 것이고, 주변의 인간적 행위나 대화를 인식하고 이해할 수 있다. 그레고르는 흉측한 동물로 변했지만 인간 그레고르이기를 포기하지 않는다. 또한 사람들이 그를 이해할 수 있는 한 그는 완전한 동물은 아니었다. 그러나 인간의 음성을 상실하고 난 다음 다른 사람들은 그의 인간으로서의 존재를 더 이상 파악할 수 없다. 정신적으로도 그는 더 이상 이들에게 영향을 미칠 수 없다. 그는 자기 자신을 계속해서 인간적인 존재로 생각하지만, 세상 사람들에겐 완전한 해충으로 인식된다. 그레고르의 비극은 그가 인간처럼 느끼고 생각하지만, 다른 사람들은 이러한 인간 존재를 인식하지 못하는 데에 있다.[49] 그레고르와 주변 세계와의 인간적 의사소통이 단절되는 결정적 요인은 바로 음성의 변형이다.

> 「그건 짐승의 목소리였습니다」하고 지배인이 말했는데, 어머니의 비명에 비해 너무나도 낮은 음성이었다. (D 131)

1부에서 그레고르의 변신으로 인한 경악을 겪고 난 후, 가족들은 이어지는 2부에서 이 같은 변신에 적응하고자 노력한다. 어쩌면 그레고르를 인간의 모습으로 다시 변화시킬 수 있는 것은 가족의 무조건적인 관심과 배려일지 모른다. 그러나 가족은 변신의 초기에 반인 반수의 상태였던 그레고르를 완전한 짐승으로 만들어버린다. 그레고르 역시 자신의 변신을 기정사실화 한다.

> 그리고는 그는 기분풀이로 벽과 천장을 종횡으로 기어다니는 습관을 들였다. 특히 그는 천장에 매달리기를 좋아했다. 그건 마룻바닥에 누워 있는 것과는 전혀 달랐다. 숨쉬기가 더 자유로웠다... (D 159)

---

49) Sokel 1973, 279.

그레고르의 동물로의 변신은 가족과 사회의 속박과 강요에서 벗어나 자유를 향해 탈출한다는 긍정적 의미도 지니고 있다. 해충으로 변한 그레고르가 누이의 바이올린 연주를 듣는 장면에서 다음과 같은 결정적인 문장이 나타난다. 카프카는 체험화법을 통해 그레고르로 하여금 직접 말하게 한다.

> 음악이 이토록 그에게 감동을 주는데도 그가 짐승이란 말인가? 마치 동경해 마지 않던 미지의 양식에 이르는 길이 그에게 열리는 것 같았다. (D 185)

여기서 비로소 동물로의 변신이 갖는 의미가 분명해진다. 중요한 것은 지상에 없는 "미지의 양식", 즉 그레고르가 갈망하는 비물질적, 정신적 양식인 것이다. 그레고르의 변신의 궁극적 의도는 미지의 양식에 대한 동경에서 비롯된 자유로의 탈출이다.[50] 음악은 그레고르에게 동물적 감금상태를 벗어날 수 있는, 동경해 마지않는 구원에 대한 상징이다. 이 단편에서 핵심적인 의미를 갖는 이 문장은 일차적으로는 성애적 동경의 목표로서 그레테에게 이르는 길이, 다음으로는 추방당했던 가족의 품으로 들어가 다시 가족의 구성원이 될 수 있는 길이 열린다는 것으로 해석될 수 있다. 그러나 이러한 탈출이나 동경이 아무런 긍정적인 결과를 가져오지 못한 채, 3부에서 그레고르는 차츰 잊혀지고 쇠약해진다. 그리고 인간 공동체로부터 완전히 소외당하게 된다. 새 가정부는 그를 말똥구리로, 누이동생은 저것 또는 괴물 이라 부른다. 결국 가족 공동체로부터도 추방당하고 만다. 가정부가 처음으로 죽은 그레고르를 발견한다.

> 좀 와서 보세요, 이게 뒈졌어요, 저기 누워 있어요, 아주 완전히 뻗었어요! (D 194)

---

50) Emrich 1963, 124.

이 단편의 무서운 진실은 가장 아름답고 애정에 찬 인간관계도 기만에 기인한다는 인식이다. 부모는 사실상 아들의 희생을 전혀 필요로 하지 않았다. 아버지는 그레고르가 알고 있는 것 보다 많은 돈을 지니고 있었으며, 그렇게 병약하지도 않았다. 가족의 소박하고 평화로운 목가적 풍경은 모두가 거짓이었으며 어디에도 진실은 없었다. 그레고르가 "뒈지자" 거짓된 목가적 풍경은 더 고조된 형태로 거리낌 없이 계속된다.[51]

그러면 단편의 3부 전체에서 핵심적인 역할을 하는 해충 그레고르는 어떻게 해석되어야 할까? 해충은 한편으로는 인간에게 유해하고 공격적인 흡혈동물로, 다른 한편으로는 쉽게 짓밟아 버리거나 으깨어 버릴 수 있는 가엾은 미물로 해석될 수 있다. 변신한 그레고르는 결코 공격적이거나 인간의 피를 빨아먹는 해충이 아니다. 그는 피가 아닌 음식물 쓰레기를 먹고 살아간다. 말똥구리라는 하녀의 표현에서도 독자는 그레고르가 공격적이지 않는, 그냥 혐오감을 주는 바퀴벌레 같은 존재라는 인상을 받는다.[52] 따라서 해충 잠자를 진짜 해충으로 해석하는 것은 무의미한 일이다. 카프카는 쿠르트 볼프 출판사가 오토마르 슈타르케에게 부탁하여 해충이나 말똥구리를 『변신』의 표지화로 그리려는 의도에 대해 분명히 반대의사를 표명했다. 그는 1915년 10월 25일 볼프에게 보낸 편지에서 "곤충 자체는 그려질 수 없습니다. 그것은 멀리에서도 결코 보여 질 수가 없습니다."(B 135-136)라고 적고 있다. 주인공은 결코 그려질 수도, 그려져서도 안 된다는 것이다. 결국 슈타르케의 삽화는 두 손으로 얼굴을 가리고 문 옆에 서 있는 잠옷 입은 남자를 보여준다. 문은 한 틈만큼만 열려 있어서 한 줄기 어둠만이 나타난다. 주인공은 정확히 파악할 수도, 정의 내릴 수

51) 잠자가 죽고 난 후 모처럼 만에 가족이 함께 소풍가는 『변신』의 마지막 부분 참조.
52) Sokel 1973, 282-283.

도 없는 일종의 어두운 그림자 같은 존재이다. 파악할 수 없는 것, 그림자 같은 존재는 초기 표현주의에서 말하는 자아 정의의 기준이 아닐까? 표현주의 서정시의 개체는 종종 극도의 자기 소외 상태에서 자신을 일종의 그림자 같은 존재로 느낀다. 트라클은 1912/13년에 발표한 『깊은 데서』라는 시에서 소외로 유발된 서정적 자아의 해체를 표현하기 위해 이와 같은 그림자 상을 이용한다.[53)]

> 나는 멀리 떨어진 어두운 마을에서 하나의 그림자[54)]

말하자면 해충의 존재는 근대 산업사회에서 뿐 아니라 가족 내에서도 절대적으로 소외되고 무가치한 것으로 되어버린 인간의 자아와 동일시된다. 소외는 주지하는 바와 같이 불안, 광기와 함께 초기 표현주의 문학의 핵심 개념이다. 에른스트 블라스는 『소외』라는 시를 썼으며, 베르펠의 시도 『우리는 지상에서 모두들 이방인』이라는 제목을 달고 있다. 트라클은 자신의 시들에서 "낯선", "낯선 사람", 그리고 "이방인"이란 단어들을 자주 사용한다. 카프카는 종종 일기 등을 통해 자신의 내적 존재의 끔찍스러운 불안에 관해 이야기하고 있으며, 자기는 가족 내에서 "낯선 이보다 더 낯설게" 살고 있다고 피력한다.[55)] 자전적인 체험을 담고 있는 『변신』이 동시대인들로부터 표현주의 소설로 이해된 까닭은 소외라는 주제 외에도, 이 단편이 표현주의의 대표적 출판사인 볼프사가 펴낸 신독일 작가 시리즈 「최후 심판의 날」의 별쇄본으로 출판되었기 때문일 것이다. 여기에는 카프카의 작품 외에도 슈테른하임의 『나폴레옹』, 카지미르 에트슈미트의 『광란의 인생』 등도 포함되어 있었다. 그러면 이제 카프카의 『변신』을 표현주의의 특징적

53) Kempf 1990, 337.
54) Pinthus(Hg.) 1959, 65.
55) Anz 1982, 17.

주제와 관련하여 보다 구체적으로 살펴보자. 카프카의 『변신』을 비롯한 우화들은 주로 개인이 직업사회에서의 기능화 된 역할, 즉 소외된 상황으로부터 탈출하는 것을 묘사하고 있다. 특히 소외의 경험은 초기 표현주의 (1910-1914)의 개체에 있어서 전형적인 현상이다. 이 개체에게는 기계적으로 굴러가는 주변세계가 여러 가지 요인들로 인해 낯설게 느껴진다. 이들 요소들은 본질적으로 경제적, 사회적 성격을 지닌 것으로 가속화되어가는 산업화, 대도시인들의 집단화와 익명성, 분업화되는 생산과정, 경직된 자본주의 사회질서 등으로 개인의 가족 및 주변세계로부터 소외를 야기한다. 주인공들은 이러한 소외상태로부터 탈출하려고 하지만, 그 시도는 종종 체념 속에서 실패로 돌아가거나 완전한 숙명적인 부자유로 끝나고 만다. 주변세계에서 느끼는 소외가 결국엔 자기소외, 자아분열, 자아붕괴로 바뀌게 된다.[56] 따라서 표현주의 문학의 대상은 개체의 완전한 탈출이나 절대적 해방이라기 보다는, 종종 체념과 절대적 부자유로 끝나고 마는, 단지 탈출의 시도에 지나지 않는다. 그레고르 잠자의 생산 및 책임구조로부터의 해방시도 역시 결국엔 자신의 변형에 노예처럼 종속되는 것으로 끝나고 만다.[57]

• 소외로부터의 탈출

초기 표현주의 문학에 등장하는 주인공의 의식의 상태를 이러한 탈출시도와 관련하여 도식화 한다면 소외-탈출-자아분열의 3단계로 나타낼 수 있을 것이다. 게오르크 카이저의 드라마 『아침부터 자정까지』가 이 3단계 과정을 견본적으로 보여준다. 이 드라마는 대표적인 표현주의 작품으로 간주되기 때문에 『변신』에 나타난 주제와 형식면

56) Kempf 1990, 328.
57) Knapp 1979, 98-99.

에서의 표현주의적 요소를 확인하는데 큰 도움이 될 것이다. 한 이태리 귀부인과의 만남이 계기가 되어 무기력한 상태에서 깨어난 출납계원은 건설조합이 예치한 6만 마르크를 횡령하고서는 참 인생을 찾겠다고 자신의 직장인 감옥과 같은 은행에서 탈출한다. 2부 7장으로 구성된 이 드라마의 첫 장면은 매일같이 반복되는 기계적인 업무로 인해 완전히 소외감을 느끼며 살아가는 은행원의 황량한 삶을 보여준다. 그의 유일한 의사소통 수단은 반복해서 카운터 위를 두드리는 로봇과도 같은 손놀림이다. 탈출 이후의 첫 번째 정거장은 속물적이고 권태로운, 거의 불합리하고 그로테스크한 가족생활의 일상을 보여준다. "한 사람이 점심 시간 전에 집을 떠나기 때문에"[58] 주인공의 어머니가 사망한다. 두 번째 정거장인 "6일간의 자전거 경주장"에서 주인공은 열광적인 관중의 환호 속에서 활력이 넘치는 참 인생을 체험코자 한다. 그러나 대공전하가 등장하여 타오르기 시작하는 엑스터시의 불꽃을 그의 에나멜부츠로 꺼버린다.[59] 여기서 대공전하의 에나멜부츠는 한편으로는 개인을 억압하는 엄격한 위계질서를, 다른 한편으로는 권위에 무조건 굴종하는 시민사회의 비굴함을 암시한다. 다음 장면인 무도장에서도 은행원은 춤을 통해 엑스터시한 사랑의 체험을 하고자 한다. 즉 감각적 도취 속에서 생의 성취를 기대해 보지만 여기서도 실망으로 끝난다. 마지막 장면인 "구세군 회관"에서 주인공은 고백과 참회를 통해서 영혼의 안식을 얻고자 하지만, 탐욕에 찬 위선적 인간들에게 극도로 실망한 나머지 죽음을 택하고 만다. 마지막 그의 외침, "나는 지금 어디로 가고 있는가?...아침부터 자정까지 난 쳇바퀴

58) G. Kaiser 1971, 489. 은행원은 매일 집에서 점심 식사를 한 후 다시 은행으로 출근하는 것이 일상의 규칙으로 되어 있다. 소시민의 일상적 규범이 허물어지는 것은 어머니에게 세계의 붕괴와도 같은 엄청난 충격을 안겨준다.

59) 『변신』에서 직장을 대표하는 지배인은 카이저의 드라마에 나오는 대공전하와 유사하다. 지배인 역시 잠자의 집 거실에서 에나멜부츠를 신고 왔다 갔다 한다.

속을 질주하고 있다... 어디로?!!!"[60]에서 보듯이 그는 출발은 하였지만 더 이상 나아가지 못하고 어떠한 목표도 없다. 즉 출발은 있었지만 도착이 없는 것이다. 여러 노정을 거칠수록 주인공은 자기 자신으로부터 소외된다. 자신의 자아가 붕괴되고 종국에는 신체적인 자기해체라는 절대적 고독만이 남게 된다. 죽음으로 끝나는 그의 탈출시도는 현존하는 현실, 즉 전쟁 전 사회에 대한 전적인 거부의 표현이다.[61] 따라서 소외, 탈출시도와 자아의 분열은 사회비판적 의도를 내포하고 있다.

카이저의 드라마에서는 은행원의 탈출에 앞서 직장에서의 소외경험이 상세히 묘사되는 반면에, 카프카의 단편에서는 탈출이 처음부터 기정사실로 나타나고 있다. 주인공인 외판사원의 회상을 통해서 비로소 전적인 소외를 야기하는 이전의 비정상적인 근무상황들이 암시되고 있다. 표현주의적 의미로서 그의 첫 번째 정거장, 즉 전개된 새로운 상황에 대한 해명 내지 정당화 시도는 아버지의 강한 타격에 의해 "심하게 피를 흘리며 멀리 방안으로 날아가 떨어지는"(D 142) 것으로 끝난다. 이제 그는 감옥으로 화한 그의 방, 어둠 속에서 비참하게 살아간다. 그럼에도『아침부터 자정까지』의 은행원이 바깥 세계에서 도달하고자 하는 것을『변신』의 주인공은 그의 가족 내에서, 즉 변화된 상황에서 자기 자신과 가족에 이르는 길을 찾고자 한다. 이제 탈출한 존재로서 현실에 적응코자 하는 그의 절망적인 노력이 엿보인다. 주변 인물들에게 자신의 유용성을 입증코자 하는 새로운 시도 -예를 들어 그는 어머니를 돕고자 한다-가 두 번째 정거장으로서, 결국 아버지가 던진 사과에 의한 치명적인 부상으로 끝난다.

마지막 정거장은 점점 심해지는 고독으로부터 벗어나 자신의 누이

60) G. Kaiser 1971, 517.
61) Kempf 1990, 330.

에게 접근코자 하는 주인공의 시도이다. 그러나 아무런 성과도 없이 완전한 고독 속에서 마지막 숨을 거둔다. 그레고르의 죽음 역시 카이저의 작품에서처럼 세계, 특히 시민 가정의 세계에 대한 거부의 표현이다. 『변신』의 시민 가정은 가부장적 지배구조, 아웃사이더에 대한 비인간적 태도, 그리고 물질적 가치에 집착하는 사고 등으로 보다 큰 사회, 즉 전전(戰前)사회의 축소판을 형성하기 때문이다. 은행원과 잠자, 두 사람 모두 그들의 직장과 가족으로부터 소외를 경험하고 있다. 또 다른 공통점은 자아 해방의 의지, 즉 개체를 노예화하는 노동 및 일상세계로부터의 탈출시도이다. 두 사람 모두 탈출시도에만 고착되어 있다는 사실은 주인공의 나약함 뿐 아니라, 철저하게 비인간적인 주변세계의 타락상을 아울러 보여주는 것이다.[62)]

• 부자갈등

그러면 소외와 탈출에 이어 이제 『변신』의 또 다른 표현주의적 주제인 부자갈등을 카프카 자신의 자전적 요소와 다른 표현주의자들의 작품들과 관련하여 다루어 보고자 한다. 우선 해충의 모습은 카프카가 존재론적으로 체험한 사회의 아웃사이더로서의 예술가 문제를 암시적으로 표현해 준다. 그레고르 잠자는 프란츠 카프카 자신에 대한, 그리고 그의 불행한 예술가 존재에 대한 암호로 해석될 수 있다. 즉 그레고르의 변신은 기생충 또는 해충으로서의 작가나 예술가의 상황을 상징적으로 표현하고 있는 것이다.[63)] 예술가 문제는 다시 카프카의 생애에 있어서 결정적인 부자갈등과 밀접한 관련을 맺는다. 『변신』은 나아가 카프카의 고독감, 애정에 대한 갈망, 억압된 창작활동 등 그의 자전적 요소가 강하게 나타나는 작품이다. 그 역시 가족의 아웃사이

62) Kempf 1990, 333.
63) Anz 1982, 24.

더로서 아버지와 매제가 운영하던 한 공장에서 함께 일하도록 강요받았다. 그는 한편으로는 전적으로 그렇게 해야할 의무를 느끼지만, 공장의 일은 자신의 진정한 생활인 저술활동을 방해한다. 여기서 그레고르의 외판사원으로서 강요된 책무와 억압된 예술활동, 즉 자유와 미지의 양식에 대한 동경이 연상된다.

그레고르의 억압된 소망들을 표출하는 변신은 일시적으로 그에게 해방을 의미할 수도 있다. 새로운 형상은 가증스러운 직업 활동의 수행을 불가능하게 하기 때문이다. 그러나 그것은 착각에 지나지 않는다. 그레고르는 가족부양에 대한 책임과 아버지 상(像)인 사장으로부터 벗어났지만, 그의 변신 이후 다시 강력해진 아버지와 대립하게 된다. 아버지는 다시 직업을 갖게 되고 집안에서 유일하게 권위의 상징인 제복을 착용하고 있다. 단지 주종관계의 주가 바뀌었을 뿐이다. 아버지는 그레고르의 변신을 악의적 간계, 의무의 거부로 간주하면서 막강한 권위를 지닌 채 그와 마주하고, 사과들을 투척하여 상처를 입힐 뿐 아니라 결국엔 죽음으로까지 내몬다. 아이러니컬하게도 그레고르의 불행은 가족 및 직장 상사와의 화해 시도와 밀접한 관련이 있다. 그는 회사에서 나온 지배인을 진정시키려 하면서 자신의 음성을 잃게 된다. 그리고 아버지를 안심시키려 하면서 죽음을 초래한다. 즉 그레고르의 화해 시도는 언제나 반대되는 결과를 가져온다는 점이 특기할 만하다. 화해시도는 그레고르를 파멸로부터 지켜주는 것이 아니라, 오히려 파멸로 몰아가고 있는 것이다.[64] 어쩌면 변신의 보다 깊은 의미는 직업과 사장에 대한 은밀한 적의와 반항보다는 이러한 적의에 대한 죄책감과 자기 처벌에 있는지도 모른다. 왜냐하면 아버지는 그레고르의 지배인에 대한 승리를 곧 바로 비참한 패배로 전환시키기 때

64) Sokel 1973, 281-282.

문이다. 지배인이 그레고르의 변신을 확인한 후 놀라 달아나는 순간에 아버지가 등장하여 그레고르의 승리의 트로피, 즉 지배인의 단장을 집어 마구 휘두르며 그를 박살내겠다고 위협한다. 그레고르는 밖으로, 세계로, 자유로의 행진을 포기하지 않으면 안 된다. 격분한 아버지의 살해 위협이 그를 다시 그의 방으로 들어가게 함으로써, 그는 이제 독방에 감금된 신세가 되어 여생을 마치게 된다.[65)]

해충으로 변해 가족에게 불쾌한 존재가 되어버린 아들은 아버지에게서 누구보다도 앞장서서 자신을 파멸시키고자하는 원초적 적을 발견한다. 표현주의 산문과 드라마에는 부자갈등과 아버지 살해에 대한 환상이 자주 등장한다. 카프카의 단편『판결』, 결코 발송되지 않았고, 생시에 출판되지도 않았던『아버지에게 드리는 편지』, 베르펠의 소설『살인자가 아니라 살해된 자가 죄인이다』, 하젠클레버의 드라마『아들』, 브론넨의 드라마『아버지 살해』등에서 아버지는 사라져야 하는 폭군으로 등장하며, 부자간의 화해나 타협은 더 이상 존재하지 않는다. 특히 하임은 1911년 11월 3일 자 일기에서 이렇게 적고 있다. "그런 돼지 같은 아버지만 없었더라면, 나는 가장 위대한 시인들 중 한 사람이 되었을 것이다. 이해심 있는 보호가 필요했던 시기에 나는 이 악당을 내게서 멀리하는 데에 온 힘을 쏟아야만 했다."[66)] 아버지는 여기서 아들의 예술적 성장 뿐 아니라 자아의 발견마저도 방해하는 권위주의적 폭군으로 나타난다.[67)] 하젠 클레버의 동명 드라마에 등장하는 아들 역시 자신의 문학적 성향 때문에 아버지와 갈등을 일으킨다. 그는 아버지의 계획에 따라 장차 판사가 되어야 했었는데, 그 전제 조건인 임용시험에 합격하질 못했다. 아버지는 아들을 가리켜 무위도식

65) Sokel 1973, 284.
66) Heym 1964, 171.
67) Giese 1993, 134.

자, 가족의 수치, 쓸모없는 건달이라 칭한다. 그는 아들을 경멸하고, 구타하며, 마치 병자나 범죄자처럼 방안에 가두어 버린다. 표현주의의 대표적 드라마인『아들』과 카프카의『변신』에 나타난 주제상의 유사성은 카프카의 작품을 표현주의에서 분리하는 것이 얼마나 잘못된 것인가를 보여준다. 이미 살펴본 것처럼 카프카의 단편에서도 부자갈등이 중심 모티프로 나타나고 있는 바, 주인공은 해충의 모습을 한 아무짝에도 쓸모없는, 직업상의 의무와 가족 부양의 의무를 저버린 기생충적인, 오직 가족에게 수치를 안겨줄 뿐인 아웃사이더로 등장하고 있다. 그 역시 가족에 의해 자신의 방에 감금당한 채 인간이 아닌 짐승의 대우를 받는다.[68)]

하젠클레버의『아들』은 독특한 표현주의적이고 추상적인 인물형성과 함께, 아들이 자주적 자아로 발전하려면 우선 아버지를 극복해야만 한다는 사실을 분명히 한다. 감옥과 같은 아버지의 집에 감금되다시피 생활하던 아들은 낯선 이들에 의해 해방되어 많은 청중들 앞에서 우리에게 고통을 주는 아버지들과 구세계의 부자유와 타락에 대항할 것을 촉구한다. 하젠클레버를 비롯한 표현주의 작가들은 구세계의 교육규범, 도덕, 종교의 허위성과 그 내적 균열을 인식하고서 타락한 시민사회의 규범에서 벗어나고자 한다.[69)] 이들 주인공들의 아버지에 대한 반항은 또한 권위주의적 국가에 대한 반항이기도 하다. 국가와 사회에 대한 반항은 먼저 아버지에 대한, 그리고 아버지가 옹호하는 정치적 확신 및 종교적 가치에 대한 반항으로 시작되기 때문이다.

• 맺는 말

『변신』은 외판사원 그레고르 잠자의 이야기를 토대로 초기 표현주의

---

68) Anz 1982, 24.
69) S. Vietta/H.-G. Kemper 1975, 179-180.

의 개인의 문제와 일차 세계대전 전의 자본주의 시민사회의 문제들, 즉 위선, 속물근성, 비인간성 등을 그려 보이면서 동시에 이러한 사회에 대한 전적인 거부를 그 해답으로 제시해 보인다. 그 밖에 소외와 탈출, 자아의 분열 그리고 부자갈등 등의 주제로 미루어 카프카의 『변신』은 분명히 초기 표현주의 작품으로 간주될 수 있다. 이는 카프카의 『판결』과 『소송』에도 해당되는 것으로 두 작품 역시 『변신』과 유사한 상황, 즉 극복할 수 없는 소외의 경험과 이로 인해 죽음으로 끝나는 자아의 붕괴로 특징 지워진다. 주제 면과 함께 카프카의 서술기법 역시 그의 표현주의 귀속 여부를 결정짓는 기준이 될 수 있다. 카프카는 우화적이고 비유적인 서술형식을 다의성을 지닌 극단적 형식으로 발전시켜 나간다. 또한 카프카는 화자의 논평 배제, 인물관점의 철저한 실행 등 일의적(一義的)서술방식에 의한 화자 제거의 경향을 극단화하고 있다. 따라서 카프카를 과격한 표현주의자로 단정 지을 수 있는 두 가지 원칙은 서술방식의 명확성과 서술형식의 다의성(多義性)이다.[70] 주제나 서술기법 외에 카프카의 예술관도 다분히 표현주의적이라고 할 수 있다. 카프카는 문학을 가리켜 자신의 유일한 소망이며 유일한 직업이라고 말한다. 그는 일상생활의 세세한 것들을 포함한, 문학과 관계없는 모든 것을 증오한다. 왜냐하면 그것들은 주의를 그의 유일한 관심사인 문학에서 다른 곳으로 돌리게 하기 때문이다. 그는 지상에서의 구원이 될 수도 있을 결혼생활의 행복마저도 포기한다. 결혼 역시 그에게서 글을 쓸 시간과 기회를 앗아갈지도 모르기 때문이다. 그의 예술은 고독 속에서만 꽃을 피울 수 있다고 카프카는 말한다. 문학이 요구하는 것들은 그의 생명의 피를 빨아먹는 흡혈귀적 행위이다. 자신의 생명을 먹고 자라고, 그 생명을 마치 위험한 기생충처

70) Kempf 1990, 334.

럼 파괴하는 이러한 예술관은 바로 표현주의자들을 추적하고 압박하는 예술관이기도 하다.[71]

2.3 『유형지에서』

• 서언

『유형지에서』 (이하 『유형지』로 적는다.)는 카프카의 작품 중 가장 끔찍스럽고, 가장 고통에 찬 이야기로써,[72] 『소송』과 함께 1914년 여름 펠리체 바우어와의 파혼이 초래한 충격에 대한 반응으로 이해되고 있다. 카프카에 의해 "호텔 법정"으로 명명된 베를린 아스카니어 호텔에서의 파혼은 『소송』을 집필하는 계기가 된다. 그러나 베를린 호텔에서 배심원 역할을 했던 바우어의 친구, 그레테 블로흐가 카프카-바우어의 관계를 복원코자하는 의도에서 카프카에게 편지를 보냄으로써 『소송』의 집필이 일시 중단되는 상황이 벌어진다. 그 후 카프카는 이 장편소설의 집필을 진척시키기 위해 자신이 근무하던 노동자 재해보험국에 2주간의 휴가를 낸다. 그러나 제1차 세계대전이 발발한 직후인 1914년 10월 4일부터 18일까지의 휴가기간 중에 완성된 것은 『소송』이 아닌 『유형지』와 『실종자』의 한 장면인 '오클라호마의 자연극장'이었다.[73]

『유형지』는 그 후 5년이 지난 1919년에서야 출판이 성사되었다. 집필이 완료된 후 출판이 이토록 지연된 경우는 아주 드문 일이다. 그 이유로는 단편의 마지막 부분에 대한 카프카 자신의 불만,[74] 이 책이

71) Sokel 1970, 159.

72) H. D. Zimmermann 2004, 82.

73) Schmidhäuser 1996, 192.

74) 카프카는 『유형지』의 끝 부분이 불만스러웠다. 그는 출판사 사장인 볼프에게 보내는 편지에서 마지막 2 - 3쪽을 졸작으로 간주하였다. "이야기가 끝나기 전 2, 3쪽은 졸작입니다. 그것들은 보다 심한 결함을 말해 줍니다. 거기 어딘가에 벌레가 있어 꽉 찬 이야기를 움푹 파이

출판될 경우의 여러 가지 파장에 대한 쿠르트 볼프의 유보적 태도, 그리고 1916년 11월 10일 뮌헨 골츠 화랑에서 개최되었던 공개낭독회의 실패를 들 수 있다. 1917년 8월 초에는 카프카 자신이 졸작으로 인정한 마지막 부분 2-3쪽을 다시 작성하고자 시도하였다. 1917년 9월 1일 출판 동의가 떨어졌지만 이번에는 카프카 자신이 출판 보류를 요청했다. 계속해서 결말 부분을 새로이 작성하기 위해서였다. 그러나 카프카는 새로운 결말의 집필을 포기하고 본 이야기가 끝나기 직전의 불만스러웠던 부분만 삭제하였다. 전쟁 후의 외적 상황으로 출판이 또 지체되다가 마침내 1919년 10월 1000부가 출판되었다.

그러면 본론으로 들어가기 전에 먼저 『유형지』에 영향을 미친 문헌들을 소개한 다음, 연구의 주안점에 대해 간단히 언급하고자 한다. 『유형지』의 주요 전거들로는 알프레드 베버의 에세이 『관리』, 범죄학자 로베르트 하인들의 보고서 『나의 유형지 여행』[75] 그리고 옥타브 미르보의 『고통의 정원』을 들 수 있다. 카프카는 『유형지』의 소재를 특히 사디즘 문학으로 알려진 『고통의 정원』에서 취한 것 같다. 이 소설은 이국의 처형 사례를 관찰하기 위해 식민지 보유국인 프랑스 정부에 의해 파견된 한 연구자의 보고를 다루고 있다. 『유형지』의 처형기구는 미르보에게서 직접적인 모델을 찾지 못했지만, 처형방법이나 상세한 상황 설명 등은 그의 소설에서 영향 받았다. 두 작품 모두 이야기의 초점이 멀리 떨어진 유럽에서 온 방문객에게 고문 메커니즘을 설명하는데 맞추어져 있다.[76] 두 소설의 연관성은 본론의 성(性) 심리적 해

게 하고 있습니다" (B 159). 1917년 카프카는 일기장에 여러 다양한 종결 장면들을 스케치하였다. 예를 들면 탐험가가 장교를 배신한데 대해 죄책감을 느껴 개처럼 죽는 장면 등이었다.

75) 뮐러 자이델은 카프카의 탐험가는 독일의 법률가 로베르트 하인들을 모델로 했다고 주장한다. 그는 독일 식민지 담당부서의 위임으로 뉴 칼레도니아 등 유럽 식민지들의 실상을 조사하여 『나의 유형지 여행』이란 소견서를 집필하였다 (Müller-Seidel 1986, 109-110).

76) Binder 1975, 177

석에서 보다 구체적으로 다루어질 것이다.

본론에서는 텍스트인『유형지』와 이 텍스트에 대한 해석으로 대별해 여기에 나타난 양극적 입장과 관점에 주안점을 두고서 논구를 진행코자 한다. 먼저 작품 내에서 파악할 수 있는 장교와 탐험가의 대립적 상황을 구제도 및 구체제 유지를 위한 장교의 적극적, 광신적, 열정적 행위와 이에 대응하는 탐험가의 수동적, 소극적, 무위 방관적 태도로 분류해 살펴볼 것이다. 그런 다음 지금까지 텍스트 해석에 나타난 양극적 현상을 정치적 해석과 비정치적 해석으로 구분해 고찰한다. 정치적 해석에서는 독재 권력 유지를 위한 고문과 학살, 홀로코스트, 그리고 유형지의 정치적 미래상 등과 관련한 문제들이 다루어질 것이고, 비정치적 해석에서는 피고인의 처형을 인식과 변용, 그리고 구원의 관점에서 파악한 종교적 해석, 그리고 특히 장교와 전임 사령관에게서 확인할 수 있는 사도 마조히즘과 관련한 성 심리적 해석 등이 논의될 것이다. 이와 함께 전체 소설의 핵심 주제어인 고통이 카프카의 글쓰기와 관련해 어떤 의미를 갖는지도 일별하고자 한다.

• 적극적 행동주의와 무위 방관적 태도

『유형지』를 3부로 나눈다면, 제1부는 처형기구의 소개에서부터 신임 사령관에게 자신과 기구를 변호해달라는 장교의 부탁을 탐험가가 거절하는 장면까지이고, 제2부는 장교의 죽음과 기구의 궤멸 부분이다. 그리고 마지막 3부는 탐험가가 찻집에 들렀다가 죄수와 병사를 뿌리치고 급히 섬을 떠나는 부분이다.

카프카는『변신』,『소송』, 그리고『실종자』등에서 볼 수 있는 것처럼 소설 시작의 대가이다. 첫 문장 또는 첫 단락이 이미 전체 텍스트에 결정적 영향을 미치며, 독자가 빠져 나올 수 없는 상황을 묘사한다. 이야기의 주제인 장교와 기계의 묘한 관계 역시 바로 첫 문장에서 암시되고 있다. " '독특한 기구지요.' 라고 장교는 탐험가에게 말하고는 어느 정도 놀라는 시선으로 이미 잘 알고 있는 기구를 바라보았다."(D 203) 시작부터 인간이 아닌 "독특한 기구"가 관심의 초점이 되고 있으며, 죄수의 처형은 부차적인 문제이다. 장교는, 헌신적으로 돌보고 가꾸며, 종래는 자신의 운명마저 맡겨버리는, 스스로 경탄을 금치 못하는 이 기구를 그야말로 우상처럼 숭배한다. 침상과 제도기, 그리고 써레로 구성되어 있는 이 악마적 발명품은 처형기계와 글 쓰는 기계라는 야누스의 얼굴을 지니고 있다. 오늘날의 컴퓨터와 비교하자면, 제도기의 톱니장치는 소프트웨어에 해당하고, 써레는 프린터에 해당한다.[77] 죄수의 몸에 그가 위반한 계명이 써레로 각인되고, 여섯 시간 째에 죄수의 해독이 시작된다. 장교는 의아스러울 정도의 격정으로 고문 받는 자가 여섯 시간 후에 그에게 새겨진 판결문의 의미를 인식한다고 설명한다.

> 그 남자는 여섯 시간 째에 얼마나 조용해지는지! 아무리 멍청한 자도 깨닫게 되죠. 두 눈 주위에서 시작이 되어, 여기서부터 퍼져나가는 거예요. 스스로 써레 아래에 눕고 싶은 유혹을 일으키는 광경이지요. 더 이상 아무 일도 일어나지 않고, 그 남자는 글씨를 해독하기 시작합니다. 마치 귀를 기울이는 것처럼 입을 쫑긋이 하고서. 보셨다시피, 글씨를 눈으로 해독하는 것은 쉽지 않습니다. 우리의 남자는 그것을 자신의 상처로써 해독하지요. (D 219-220)

뒤이어 죽어가는 자에게서 나타나는 변용(變容)이 언급되고, 12시간 만에 죽음, 즉 구원이 찾아온다. 장교는 처형과정을 살인이 아닌, 인식과 이해와 해독이 목적인 신비롭고 경이로운 정화과정으로 묘사한다. 전임 사령관의 마지막 추종자인 그는 수난과 구원의 기계로 범법자의 위법행위를 인식, 구원 그리고 죽음의 단계로 벌함으로써 신

77) Feldmann 1996, 341.

을 대신할 뿐 아니라, 나아가 화자, 해설자, 기계기술자, 조수, 판관, 사형집행인의 역할도 아울러 맡고 있다. 장교는 또한 비이성적인 광신자와 의무에 충실한 관리의 혼합적 존재로서의 면모를 보여주기도 한다. 의무에의 충실이 전임 사령관의 사망 이후 광신적 행위로 발전한 것이다. 이 점에서 그는 자코뱅당원, 프러시아 장교, 집단수용소 관리, 세뇌전문가 등을 연상케 한다.[78)]

독자는 이러한 장교의 형상에서 특히 기술과 야만성의 일치를 발견하게 된다. 그는 자신이 고문하는 인간 때문에 고통스러워하는 것이 아니라, 인간이 구토로 인해 기계를 더럽히기 때문에 괴로워한다. 장교의 이성적 화술, 화려한 수사법과 설명의 기저를 이루는 합리성 뒤에 비인간적인 야만성이 숨겨져 있다. 장교에게서는 심각한 비인도적 성향 외에 주목할 만한 점들도 발견된다. 너무나도 단호한 그의 확신, 철저한 책임감, 자신의 일을 생명을 바쳐서라도 지키고자 하는 적극적이고 결연한 태도 등은 어떤 면에선 이상적인 열정으로 비쳐질 수 있다. 독자는 장교의 이 같은 존재의 강렬함으로 그가 비극적 인물이 될 수 있으리라는 것을 예감하게 된다. 장교는 기구, 구체제와 권력, 사법제도를 유지코자 적극적으로 행동하면서, 탐험가를 설득하기 위해 화려한 수사법외에 에로틱한 제스쳐(D 226)도 마다하지 않는다. 그러나 장교의 적극적인 행동주의는 지금의 법질서에 대한 자신의 확고한 신념을 신임 사령관과 탐험가에게 전이시킬 수 없음으로 해서 실패로 돌아가고, 결국 비극적인 최후를 초래한다.

"그렇다면 이제 때가 되었군요."(D 236) 이 같은 선언 뒤에 장교는 제도기에 자신이 직접 선택한, 전혀 해독할 필요가 없는 "정의로워라"(D 238)라는 명령어를 입력한다. 그러기 위해선 톱니바퀴 장치를

78) Wachler 1981, 150.

완전히 변환시켜야 한다. 새로운 명령어는 기구의 의미와 본질을 바꾸어 놓는다. 그런 후에도 기구가 제대로 기능을 발휘할까? 이미 새 프로그램의 입력과 톱니장치의 변환에서 문제가 발생한다. 이 기구는 새 프로그램을 읽을 수가 없다. 장교의 운명이 보여주듯 기계는 거부반응을 일으킨다. 처벌 및 변용의 기구는 정의에 맞추어져 있지 않았다. 이 시스템과 조직에서 정의를 기대하는 자는 철침에 찍혀 변용 없이 "개처럼" 죽임을 당한다. 권력에 무조건 복종하는 자, 까다로운 요구를 하지 않는 자, "정의로워라"가 아니라 "상관을 공경하라"(D 210)라는 계명을 몸에 새기는 자만이 죽음을 통해 구원받는다. 기구의 임무는 처벌을 통한 구원이지, 정의를 구현하는 것이 아니었다.[79]

결국 장교는 구원도, 새로운 시대의 도래도 경험하지 못하고 오직 자신의 파멸만을 겪는다. 이 같은 장교의 끔찍스러운 자살은 가미가제 장교 식의 또는 제3 제국의 몰락을 목전에 둔 나치스 열성당원의 자살과 같은 의미 없는 죽음이며, 구질서의 몰락에 대한 필연적 반응이다.[80] 이 같은 장교의 자기파괴 행위는 여러 가지 의미를 지닌다. 첫 째로 장교의 죽음은 공정한 법 집행이라는 재판관으로서의 의무를 저버린 자의 자기처벌 행위이다. 또한 다른 피고인들에겐 변호를 허용치 않으면서, 신임 사령관에게 자신을 변호해달라고 부탁하는 것은 스스로의 계율에 어긋난 행동이 아닌가? 여기서 "정의로워라"는 계명은 타당하다고 볼 수 있으며, 장교의 죽음은 자기 탄핵의 의미를 지닌다. 다음으로 장교는 계속해서 기계를 통해 실현되는 '정의'를 믿기 때문에, 신임 사령관의 "온건한 방향"(D 223) 하에서 살기 보다는 정의의 이상을 위해 자신을 희생하려 했던 것으로 생각할 수 있다. 그리고 장교는 써레가 마치 애인처럼 그를 맞이하는, 침상에서의 죽음은

79) Sokel 1976, 139-140.
80) Schmidt 1984, 417.

그에게 구원과 인식을 가져다줄 것이라고 믿었는지도 모른다.[81] 그러나 장교에게는, 이전의 다른 죄수들, 그리고 게오르크 벤데만과 그레고르 잠자에게서 볼 수 있는, 죽음을 통한 속죄와 구원이 거부되고 있다. 왜냐하면 우리는 장교가 다른 피고인들처럼 변용에 이르지 못한 채 자신의 기구에 의해 즉각적으로 참살당하는 비극적 아이러니를 보기 때문이다.[82] 장교의 죽음과 함께 기구의 자기붕괴에 대해서도, 구원기능을 오남용한 결과, 장교의 자기심판에 대한 거부, 그리고 악용된 기술의 자기해체에 대한 표현 등 다양한 관점들이 제시되고 있다. 이 밖에도 기구의 궤멸은 자기 파괴적인 인간의 발명능력에 대한 한계를 상징하며, 심히 왜곡된 법 집행의 필연적 귀결이기도 하다.[83]

그러면 유형지에서의 처형과정의 중립적 관찰자로 등장하는 탐험가는 이 단편에서 어떤 역할을 담당하고 있는가? 이야기는 탐험가의 등장으로 시작되고, 그가 섬을 떠나는 것으로 끝난다. 화자도 탐험가의 관점에서 이야기 한다. 이렇게 보면 탐험가가 단편의 실제 주인공으로 보이지만, 그러나 그는 긍정적 의미의 전통적 주인공 상과는 다르다. 그는 소극적이고 소심한 성격의 소유자로서, 그의 행동은 무관심한 관찰과 조심스러운 반응 사이에서 끊임없이 동요하고 있다. 말하자면 그는 확고한 행동에의 의지가 없는 무위 방관적 태도를 견지하고 있다. 탐험가는 처음에는 장교의 설명에 지루해 하지만, 차츰 기구에 관심을 갖는다. 그는 사법절차의 비인도성을 인식하면서도, 현 상황에 관여할 용의는 없다. 죄수가 침상에 묶여지고, 처형기구의 첫 진동이 그를 사로잡자, 탐험가는 숙고하기 시작한다: “절차의 부당성과 처형의 비인간성은 의심할 나위가 없었다.”(D 222) 이렇게 유럽에서

81) Schmidt 1988, 58.
82) Sokel 1976, 119.
83) Schmidt 1984, 421.

온 예의바른 탐험가는 마음속으로 분명한 판단을 하고 있다. 그러나 탐험가는 개입을 해야 할지, 한다면 어떤 식으로 해야 할지 여전히 고민한다. 목전에서 전개되고 있는 비인도적 처사에 대한 탐험가의 머뭇거리는 태도는 비겁한 것인가 아니면 사려 깊은 행동인가? 탐험가는 천인공노할 상황을 직시하면서도 그의 태도는 여전히 중립적이고 외교적이며, 장교에 대해서는 깍듯하지만 죄수에 대해서는 혐오감을 드러낸다.[84] 그가 목격한 것에 대한 인간적 관심, 즉 인권에 대한 관심도 제한적이다. 그러나 탐험가는 이따금 유형지의 상황을 변화시키고 싶은 충동을 느끼기도 한다. 그는 오랜 망설임 끝에, 신임 사령관에게 자신의 현 지위와 기구의 존속, 그리고 현 제도의 유지를 위해 긍정적 보고를 해 달라는, 장교의 부탁을 거부한다.

> 그가 해야만 했던 답변은 탐험가에겐 처음부터 의심할 나위가 없었다. 그는 살아오면서 너무나 많은 경험을 해서, 여기서 동요될 리도 없었을 것이다. 그는 근본적으로 강직했고 두려움도 없었다. 그럼에도 그는 지금 병사와 죄수를 바라보면서 한 순간 주저하였다. 그러나 마침내 그는 '아니요'라고 어쩔 수 없는 답변을 하고 말았다." (D 235)

탐험가의 수동적 태도는 장교의 적극적인 행동과 뚜렷한 대조를 이룬다. 절대적 규범이 없이 모든 것을 상대적으로 평가하는 탐험가는 절대적 규범을 준수하는 장교와 반대로 자신의 개입이 아무런 문제가 없을 때 비로소 입장을 표명하는 상대주의자이다. 그럼에도 장교의 행동에서 일대 전환과 돌변을 초래하는 자는 탐험가이다. 그것도 이곳에서 시행되고 있는 사법절차에 대해 "아니요"라는 한 마디 말로써. 이렇게 보면 사형수의 처형을 저지한 자는 탐험가이다. 적지 않

84) 장교 역시 본능적이고 원시적인 인간들 보다는 자기처럼 불어를 구사하는 탐험가에게서 자연스러운 친화력을 느낀다. 여기서 교양인 계층과 비교양인 계층의 두 사회계층이 대립하고 있음을 확인할 수 있다 (Hecker 1998, 80-83).

은 비평가들이 여기서 그를 계몽의 이념을 지닌 긍정적 인물로 인정하였다. 그러나 탐험가의 처형에 대한 무관심과 방관적 태도로 미루어 볼 때, 사형이 집행되지 않은 것은 단지 제한적으로만 그의 공로이다. 또한 재판절차에 대한 보고가 그를 만족시키지는 못했지만, 때로는 장교의 행동과 입장에 오히려 긍정적 반응을 보이기도 한다. "여기선 특별한 조처가 필요하고 결국엔 군사적으로 대처해야 한다는 것"(D 214) 역시 전적으로 그의 동의를 얻는다. 군사재판, 유형지, 추방 등은 그에게 근본적으로 아무런 문제가 되지 않는다. 그가 보여주는 것은 단지 전래의 처벌제도에 대한 소극적 거부이다. 이 모든 것이 근본적으로 자기와 아무 상관없는 일이라면서 스스로를 달랜다.[85]

> 그는 유형지의 시민도, 그리고 유형지가 속한 나라의 시민도 아니었다. 그가 이 처형을 비난하거나, 아예 중지시키려 한다면, 사람들은 그에게 이렇게 말할 수 있었을 것이다: 당신은 외지인이야, 조용히 해. (D 222)

이렇게 탐험가는 외지인으로서 불간섭 원칙을 견지하다가, 모처럼만의 소극적 거부에 예상치 못한 특이하고도 갑작스러운 사태에 직면한다. 신임 사령관의 "새로운 온건한 방향"(D 223)에 대한 자신의 도전이 실패로 돌아가고, 이제 제도의 종말이 왔다고 판단한 장교는 그의 처형 조수인 병사에게 죄수를 풀어주라는 명령을 한 다음 스스로에게 판결을 내린다. "정의로워라", 이것이 기계가 그의 몸에 새겨야 할 계명이다. 여기서도 탐험가는 관여하지 않는다. 기계가 더 이상 제 기능을 발휘하지 않을 때 비로소 그는 뭔가를 시도한다. "이건 장교가 다다르고자 했던 고문이 아니었어. 이건 즉각적인 살인이었어."(D 244-5) 12시간에 걸친 고문과 살인, 변용과 구원의 정상적인 과정

85) Müller-Seidel 1986, 133.

이 장교와 함께 파멸에 이르는 기계의 고장으로 깨뜨려진다. 이러한 정상궤도의 이탈이 비로소 탐험가를 불안하게 한다.[86]

그러면 여기서 유형지의 사법제도와 장교 및 기구에 대한 탐험가의 양가적 감정을 살펴보면서 그의 성격의 특성을 보다 구체적으로 규명해보기로 하자. 탐험가의 구체제에 대한 판결은 개인적인 확신에 의한 것이 아니라 말로만 하는 상투적인 고백이다. 그의 진정한 관심은 장교에게 있는지도 모른다. 그는 감정적으로는 장교의 편이고, 이성적으로는 처벌제도를 비난한다. 즉 그는 처벌시스템에 대해서는 유죄판결을 내리지만, 장교와 기구에 대해서는 은밀한 호감을 드러낸다.

> 나는 이 제도의 반대자입니다. 당신이 나를 신뢰하기 전에 - 물론 이 신뢰를 결코 악용하지 않을 것입니다 -나는 이미, 내가 이 제도에 간섭할 권한이 있는지, 그리고 나의 간섭이 작은 성과라도 거둘 수 있는지 생각해 보았습니다. 누구에게 먼저 문의해야 할지는 분명했습니다. 물론 사령관이지요. 당신은 그 점을 더욱 분명하게 해주었는데, 나의 결심을 굳혀 놓지는 못했습니다. 반대로 당신의 정직한 확신은, 나를 혼란시키지는 않는다 할지라도, 감동을 줍니다. (D 235-6)

그러나 장교에 대한 호감보다는 기구의 매력이 더 강한 것 같다. 탐험가는 화려한 수사법과 열정적 제스쳐에 의한 장교의 설명이 있은 후 "벌써 기구에 대해 약간의 관심을 갖게 되었다."(D 208) 그는 이상한 힘에 의해 자신이 기구에게 이끌려 지는 것을 느낀다. 때문에 그를 불안하게 하는 것은 장교의 죽음보다는 오히려 기계의 붕괴이다. 탐험가는 처형기구가 기술상의 결함으로 장교를 끔찍스럽게 살해할 때에도 수동적 태도를 견지하고 있다. 그가 병사와 죄수에게 도움을 청한 것 역시 장교를 구하기 위한 것이 아니라, 궤멸하고 있는 기구의 최종

86) H. D. Zimmermann 2004, 87.

적인 붕괴를 막기 위한 것이다. 탐험가는 처형 기구에 대해 경악하기도 했지만, 다른 한편으로 은밀한 매력을 느낀 것도 사실이다. 이렇듯 그는 유형지의 고문 시스템에 대해 매혹과 경악의 혼합된 감정을 보여준다. 폭력기구에 대해 느끼는 매력은 마적이고 극복하기 어려운 현상으로 나타난다. 이것이 바로 이 이야기의 '고통스러운' 메시지이다.[87] 독자를 더욱 고통스럽게 하는 것은 단편의 마지막에 보여주는 탐험가의 비인도적 처사이다. 탐험가는 보다 희망에 찬 세계로 데려가 달라는 병사와 죄수의 요구를 거절한다: "그들은 아직 보트에 뛰어 오를 수 있었을 것이다. 그러나 탐험가는 매듭진 무거운 밧줄을 바닥에서 들어 올리더니 그걸로 그들을 위협해서 뛰어 오르지 못하게 막았다."(D 248) 이러한 탐험가의 태도에서 계몽된 의식이나, 인간적인 연민의 정을 찾아볼 수 없으며, 억압받는 다수를 위한 정치적 입장을 확인할 수도 없다. 그는 "너는 외지인이다, 조용히 해"라는 신조에 의해 인권의 침해에 대해 공개적으로 항의도 하지 않은 채 유형지로부터 탈출한다. 이처럼 그는 자신이 입에 올렸던 피상적인 인도주의를 실제의 행동으로 보여주지 않는다. 또한 새로운 개혁을 시도할 것처럼 보이는 신임 사령관[88]에게 격려와 이별의 인사를 할 생각도 없다.

이상에서 살펴본 것처럼 장교와 탐험가는 절대적 행동주의와 무위, 방관적 태도라는 서로 다른 입장을 보이고 있다. 형식적인 인도주의에 전적으로 비인간적인 기구와 기술에 대한 광신이 마주하는가 하면, 비극적이지 않은 탐험가의 이중적 태도에 장교의 비극적 아이러니가 대립하고 있다. 그러나 다른 한편으로는 장교와 탐험가는 고문

87) Alt 2005, 489.

88) 성격상으로 탐험가와 같은 선상에 있는 인물이 바로 신임 사령관이다. 신임 사령관은 유형지의 사법제도와 처형절차를 옳지 않은 것으로 판단하지만, 그 역시 탐험가처럼 즉각적인 개입은 주저한다. 그는 섬에서 가장 막강한 절대 권력자임에도 전래의 처벌 시스템을 개혁하는데 지나치게 소극적이다.

과 살해라는 범죄행위의 공범자들이다. 한 사람은 목적의식과 사명감을 갖고 이 같은 범죄행위를 합리적 과정으로 수행함으로써, 다른 상대방은 잔인한 비인간적 행위에 반대하면서도 이에 맞서지 않고 묵시적으로 허용함으로써 범죄행위에 동참하고 있다. 카프카는 여기서 국가적 범죄행위의 이중적 뿌리를 밝히고 있다. 체계적, 조직적 파괴로 나아가는 행위자들 뿐 아니라, 이에 대항해 아무 것도 시도하지 않는 무행위자(방관자)들 역시 범죄수행에 기여한 존재들이라는 것이다.[89)]

• 『유형지』에 대한 정치적 해석과 비정치적 해석

지금까지 소설의 두 주인공들인 장교와 탐험가의 양극적 행동과 입장을 살펴보았다. 이제는 작품 해석상의 양극적 관점에 주안점을 두고 논의를 진행하고자 한다.

유형지에서는 아무리 하찮은 죄일지라도 모든 범죄는 사형으로 처벌된다. 사형수는 자신이 사형선고를 받았다는 사실 조차도 모르며, 자신을 변호할 수도 없다. 소송절차도 없고 판결도 내려지지 않는다. 피고는 언제나 의심할 나위 없이 유죄이다. 이처럼 사법기관과 피고인 간의 의사소통의 부재가 유형지 법 제도의 주요 특징이다.[90)] 지금의 범법자는 상급자의 우스꽝스럽고 전횡적인 복무규정을 소홀히 했고, 그의 고압적인 처벌에 즉각 반항적 태도로 응수했다. 즉 상관인 대위가 그를 매시간 경례를 해야 하는 태엽을 감은 '뻐꾸기시계'로 격하시켰기 때문에, 이에 대한 역습으로 그는 짐승이 된다. "채찍을 버리시오. 아니면 당신을 잡아먹겠소."(D 213) 그렇게 해서 그는 권

---

89) H. D. Zimmermann 2003, 161.

90) 장교가 탐험가에게 제도와 절차를 설명하는 동안에 병사와 죄수는 이 같은 정보 전달에서 완전히 배제되어 있다. 장교는 탐험가를 신뢰하고, 모든 것을 상세하게 설명함으로써 그를 내부 사정에 밝은 인사이더로 만든다. 여기서 이미 언급한 교양인, 비교양인의 대립적 구조와 함께 인사이더, 아웃사이더의 대비 현상이 나타난다 (B. Müller 2000, 110-111).

위주의 체제의 기본도덕을 훼손하였으며, 이제 치명적인 문신 처벌을 받게 되었다. 그의 몸에 새겨질 계명은 “너의 상관을 공경하라!”(D 210)이다.

『유형지』에서는 이전의 아버지 대신에 제도와 조직이 등장한다. 전임 사령관은 카프카 아버지상(像)의 변형으로서 『변신』, 『판결』 등의 친아버지상과 『소송』, 『성』 등에서 볼 수 있는 익명의 도달할 수 없는 관청의 중간단계를 나타낸다.[91] 즉 여기서 아버지상의 관료주의화 현상이 나타난다. 그리고 죄수의 상관인 대위 역시 아버지상이다. 죄수의 명령 불복종 및 상관모독은 아버지를 제압하고자 하는 시도를 의미한다. 『변신』 등 이전의 작품들에서 아버지에 반항하는 자들이 이야기의 주인공인데 반해, 『유형지』에서는 아버지상인 상관에 저항하는 자는 불쌍하고 짐승처럼 아둔한 인간이다. 그는 이 이야기에서 그야말로 하찮은 역할을 맡고 있다. 따라서 부자갈등은 『유형지』에서 핵심적인 주제가 되지 못한다. 이는 전임 사령관의 아버지상에 대한 장교의 입장을 보아도 분명하다. 전임 사령관에 대해 장교는 외경스러움과 경탄만을 느낀다. 장교의 언행과 태도에서 아버지에 대한 증오, 반항, 경쟁의 흔적은 찾아볼 수 없다.[92] 전임 사령관은 엄격하고 무서운 절대 권력자로, 그리고 현명하고 분별있는 신적 존재로 묘사되고 있다. 그는 유형지의 사법제도, 처형기구, 정교한 그림 장식으로 쓰여 진 판결문, 계율, 처형의식 등을 만들었다. 이제 스스로 전임 사령관의 상속 대리인이라 칭하는 장교가 전권을 휘두르며 특이한 기구를 이용, 유형지 원주민들을 고문 내지 살해하고 있다. 장교의 지상목표는 훌륭하게 기능을 수행하는 기구와 현 사법제도에 의한 정치권력의 유지이다.

많은 비평가들이 『유형지』를 역사적-정치적 맥락 하에서, 특히 20

91) Sokel 1976, 129.
92) H. Kaiser 1973, 105.

세기의 정치적 모티프에 의한 조직적 고문과 학살, 즉 추방에서 집단수용소에 이르는 홀로코스트와 연관시키고 있다.[93] 특히 기계에 의한 체계적 살인은 홀로코스트와 너무나도 유사하다. 이 같은 맥락에서 카프카의 우화는 거의 한 세대가 지난 후 유럽의 정치적 현실이 된 나치스의 만행을 예언적으로 선취하고 있다. 이 같은 만행은 관료주의와 잔인성의 끔찍스러운 결합에서 비롯된 것이다. 이미 살펴 본 것처럼 장교는 전임 사령관과 처형기구로 구현되는 독재적 권력기구의 광적 추종자로 나타난다. 특히 처형기계는 절대주의의 표본으로써 위협적 권력의 상징이 되고 있다. 옛 부터 익숙한 입법, 고발, 변호, 판결, 집행 등 권력의 분립과 여러 상이한 권력기구들이 협력하고, 수정 보완하는 다원적 재판은 이 기계에서는 통용되지 않는다. 이 기계는 모든 이러한 기능을 하나로 통합함으로써, 전체주의 체제에서 볼 수 있는 절대적 통치형식의 견본적 성격을 지닌다. 전체주의 체제에서는 유형지의 장교에서 확인되는 것처럼 입법과 사법기능이 하나로 통일되어 있다. 포로수용소 및 집단수용소에 수용된 자들은, 유형지에서 죄수가 장교에게 내맡겨진 것처럼, 법률의 보호를 받지 못한 채 형리들의 고문에 내맡겨져 있다. 『유형지』에서의 고문과 처형은 히틀러,

93) 카프카는 그의 사후에 발생한 홀로코스트와 같은 범죄행위에 대해 전혀 아는 바가 없었고, 제일차세계대전에도 특별한 관심이 없었기 때문에 이 텍스트를 정치적 맥락에서 이해하는 것을 조심스러워하는 비평가들도 있다. 즉 보러 같은 이는 카프카의 문학이 오직 하나의 현실, 상상의 현실에만 관심이 있었기 때문에 『유형지』는 정치적 우화가 아니라, 예술가와 예술행위와 관련된 사디스틱한 폭력현상을 다루고 있다고 주장한다 (Bohrer 2006, 429-430). 그러나 투홀스키는 장교의 고문과 관련하여 텍스트가 사도 마조히즘 등 도착적인 섹스 환타지를 불러일으킬지 모르나, 『유형지』의 실제 주제는 정치적인 것으로, 발작적으로 대량학살을 자행하는 군사-식민지 정권을 묘사하고 있다는 주장을 편다. 최근에 영미계 비평가들도 카프카의 『유형지』가 제국주의의 식민지 정책을 비판한다고 강조한다. 이들 역시 『유형지』가 일차적으로 정치적 텍스트임을 입증하고자 한다. 이처럼 『유형지』 글 읽기의 특징은 양극적 독법이다. 한편으로는 섹스와 관련한, 다른 한편으로는 정치와 관련한 해설들이 서로 대립하였다. 70년대의 심리분석적 해설이 정치적 해석을 배제하듯, 최근의 정치적 해석은 사도마조히즘적 글 읽기를 거부한다. 이 이야기는 우리 시대의 일반적 고통과 관계가 있다는 카프카의 진술을 바탕으로 뮐러-자이델 역시 『유형지』를 사도마조히즘의 유산으로 해석하는 것은 잘못이라고 언급하였다 (Zilcosky 2004, 33-34).

스탈린, 모택동의 전시용 공개재판 같은 종교적-독재적 마녀사냥을 떠올린다. 축제처럼 거행되는 유형지의 처형식은 처벌행위일 뿐 아니라 독재체제 구축을 위한 교육과정이기도 하다.[94)]

> 그리고 이제 처형이 시작되었습니다! 어떤 불협화음도 기계의 작업을 방해하지 않았지요. 많은 사람들은 더 이상 바라보지 않고 눈을 감은 채 모래 속에 누워 있었으며, 모두들 알고 있었죠. : 이제 정의로운 일이 일어난다는 것을. (...) 이제, 그리고는 여섯 번째 시간이 왔습니다! 가까이서 구경하게 해달라는 모두의 청을 들어주기는 불가능했죠. 사령관은 그의 통찰력으로 특히 아이들을 배려하도록 지시했습니다. 나는 물론 직책상 항상 가까이서 지켜볼 수 있었죠. 종종 나는 오른쪽 팔과 왼쪽 팔에 두 어린 아이를 안고서 그곳에 웅크리고 앉아 있었죠." (D 225-6)

그러나 이제 신임 사령관의 부임과 탐험가의 방문으로 인해 지금까지의 사법절차가 폐지될 위기에 봉착해 있다. 이는 재판관이며 사형집행인인 장교에겐 사활이 걸린 문제이다. 현재의 지위와 정치권력을 유지하기 위해 그는 탐험가를 구체제의 추종자 및 옹호자로 끌어들일 수 있기를 희망한다. 그러나 이미 살펴본 것처럼, 탐험가를 상대로 한 장교의 적극적인 설득이 실패로 돌아가면서 이야기는 장교의 죽음과 기구의 붕괴로 이어지는 결정적인 전환점을 맞이한다.

장교와 기구가 자멸한 후에도 유형지의 "가난하고 굴욕스러운 삶을 살아가는 민중"(D 247)은 계속해서 신임 사령관의 지배하에 있다. 그는 아직 기구에 의한 처형제도를 폐지하지 않았다. 신임 사령관은 전임자에 의해 확립된 옛 전통을 일시에 깨뜨릴 의사가 없다. 이처럼 『유형지』는 권위적 지배의 법적 연속성을 현재에도 유효한 것으로 입증하면서, 새로운 권력자의 혁명적 기능에 대한 희망을 주지 않는다.

94) Schmidt 1984, 425.

그 역시 권력유지에 도움이 되는 한, 잔인하고 불법적인 개체의 파괴를 "옛 관습"(D 229)으로 존중한다.

신임 사령관이 공공연한 폭력의 폐지를 지연시키는 데는 나름대로의 전략이 있다. 지금까지 유지되어 온 시민사회의 위계질서가 갑작스러운 기존제도의 폐지로 동요되어서는 안 되기 때문이다. 권력자는 민중에 대한 위협 및 통제수단인 고문과 살인으로부터 서서히 거리를 둔다. 지배체제를 유지하기 위해서는 좋지 못한 전통과의 연속성도 유지되어야 하기 때문이다. 때문에 그는 일차적으로 적법성에 하자가 없으며, 중립적 입장에 있는 탐험가의 보고를 기다리고 있다. 긍정적인 시각으로 보자면 신임 사령관은 구 사법절차를 점진적으로 개선코자 하는 자유 체제의 대표자일 수도 있다. 그러나 그에게는 자신의 도덕과 인도주의를 구현하고자 하는 확고한 태도가 결여되어 있다. 그는 내키지 않는 심정으로 새로운 제도를 도입하려는 것 같다. 예를 들어 그는 처형기구를 폐쇄하는 대신 기구의 부품 공급을 중단하거나, 처형현장에 직접 나가는 대신 외지인을 방패막이로 내 보낸다. 그리고 그가 표방하는 새로운 인도주의가 사형수의 입 안을 사탕으로 가득 채우고, 형장으로 가는 그에게 숙녀용 손수건을 선물하는 데에 있다면, 이 새로운 "온건한 방향"은 전적으로 풍자의 대상이 되고 있다.[95] 또한 신임 사령관의 부임으로 정의나 새로운 인간적 법질서가 보장된 것도 없다. 그는 결코 새로운 인도주의의 보증인이 아니다. 도피를 함으로써 책임을 회피하는 탐험가 역시 인도주의를 보장해주지 못한다.

전쟁 이야기가 아닌 이 단편은 인도주의가 실종되고, 기술적 합리성과 극도의 야만성이 결합된, 근대전쟁을 규정짓는 상황을 예시하고 있다.[96] 카프카는 이 단편을 제1차 세계대전이 발발한 직후에 썼다.

95) Sudau 2007, 140.
96) H. D. Zimmermann 2003, 166.

어디서 정교한 기술로 이루어진 기구가 인간을 고문하고 살해하기 위한 목적으로 사용되었을까? 바로 전쟁에서이다. 제1차 세계대전이 처음으로 거대한 살인 기계장치를 전쟁 내내 가동시켰다. 대전이 끝난 후, 그리고 야만과 잔혹의 상징인 처형기구가 장교와 함께 궤멸한 후, 위험이 정말로 사라지고 새로운 정신이 비문명적 구태를 극복했는지 확실치가 않다. 소설은 이 유형지의 미래가 어떻게 될 것인지에 대해서도 분명한 답을 주지 못하고 있다. 탐험가는 소설의 끝에 전임사령관이 섬으로 돌아와서 다시 무서운 통치를 하리라는 예언을 읽고 위협을 느낀 나머지 급히 찻집을 떠나 항구로 간다. 결국 『유형지』는 아직 극복되지 못한 전임사령관의 절대적 권력에 대한 공포감과 함께 고통의 연속인 암울한 미래상을 제시한다. 마지막에 탐험가의 치켜든 두 손은, 극히 사소한 이유에서 말채찍으로 죄수의 얼굴을 내리쳤던 구 제국주의 대위의 손을 연상케 한다. 이 마지막 장면은 정치적 비관주의를 보여준다. 구 식민주의자들 못지않게 계몽된 신 식민주의자들도 계속해서 원주민들을 폭력으로 위협할 것이고, 그 섬에 가두어 둘 것이라는 비관적 전망을 예상케 한다.[97)]

지금까지 다룬 정치적 해석과는 전혀 상반된 주장을 펴는 비평가도 있다. 조켈은 유형지 시스템의 실제 관심사나 목표는 정치 권력적인 것이 아니라 정신적인 것으로 중요한 것은 피고인의 각성과 변용, 그리고 구원이라는 것이다. 따라서 유형지의 처벌제도는 종교적인 영역에 접근하고 있으며, 그 본질적 요소는 기독교와 밀접한 관련을 맺고 있다는 것이다. 전임 사령관에게서 확인할 수 있는 전지전능한 신적 면모, 그의 의지와 계명이 절대적으로 정당하다는 장교의 믿음, 신적 존재의 판결에 흔쾌히 따르는 피고의 절대적 복종, 고통을 통한 변

97) Zilcosky 2004, 40; Nagel 1974, 265.

용, 특히 죽음을 통해 비로소 구원이 가능하다는 깊은 확신은 이 같은 주장을 뒷받침해 준다.[98] 이밖에 이 단편을 종교적 관점에서 파악할 수 있는 몇 가지 근거들을 제시해 보기로 한다. 먼저 기계의 삼위일체는 구원의 기능에 대한 설득력을 강조한다. “보시다 시피, 그것은 세 부분으로 구성되어 있습니다. 시간이 흐름에 따라 이들 각 부분들에 대한 일종의 통속적 명칭이 생겨났습니다. 아래쪽은 침상으로 불리고 윗부분은 제도기라 하며, 여기 중간의 움직이는 부분은 써레라고 합니다.”(D 206) 장교의 설명에 따르면 12시간 걸리는 죽음의 과정에서 처형기구는 피고인들에게 이해, 인식, 변용을 선사한다. 말하자면 장교는 처형을 변용과 구원 등 종교적 개념들로 정당화 한다. 처형이 시작되면 피고인은 아래 쪽 침상에 묶여지고, 그의 몸에 자신이 위반한 계명이 새겨진다. 계명들이 적혀 있는 사령관의 자필소묘는 낯선 문자, 미로와 같은 문자, 상형문자로 이루어져 있다. 십계명의 첫 번째를 암시하는 간단한 문장, ‘너의 상관을 공경하라’를 꼭 그러한 상형문자로 써야만 할까? 여기에는, 진실은 단순하고 간단한데, 철학서와 성서에서의 그 수많은 주석과 정당성의 입증은 무엇에 필요한 걸까? 그리고 핵심은 간단한 하나의 문장으로 끝나는데, 왜 그렇게 해독의 수고를 겪어야하는 걸까? 하는 카프카의 아이러니와 회의가 숨겨져 있다.[99]

형 집행의 여섯 번째 시간은 예수의 십자가 고문을 상기시킨다. 예수가 십자가에 못 박힌 후 여섯 시간 째 나타나는 칠흑 같은 어둠은 신의 부재에 대한 표시이다. 『유형지』에서 여섯 시간 째는 12시간 계속되는 처형과정의 전환점이 된다. 이 시간은 성경에서는 신에서 가장 멀리 떨어진 시간이고, 『유형지』에서는 법과 정의에 가장 근접한 시간

---

98) Sokel 1976, 127.
99) Mladek 1994, 127.

이다. 그리고 처형기구의 제도기와 써레, 즉 장교가 확신하는 정의의 자동기계는, 마치 하나님이 계명들을 석판에 새기듯, 죄수의 몸에 계명을 새긴다. 죄수에게 각인될 "상관을 공경하라"(D 210)는 십계명의 "부모를 공경하라"를 상기시키고 장교를 위한 계명 "정의로워라"는 "거짓 증언을 해서는 안 된다"를 연상케 한다 (출애굽기20, 12-16). 장교는 전임 사령관의 암호와 같은 정교한 그림 글씨를 소중히 간직하고 있다. 그에게 있어 사령관의 자필 소묘는 성서처럼 성스러운 것이다: "유감스럽게도 이것을 당신의 손에 쥐어줄 수 없군요. 이건 제가 소유하고 있는 것 중 가장 소중한 것입니다. 이만큼 떨어져서 보여드리겠습니다..."(D 217)

또한 "정의로워라"(D 238)라는 계명을 스스로 선택하면서 처형대에 뛰어 오르기 전, 장교가 결연하게 내뱉는 "그러니까 이제 때가 되었군요."(D 236)는 성서에 나오는 "성취된 시간"을 연상시킨다 (요한복음 19:30). 또한 처형이 시작되는 의미심장한 장면에서, 뜻밖의 해결사처럼 갑자기 "기계"(D 220)라는 개념이 등장한다. 이전에는 항상 "기구" 로 불려 졌었는데, 극적 긴장이 고조되면서 "독특한" 기구가 끔찍스러운 구원의 기계로 된다.[100)]

그러나 이러한 종교적 해석에 있어서 심각한 문제점은 이 처벌 시스템이 저 세상과 진정한 초월성을 모른다는 점이다. 전임 사령관은 자신의 전능에도 불구하고 속세의 법칙에 종속되어 있으며, 그의 처형기구를 비롯한 유형지 자체도 역사적 붕괴에 직면해 있다. 더욱 본질적인 차이는 이 제도가 인간에 대한 사랑을 모른다는 점이다. 오로지 기구의 작동과 기술적 성과가 문제이기 때문에, 사형집행관에게는 살해되는 인간들이 보통의 인간들로 생각되지 않는다. 인간의 생명은

100) Mladek 1994, 131.

여기서 경이로운 기계가 경이로움을 발휘할 수 있는 기계의 사료 또는 연료에 불과하다. 따라서 장교에게 중요한 것은 인간이 아니라 변용 기구의 완벽한 기능이다. 죄수의 변용도 그 자체가 목적이지, 더 이상 천상의 영원성으로 연결되지 못한다.[101)]

그러면 이제부터는 종교적 관점과도 상반되는 또 하나의 비정치적 해석인 사도 마조히즘과 관련한 성 심리적 해석에 초점을 맞추어 논의를 진행코자 한다. 헬무트 카이저는 최초의 광범위한 카프카 관련 연구논문인 「프란츠 카프카의 지옥」의 본론에서 『유형지』를 다루고 있다. 카이저는 이 논문에서 『유형지』를 사도 마조히즘과 동성애적 성향의 소설로 파악하였다. 이후 이 논문은 카프카의 작품에 대한 성 심리적 해석의 모범으로 간주되었다. 그리고 웨인 번스는 미르보의 사디즘적 포르노 소설 『고통의 정원』을 카프카 단편의 전거로 들고 있다.[102)]이 소설이 『유형지』의 핵심적 내용과는 다소 거리가 있다할지라도, 섹스와 죽음의 특이한 결합 때문에 카프카가 관심을 가졌을 법하다. 미르보는 많은 사람들이 생각하는 것처럼 단순한 사디스트나 사도마조히스트가 아니라, 자기 시대의 신랄한 사회비판가였다는 주장도 제기되고 있는데, 특히 뮐러-자이델은 미르보의 텍스트를 프랑스 군 대위 드레퓌스를 옹호하는 소설로써 그 문학적 가치를 인정코자 하였다.[103)]

---

101) Sokel 1976, 127.

102) Höfle 2006, 94.

103) 미르보의 『고통의 정원』은 19세기 말의, 동시대인들을 극도로 격앙시켰던 특정한 사건과 연관 짓지 않고서는 올바른 판단을 내릴 수가 없다. 그것은 다름 아닌 드레퓌스 사건으로서, 간첩혐의로 유대인 장교 드레퓌스에게 내려진 프랑스령-가이아나로의 종신 추방형 선고이다. 미르보는 드레퓌스를 공개적으로 지지하였으며, 가톨릭 교회, 프랑스 형법전, 반유대주의에 대한 솔직한 비판을 서슴치 않았다. 그는 『고통의 정원』에 묘사된 과도한 사디즘을 통해 정치적 풍자의 가능성을 찾았는지도 모른다. 즉 이국적 사디즘을 과장, 강조하면서 계몽된 유럽의 숨겨진 가학성과 무자비성을 희화화하고자 하였다. 유럽의 잔인성을 강조하기 귀해 미르보는 이 소설의 마지막에 결정적 반전을 시도한다. 환각 증세를 일으키는 화자의 눈앞에서 중국인 사형집행인의 얼굴이 유명한 프랑스 정치가의 모습으로 바뀐다

미르보의 소설에서도 정치와 섹스라는 양극적 독서법이 시도될 수 있는 것처럼, 카프카의 『유형지』에서도 정치, 즉 식민지 정책과 성적 도착이 불가분의 관계를 맺고 있다. 이 같은 관점에서 본다면 『유형지』는 사도마조히즘과 세기 전환기의 식민지 정책과의 연루에 대한 성찰로도 볼 수 있다.[104] 전임 사령관은 자신의 정치권력을 사디즘에 의해 유지한다. 그는 죄수의 몸에 판결문이 새겨지는 사디스틱한 처형 방법을 고안하였을 뿐 아니라, 벌거벗은 남자를 침상에 눕히는 에로틱한 역할도 담당하였다. 이제 그 역할을 장교가 물려받아 하고 있다. 자살하기 전 장교의 은밀한 내적 구상은 탐험가로 하여금 사디스트의 역할을 맡게 하는 것이었다. 그러나 탐험가는 장교의 고문자가 되기를 거부한다. 아니 거부하기 전에 이미 모든 것이 끝장나고 말았다. 성 심리적 관점에서 본다면 장교의 자살은 마조히즘적인 자기처벌의 행위이다. 장교는 이 같은 방식으로만이 자신의 죄책감을 면할 수 있고 이념적 만족을 얻을 수 있다. 장교는 자살 직전 마조히스트적으로 자신의 전 남성성을 포기한다. 장교는 자신의 상징적 거세행위를 통해, 탐험가와 신임 사령관이 시인하고 싶지 않았던 사실, 즉 식민주의와 사디즘은 서로 의존하고 있다는 사실을 분명하게 보여준다.[105] "그에게 남은 마지막 물건은 혁대가 달린 단검이었다. 그가 칼을 칼집에서 꺼내 부러뜨리고는, 모든 것, 즉 단검 조각들, 칼집과 혁대를 함께 모아 세차게 내던지자, 아래쪽 구덩이 속에서 맞부딪치며 쨍그랑 소리가 났다." (D 240)

여기서 『유형지』를 성 심리적 해석과 관련하여 잠시 미르보의 소설과 비교해 보자. 카프카는 『유형지』의 구성양식과 소재를 부분적으로

(Müller-Seidel 1986, 143; Zilcosky 2004, 37).

104) Zilcosky 2004, 38.

105) Zilcosky 2004, 41.

미르보의 사디즘 소설, 『고통의 정원』에서 취했다. 먼 중국에 위치한 고통의 뜰에서도 죄수들이 고문으로 고통을 당하며 천천히 처형된다. 일인칭 화자는 탐험가에 상응하고, 장교의 역할은 한 여인이 맡고 있다. 관찰을 마친 후 화자는 보트를 타고 정원을 떠난다. 『고통의 정원』에서는 희생자들이 가장 끔찍스러운 방법으로 인간으로서의 마지막 흔적마저 지워져 버리는, 순전히 사디즘적 처형과정이 문제이다.[106] 이 소설에 등장하는, 고문에 매료된 여주인공 클라라는 생선 한 마리 훔친 죄로 사형선고를 받은 한 남자에 대해 이렇게 이야기 한다:

> 판사는 그에게 쇠 채찍에 의한 사형을 선고했지요. 생선 한 마리 때문에 여보! 그런 일이 고통의 정원에서 일어났어요. 그 남자는 땅에 무릎을 꿇었고... 그의 머리는 오래된 피로 새까맣게 된 통나무 위에 놓여져 있었어요. 그 남자의 등과 허리는 맨 살이었어요...그건 끔찍스러우면서 아주 감미로웠어요. 그가 얼마나 아름다웠는지 당신은 모를 거예요. 이 남자가. 얼마나 강인했는지! 조각상에서 볼 수 있는 근육들. 나를 안아줘요, 여보, 나를 좀 안아줘요![107]

벌거벗은 육체를 꿰뚫는 바늘에 대한 카프카의 묘사 역시 사도마조히즘을 연상케 한다. 피고인은 배를 깔고 침상에 눕는다. 위쪽에서 바늘들이 신체의 등 쪽을 찌른다.

> 저 남자가 침상에 누워 있고 이것이 진동을 시작하면 써레는 신체 위로 내려옵니다. 써레는 뾰족한 바늘들이 살짝 몸에 닿게끔 자동으로 조절됩니다. 조절이 끝나면 이 쇠줄은 곧 하나의 강철 막대로 뻣뻣해집니다. (D 214-5)

이 과정은 마치 성교 장면을 연상케 한다. 철사 줄이 쇠막대기로 뻣뻣해 지는 것은 발기를 암시한다. 찔러대고 액체를 쏟아내는 바늘은 페니스를 상징한다. 그리고 침상과 써레의 율동적 움직임은 성행위

---

106) Nagel 1974, 238-239.
107) Müller-Seidel 1986, 142-143.

를 하는 두 상대자를 흉내 낸다. 죄수는 처형과정에서 6시간 만에 오르가즘을 체험한다.[108] 카이저는 처형행위를 일종의 성교행위로 파악하였다. 그는 리드미컬하게 진동하는 침상 위의 죄수를 성교의 수동적 파트너로 관찰하였다. 능동적 행위자는 기계의 다른 부분, 즉 수족 같은 네 개의 놋쇠 막대 위에 있는 제도기이다. 제도기 한 가운데는 철사 줄에 매달린 페니스 같은 써레가 있다. 제도기가 그러니까 능동적 행위자의 몸통이다.[109] 처형 기구에 있어서 특이한 점은 희생자로 하여금 고문과 처형을 쾌감과 인식, 열락과 환희로 체험케 하는 점이다. 고문을 통해 변용되는, 즉 아름답고 평화로운 외관을 지니게 되는 죄수의 운명적인 여섯 째 시간에 대한 카프카의 묘사는 독자의 관심을 끄는 상당한 매력을 지닌다. "우리 모두는 고문 받고 있는 얼굴에서 어떻게 변용의 표정을 받아 들였으며, 마침내 도달했는가 하면, 곧 사라지는 정의의 광채에 어떻게 우리의 빰을 갖다 대었던가!"(D 226) 장교는 여기서 관음의 황홀함과 공동의 쾌락에 관한 의미심장한 연설을 하고 있다. 이 변용의 환상에 관한, 도착적 행복감에 대한 카프카의 묘사가 없었더라면 식민지의 잔인한 현실만이 독자의 뇌리에 각인되었을 것이다.[110]

• 맺는 말

『유형지』를 성 심리적 관점에서 보았을 때 열락과 환희로 느낄 수 있는 것이, 성 도착적 환상에서 깨어나면 고통이란 현실로 다가온다. 소설에서 인지할 수 있는 장교와 탐험가 그리고 죄수의 고통이 이제 카프카의 고통과 오버랩 된다. 이 단편이 쓰여 진 시기도 역사적으로나

108) 종교적 관점에서 본다면 변용의 체험이다.
109) H. Kaiser 1973, 116.
110) Zilcosky 2004, 34.

시대적으로 고통스러운 시기였지만, 카프카 자신도 이 무렵 자기 인생을 고통스럽게 느꼈다. 그러나 『유형지』 역시 작가의 다른 작품들과 마찬가지로 카프카 개인의 고통과 고뇌에 찬 생을 넘어 일반적이고 보편적인, 고뇌에 찬 상황을 다루고 있다.

1914년 후반은 두 가지 파국으로 특징 지워진다. 역사적으로는 제1차 세계대전이 발발하고, 카프카 개인적으로는 첫 약혼 후 6주 만에 찾아 온 펠리체 바우어와의 극적인 파혼이다. 이처럼 『유형지』에서는 사적인 수레바퀴와 역사적인 수레바퀴가 두 축처럼 함께 달리고 있다. 쿠르트 볼프에게 보낸 1916년 10월 11일자 편지에서 카프카는 두 파국을 "고통(스러운)"이란 개념으로 요약하고 있다. 자신의 고통이 바로 시대의 고통이라는 것, 그리고 자신의 불행 뿐 아니라 시대의 불행도 표현하고 싶고, 또 표현해야 한다고 카프카는 이 편지에서 분명히 밝히고 있다.(B 150) 때문에 카프카는 이 이야기가 결코 고통스러움(자신의 파혼과 동시대의 정치적 폭력성)에서 벗어날 수 없다는 사실을 인정하고 있다.

전쟁이 발발했을 때 카프카는 주변의 애국적인 집단출정을 한편으로는 무관심과 경멸감으로, 다른 한편으로는 자신이 배제된데 대한 질시의 눈길로 바라보는 양가적 감정을 표출하였다. 유형지에서의 야만적 처형에 대한 탐험가의 태도 역시 혐오와 매혹 사이에서 흔들리고 있다. 카프카가 정치적 군사적 대사건에 대해 -마치 외지인인 탐험가처럼- 타자로서 느끼는 경멸과 질시, 그리고 탐험가의 처형기구에 대한 경악과 매혹의 양가적 감정이 바로 극복하기 어려운 이 소설의 고통스러움이다.[111)]

또한 카프카는 장교를 통해 『유형지』에서 자신의 글쓰기 과정을 성

111) Alt 2005, 489.

찰한다. 자신의 글쓰기에 대한 수많은 암시들이 장교의 발언과 그의 소망 및 불안 속에 투영되어 있다. 불협화음, 톱니바퀴의 삐걱거림, 수많은 장애와 고장들은 기계의 것일 뿐만 아니라 자신의 글쓰기에 수반되는 장애요인들이기도 하다. 장교의 편집광적인 설명도 카프카의 독자에 대한 끊임없는 정당화 시도에 상응한다. 탐험가, 죄수, 병사들은 거의 말이 없는 독자들이며 글쓰기 과정의 관찰자들이다. 주도 모티프처럼 전체 이야기를 관통하고 있는 장교의 지나친 결벽증 역시 글쓰기 과정에서의 카프카의 언어 순수주의와 유사하다.[112)]

왜 기계는 읽을 수도 없고, 해독할 수 없는 글자를 죄수의 몸에 새겨 넣어야 하는 걸까? 글자 새기기가 아니더라도 고통스러운 고문은 얼마든지 있을 텐데. 글자 새기기는 인생 자체가 글쓰기의 연속이었던 작가 자신의 고통을 암시하는 걸까? 그러나 글쓰기는 고통스럽긴 하지만, 카프카에겐 자기 파괴의 행위가 아니라 유일한 해방행위였다. 우리의 인생은 죽을 때까지 고통과 고뇌에 찬 궤도를 달리고 있다. 따라서『유형지』는 우리의 인생에 대한 은유일지도 모른다.[113)]

2.4『학술원에 드리는 보고』

• 서언

『학술원에 드리는 보고』는 주인공인 아프리카 황금해안 출신의 원숭이, 빨간 페터의 정체성의 변화를 다루고 있다. 즉 동물의 인간으로의 변화, 또는 자연적 존재에서 문화적 존재로의 변화가 이 단편의 주제이며, 주제의 핵심은 하겐벡 원정대에 의해 생포되어 자유로운 인

112) Mladek 1994, 120-121.
113) H. D. Zimmermann 2003, 169.

간으로 되기까지의 5년에 걸친 빨간 페터의 학습과정이다.[114] 본고는 먼저 어떤 계기에서 빨간 페터가 현실극복과 생존 전략의 한 방편으로써 정체성의 변화를 시도하는지 살펴본 다음, 출구와 자유, 그리고 동물원과 버라이어티 사이에서 두 번에 걸친 선택, 새로운 정체성을 획득하기까지의 힘겨운 수련과정, 특히 관찰에서 모방을 거쳐 학습에 이르는 적응과정 등을 알아보고자 한다.

다음으로 『학술원에 드리는 보고』를 유대인들의 동화(同化)에 대한 풍자와 관련하여 논의를 진행한다. 아울러 시온주의자들의 유대인 동화에 대한 비판을 살펴보고, 빨간 페터와 인간사회의 상호 관계를 유대인과 반유대주의자의 관계와 비교한다.

• 정체성 변화의 계기와 과정

빨간 페터가 겪는 트라우마는 문명세계의 공격성으로 야기된다. 즉 우연한 인간세계와의 충돌이 정체성 변화의 계기가 된다. 하겐벡 사냥원정대에 의해 생포된 빨간 페터는 자신의 상황을 이렇게 설명한다.

> 나는 출구가 없었지만, 그 출구를 만들어야 했습니다. 왜냐하면 출구가 없이는 난 살 수가 없었으니까요. 언제나 이 궤짝 벽에 붙어 앉은 채 나는 꼼짝 없이 죽어버렸을 겁니다. 원숭이들은 하겐벡 회사에서는 궤짝 벽에 붙어 있어야 하거든요. 자, 그래서 나는 원숭이이기를 포기했습니다. (D 304)

그의 보고는 우리로부터 벗어날 수 있는, 가능한 “출구”를, 생명을 담보로 해서만이 다시 획득할 수 있는, 불가능한 “자유”와 구분한다. 빨간 페터에겐 자유는 다다를 수 없는 유토피아이다. 그에게 가능한 것은 출구라는 축소된 자유의 형식이다.[115] 자유는 탈출로 얻어질 수 있을지 모르지만, 그의 처지에서 탈출은 곧 자살을 의미한다. 때문에

114) Neumann 1975, 166
115) Anz 1992, 64.

그는 궁여지책으로 고통스러운 감금 상태에서 벗어날 수 있는 출구를 찾는다. 이 출구는 예리한 관찰력과 적응 및 학습능력을 전제로 한다. 이제부터 원초적 본능이 세련된 사회적 행동으로 변화되는 일종의 문명화 과정이 시작된다. 카프카는 이러한 과정에 앞서 빨간 페터가 원정대의 총격으로 뺨과 허리 아래에 입은 상처들을 강조한다. 이 장면은 성경의 원죄 이야기를 연상시키면서 원숭이의 자연으로부터의 추방과 문명세계로의 진입을 상징화 한다.[116] 인간의 문화 영역으로 들어서면서 그는 원숭이 본성을 숨기고 인간의 본성으로 미끄러져 들어가려 한다. 기억의 상실은 옛 정체성을 몰아내기 때문에 인간의 문화를 습득하는데 있어서 필수 전제조건이다. 그가 원숭이 본성을 떨쳐버릴 때 비로소 새로운 정체성을 획득할 수 있기 때문이다. 인간의 역할에 적응하기 위한 학습이 진행되는 동안 빨간 페터는 먼저 선원들의 행동을 관찰하고 모방한다. 침뱉기와 담배 피우기에 뒤이어 학습과정에서 결정적인 것은 거듭된 실패 후에 마침내 성공하게 되는 소주 마시기이다. 바로 이 알코올 에피소드가 이 단편의 극적인 클라이맥스이며 정체성 변화의 전환점이 된다.

> 어느 날 저녁 수많은 관객들 앞에서 그분을 위해서나 저를 위해서도 정말 대단한 승리가 되는 일이 있었습니다. – 아마 축제였던 것 같습니다. 축음기가 돌아가고 장교가 한 명 사람들 사이를 돌아다니고 있었습니다. – 저는 이날 저녁에 주목을 받지 못한 채 우리 앞에 실수로 버려져 있던 소주병 하나를 집어 들었습니다. 그리고 사람들이 점차 주의를 기울이는 가운데, 배운 대로 코르크 마개를 뽑고는 입에 갖다 대고 주저하지도 않고, 입을 찡그리지도 않은 채 전문적인 술꾼처럼 눈알을 굴리며 꿀꺽꿀꺽 소리를 내며 남김없이 비워버렸습니다. 그리고는 더 이상 절망한 자가 아니라 예술가로서 술병을 내던졌습니다. 비록 배를 쓰다듬는 것은 잊었지만, 그러나 저는 달리 어쩔 도리가 없었기 때문에, 또 충동에 사로

116) Jagow 2002, 601.

잡히고 온 몸에 술기운이 돌았기 때문에, 짧고 훌륭하게 인간의 음성으로 "여보세요!"라고 외쳤습니다. 이 외침과 함께 저는 인간 사회로 뛰어들었고, "들어 봐, 저것이 말을 하네!" 라는 그들의 반응이 땀방울이 뚝뚝 떨어지는 온 몸에 하나의 입맞춤처럼 느껴졌습니다. (D 310-311)

학습하는 원숭이의 인간화 과정에 있어서 정점은 "여보세요"라는 인간 언어의 습득이다. 이 소주 마시기가 결국은 버라이어티 쇼에서 공연예술이라는 출구를 마련해 줌으로써 생존전략으로서의 학습은 성공을 거두게 된다. 빨간 페터는 모든 동물적 본성을 제거하기 위해 지금까지 이루 상상할 수 없는 노력을 기울였다. 이 과정에서 결정적인 역할을 하는 것은 바로 그의 의지력으로서 이를 바탕으로 그는 인간들의 냉혹한 사회질서에 편입되고자 한다. 이제 그는 다른 원숭이들에 대해서 냉혹한 감정을 숨기지 않는다. 그는 이미 널리 알려진 조련된 원숭이 페터에 대해 적의를 드러낼 뿐 아니라, 자신의 반려자인 반쯤 조련된 암 침팬지에 대해서도 냉정한 태도를 취한다. 낮 동안에 그는 그녀가 자기를 바라보는 것을 참을 수가 없다. 그녀의 시선은 빨간 페터로 하여금 이전의 원숭이로서의 존재를 상기시켜 주기 때문이다.

• 정체성 변화에 대한 여러 관점들

함부르크에서 조련사에게 넘겨져 주인공은 새로운 격자 우리가 기다리는 동물원이냐 아니면 자신의 기량과 재주를 발휘할 수 있는 버라이어티 쇼냐 하는 선택을 해야 한다. 그는 후자를 택한다. 쇼의 공연예술가가 되기 위한 교육과정은 무자비하다.

저는 배웠습니다. 여러분. 꼭 해야 한다면 배우게 됩니다. 출구를 원한다면 배워야죠. 앞뒤 가리지 않고 배우는 거죠. 채찍으로 스스로를 감독하고 아무리 사소한 저항이 생겨도 스스로 제 살을 찢습니다. (D 311)

혹독한 수련과정을 거쳐 원숭이는 버라이어티 예술가가 되고 제한적이나마 자신의 기량을 펼칠 수 있는 자유를 누리게 된다. 이렇게 『학술원에 드리는 보고』는 동물이 인간으로 –정확히 말하자면 인간과 유사한 존재로–, 또는 자연적 존재가 문화적 존재로 변화하는 과정을 묘사하고 있다. 때문에 보고의 대상은 이전의 원숭이로서의 삶이 아니라 그를 인간 공동체의 일원으로 만들어 가는 적응과정이다. 이와 함께 이 보고는 공연 예술가로서 빨간 페터가 처한 심각한 문제점도 다루고 있다. 예술은 빨간 페터에게 생존전략의 일환으로 기능하지만, 동시에 한계를 드러내기도 한다. 그는 예술가, 말하자면 일종의 엔터테이너가 되지만, 그렇다고 인간과 대등한 위치에 설 수 없는 딜레마에 빠진다. 그가 서 있는 무대와 인간들의 객석 사이에는 눈에 보이지 않는 횡목이 가로놓여 그와 인간을 분리시킨다.[117] 그의 앞에는 원숭이의 재주를 보고 즐거워하는 관객이 있을 뿐이다. 버라이어티 무대는 원숭이를 타자로서, 인간사회의 아웃사이더로서만 받아들인다. 인간들은 그가 원숭이 재주라는 이색적인 역할을 하는 데서 그의 존재를 인정한다. 바로 여기서 우리는 이 보고가 유대인의 동화과정을 풍자내지 비유하고 있음을 인식할 수 있다. 즉 버라이어티에 진출한 빨간 페터는 동화라는 출구를 선택했었던 유대인의 불안한 사회적 위상을 대변한다고 볼 수 있다.[118]

『학술원에 드리는 보고』가 유대인의 동화에 대한 비유로 해석된다면, 그것은 유대인이 유럽 문화에 적응하기 위해 자신의 유대 전통을 부인하는 것을 의미한다. 여기서 동화란 인간이나 원숭이가 원래의 정체성을 부정하고 보다 강한 지배권에 순응하는 것이다.[119] 엘자 브

117) Sokel 1976, 390.
118) Alt 2005, 524.
119) Sudau 2007, 181.

로트가 이 이야기를 1917년 12월 19일 '프라하의 유대인 여성 클럽'에서 큰 파장을 일으키며 공개 낭독한 후에 막스 브로트는 유대인 잡지 『자기방어』에 다음과 같이 기고한다.

> 프란츠 카프카는 하겐벡 (원정대)에 붙잡혀 강제로 인간이 되는 한 원숭이의 이야기를 하고 있다. (...)지금까지 쓰여진 것 중에서 가장 천재적인 동화(同化)에 대한 풍자가 아닌가! (...)자유나 무한성이 아닌, 하나의 출구를, 그것도 비참한 출구를 원하는 동화자! 이 이야기는 그로테스크하면서 동시에 숭고하다.[120)]

유럽의 지배적인 기독교 문화에 대한 적응이 수많은 유대인들에겐 현실 극복을 위한 하나의 생존전략이었다. 우리는 여기서 다시 "출구"와 "자유"라는 핵심 개념에 부딪친다.[121)] "자유"는 시오니즘 등 유대인의 정체성을 되찾는 것이고 "출구"는 동화와 기독교로의 개종을 의미한다. 우리 안에 갇힌 빨간 페터는 유럽에서 아직 동화되지 않은 유대인의 상황을 연상케 한다. 이들은 게토에 갇힌 채 생활하면서 외부 기독교 세계와의 접촉을 거부했다. 이러한 의미에서 채찍질하며 나아간 인간 흉내자로의 변화과정에 대한 빨간 페터의 보고는 유대인의 동화에 대한 우화라 할 수 있다. 자신이 가장 많이 동화된 서유대인이라는 카프카의 발언[122)]과 『학술원에 드리는 보고』가 처음 발표된 곳이 동화와 시오니즘에 대한 가장 중요한 토론의 장이었던 부버의 잡지 『유대인』이었다는 사실이 이 같은 해석을 뒷받침한다. 특히 유럽문화에 적응하기 위해 원래의 정체성을 감추고자 하는 유대인의 전략과 낯선 환경에 동화되기 위한 의식적인 자기 훈육은 빨간 페터의 생존전략과 일치한다.[123)] 양자의 경우 모두 교육이 커다란 역할을 한다. 실제로

---

120) Born 1979, 128.
121) Westerwinter 2007, 76.
122) BM 308.
123) A. Kılcher/ D. Kremer 2004, 65.

카프카의 원숭이가 발견한 출구는 바로 교육이다.

> 이러한 발전들! 온 사방에서 깨어 있는 두뇌 속으로 파고드는 이 지식의 빛들! 그것이 저를 행복하게 했다는 사실을 부인하지 않겠습니다. 그러나 또한 고백하지만, 저는 그것을 과대평가하지 않습니다. 이미 그때도 그랬지만, 지금은 더욱 그렇습니다. 지금까지 지상에서 되풀이된 적이 없었던 각고의 노력을 통해, 저는 유럽인의 평균 교양을 갖추게 되었습니다. (D 312)

유대인들도 교육을 게토에서 벗어날 수 있는 출구로 인식했다. 결국 자기 단련을 통해 유럽인이 되는 것이 동화의 목표이다. 빨간 페터는 자신의 새로운 정체성을 의식적으로 쟁취한다. 그것은 의지력과 적응능력의 감동적인 결과로서 수년에 걸친 교육을 필요로 했다. 이 같은 비상한 의지력은 유대인의 전형적인 특징이기도 하다. 이를테면 유대인이 상인으로서, 또는 작가로서 재정적인 성공을 거두었다면 그것은 사업상의 수완이나 작가로서의 재능이 아니라 오로지 그의 의지력의 결과이다. 바그너가 그의 저술『음악에서의 유대 정신』에서 기술한 유대 지식인의 초상은 빨간 페터에게도 정확히 해당된다.

> 교양 있는 유대인은 저급한 교우들의 눈에 띄는 특징들을 떨쳐버리기 위해 이루 상상할 수 없는 노력을 기울였다. 대개의 경우 그는 기독교 세례를 받음으로써 자기 출신의 모든 흔적을 지우는 것을 합목적적인 것으로 생각했다.[124]

• 맺는 말

빨간 페터는 흔히 카프카의 긍정적이고 성공적인 주인공으로 평가되고 있다. 조켈 역시『학술원에 드리는 보고』를 성공 스토리로 보고

124) Robertson 1988, 224에서 재인용.

있다.[125] 즉 빨간 페터는 카프카의 작품에서 파멸에 이르지 않고 자신의 목표에 이르는 유일한 주인공이라는 것이다. 그러나 그의 목표가 100 퍼센트 완전히 달성되었는가? 빨간 페터는 자신의 발전과정과 정체성의 변화에 대해 이렇게 요약한다.

> 나의 지금까지의 발전과정을 조망한다면, 불평할 것도 없고 만족스럽지도 않다.(D 312-313)

그는 자부심과 체념이 뒤섞인 묘한 감정으로 아무런 불평 없이 자신의 불만스러운 존재를 받아들인다. 그러니까 그의 목표는 완전히 달성된 것이 아니다. 그는 "유럽인의 평균 교양", 지식의 축적, 수많은 성공 사례에도 불구하고 완전한 인간은 되지 못한 것이다. 그는 끝까지 놀라울 정도로 인간을 그대로 흉내 낼 줄 아는 원숭이에 지나지 않는다. 그는 끊임없는 노력으로 인간 사회에 진입했지만, 인간들은 그를 대등한 인간 존재로 인정하지 않고 그저 비상한 모방 및 적응 능력을 지닌 이색적인 동물 엔터테이너 정도로 생각할 따름이다. 다른 한편으로 유대인은 서 유럽인들의 관습과 풍속을 그대로 답습함으로써 그들 사회에 편입될 수 있다. 그러나 비 유대인, 특히 반 유대인들에게 그는 어디까지나 모방하는 재능을 지닌 연기자에 지나지 않는다. 이러한 의미에서 빨간 페터는 시온주의자와 반 유대주의자들이 생각하는 서 유대인의 유형을 정확히 구현하고 있다.[126] 빨간 페터가 엔터테이너로서의 놀라운 성과에도 불구하고 인간들에겐 어디까지나 원숭이로 머무는 것처럼, 반 유대주의자들은 동화된 유대인들을 처음부터 끝까지 서 유럽인이 아닌 유대인으로 간주한다.

따라서 빨간 페터는 자신이 인간으로 변화했다고 믿지만, 그는 인간

125) Sokel 1976, 382.
126) Robertson 1988, 223.

도, 원숭이도 아닌, 자연과 문명의 양극 사이에서 움직이는 혼성 존재이다. 그의 이 같은 특수한 위상이 다음 텍스트에서 잘 나타나고 있다.

> 내가 밤늦게 연회나, 학술 모임, 기분 좋은 회합에서 집으로 오면, 반쯤 조련된 작은 암 침팬지가 나를 기다리고 있고, 나는 원숭이 식대로 그녀 곁에서 만족을 느낍니다. 낮에는 그녀를 보고 싶지 않습니다. 그녀의 시선에는 조련된 동물의 혼란스러운 광기가 담겨 있으니까요. 저 만이 그것을 알아보지만, 전 그것을 참을 수가 없습니다. (D 313)

빨간 페터의 변신은 원숭이 본성이 완전히 극복될 수 없음으로 해서 일종의 중간 단계에서 끝나고 만다. 이제부터 지니게 된 인간의 의식에도 불구하고 밤의 성생활은 여전히 원숭이 식이다. 그의 현재의 지적 수준은 유럽인의 평균 수준이고, 직업 활동도 성공적이지만 성생활은 인간적으로 진화하지 못했다. 그는 육체적인 면에서 동물적 본성을 그대로 유지함으로 인해, 육체와 정신의 대립을 극복하지 못한 것이다.[127] 그리고 낮에 자신의 반려자를 마주 하는 것이 그에겐 견딜 수 없는 일이다. 이 암 침팬지는 그가 거쳐 온 자신의 과거에 대한 살아 있는 증거로서 그는 그녀의 모습에서 자신의 옛 정체성이 투영되어 있음을 보게 된다. 여기서 문득 빨간 페터는 자신의 뿌리 없음과 고향 상실을 고통스럽게 느낀다. 자신의 근원을 상실함으로써 야기된 쓰라린 감정은 적응에 성공하고 옛 정체성을 떨쳐버린 후에도 사라지지 않는다. 그의 이러한 모습은 동화에 몰두한 채 자신의 뿌리를 망각하고 부정한 한 민족의 기구한 운명을 연상시킨다. 이러한 맥락에서 『학술원에 드리는 보고』는 서유대인들의 동화 행태에 대한 시온주의적 비판 및 풍자와 연결된다. 시온주의자들은 서유대인들의 동화 노력, 즉 반유대주의로부터의 출구전략이 실패한 것으로 선언한다.

---

127) Beicken 1974, 311.

모든 국가의 반 유대주의자들은 유대인들에게 말한다. (...) 당신들의 자기 부정을 우리는 믿지 않는다. 우리와 융화하고자 하는 당신들의 모든 노력에도 당신들은 우리에게 낯선 존재이다. 당신들은 이교도일 뿐 아니라, 이 종족이기도 하다.[128]

이처럼 빨간 페터의 정체성 변화의 시도 및 결과가 유대인의 동화과정을 연상시킴으로써 카프카의『학술원에 드리는 보고』는 풍자적 기능을 갖는다.

2.5『시골의사』

• 서언

『시골의사』는 카프카가 1916년 가을 프라하 성(城) 인근에 있는 황금소로의 한 작은 집에서 집필을 시작하여 1917년 4월에 완성한 단편집에 수록되어 있으며, 1919년 볼프 출판사에서 출간된 14편의 산문집의 표제로 선정되었다.[129] 이로써 이 단편의 비중이 큼을 짐작할 수 있다.

카프카의 특별한 서술기법에 의한 비현실적이고 불가사의한 줄거리, 시적 운율, 표현의 빠른 흐름, 인물들의 상징적이고 암시적인 행위, 혼란스러운 줄거리의 비약 등은『판결』을 연상케 한다.『판결』과『변신』에 비해 초현실적 서술기법이 더욱 강화되어 나타나고 있는 이 단편은 한 인간이 이해할 수 없는 기이한 방식으로 지금까지의 인생에서 추방되어 영원히 정처 없이 떠도는 수수께끼 같은 이야기로서 카프카의 산문 중 가장 인상적이고 시적인 산문들 중 하나로 평가받고 있다.

본고는 먼저 초현실적이고 난해한 작품의 이해를 돕기 위해 줄거리

---

128) A. Kilcher/D. Kremer 2004, 69.
129) 단편집『시골의사』의 주요 단편으로는『시골의사』외에『법 앞에서』,『재칼과 아랍인』그리고『학술원에 드리는 보고』등이 있다.

를 간략히 소개한 다음, 주인공인 시골의사의 원초적, 충동적 자아로서의 마부와 억압된 충동의 메타퍼인 말, 그리고 제2의 분열된 자아인 소년환자에 대해 알아본다. 그리고는 본고의 주제인 카프카의 특별한 서술기법으로서의 정지된 시간, 또는 현재시제에 의한 폭력과 상처의 현재성을 마부의 하녀(로자)에 대한 폭력과 그로 인한 상처, 그리고 환자 소년에게로 전이된 로자 빛 상처와 관련하여 다룬 다음 카프카의 자전적 요소인 '폐의 상처'에 주목한다. 이어 작품의 결말 부분을 아하스버의 유랑을 암시하는 시골의사의 영원한 방황에 초점을 맞추어 논의를 진행한다.

• 자아의 분열

"나는 아주 당황했다. 급한 일로 길을 떠나야 했던 것이다."(D 252) 한 시골 공의(公醫)가 추운 겨울 날 야간 비상종에 의해 10마일이나 떨어져 있는 한 마을의 중(重)환자에게 왕진을 가야했는데 마차를 끌 말이 없었다. 자신의 말은 바로 간밤에 죽었던 것이다. 하녀인 로자가 마을에서 새 말을 알아보지만 소용이 없다. 그때 갑자기 사용하지 않는 돼지우리에서 한 마부가 두필의 말을 끌고 나온다. 의사가 마차를 타고 떠나는 순간 마부가 로자를 덮친다. 시골의사는 순식간에 병든 소년의 마을에 도착하지만 병의 원인을 알지 못한다. 가족들이 실망의 빛을 보이자, 다시 확인한 결과 소년의 옆구리에서 벌레들이 우글거리는 장밋빛 (로자)상처를 발견한다. 이어 마을 주민들이 의사의 옷을 벗기고 학교 합창단이 노래하는 가운데 그를 환자의 옆자리에 눕힌다. 그는 소년이 그 상처로 인해 죽을 것이라고 확신한다. 그리고는 몰래 창문을 통해 병실을 빠져 나온다. 벌거벗은 채 말에 올라 앉아 눈보라 치는 황야를 통과해 가려한다. 그는 병원과 로자가 걱정이다. 이야기는 다음 외침으로 끝난다. "속았어! 속았어! 잘못 울린

야간 비상종 소리에 한 번 따라 나섰던 것이 – 결코 회복할 수 없게 되었구나."(D 261)

소설은 시골의사의 자아가 무의식적이고 광포한 면, 공격적이고 남성적인 면으로 분열되는 것으로 시작한다. 마부가 짐승처럼 하녀를 덮쳐 그녀의 얼굴에 선명한 이빨자국을 내는 이 충격적인 장면은 지금까지 통제되었던 본능이 무의식중에 폭발적으로 터져 나오는 것을 보여준다. 하녀는 마부로부터 성폭행을 당할 위험에 처한 순간 처음으로 로자라는 이름을 얻게 된다. 의사는 하녀가 폭행의 희생이 되려는 순간 그녀의 존재를 인식한다. 이전에는 거의 주의를 기울이지 않았던 존재가 이제 의사에게 아주 매력적인 존재가 된다. 의사가 초현실적인 템포로 환자에게 가는 동안, 집안에서는 자기 자아의 어두운 면이 광란한다.[130] 마부는 바로 시골의사 자신의 억압된 충동적 자아이다.

여행은 시작되자마자 벌써 끝난다. 시골의사가 바로 마부이고, 또 동시에 환자이기 때문에 그 길이 그토록 짧은 것이다. 환자는 마부가 로자에게 상처를 입히는 순간 텍스트에 등장한다. 로자의 상처가 바로 환자의 옆구리에 생긴 장밋빛 상처로 전이된 결과이다. 상처의 색깔과 하녀의 이름의 일치는 의사가 자신의 상처를 진찰했음을 암시한다. 말이 시골의사를 본래의 자아와 만나게 해준 것이다. 환자소년이 의사의 본래적 자아에 해당된다는 것은, 의사가 환자 곁에 누웠을 때 자아 내면의 독백으로 볼 수 있는 환자의 속삭임을 통해서도 분명히 알 수 있다.[131] 그리고 의사와 환자의 역할교환이 가능하다는 것이 단어유희에 의해서도 분명하게 드러난다. '로자'는 소년의 치명적인 상처 이름이다. 시골의사의 경우에도, 자신에 의해 희생당한 하녀 로자가 결코 치유할 수 없는 상처로 남는다. 상처의 발견과 전이에서

130) Alt 2005, 503-504.
131) 권혁준 역: 카프카 단편집 2009, 26.

결정적인 역할을 하는 것은 바로 말이다. 시골의사가 뜻 밖에 돼지우리 앞에서 발견하게 되는, 이 말들은 기적적인 사건의 첫 징후이다. 말은 여기서 유용한 힘을 나타내며, 어쩔 바를 모르는 주인공을 돕기 위해 뛰어드는 동화 속의 말하는 짐승을 연상시킨다. 즉 시골의사가 환자에게 가기 위해 발을 동동 구르고 있는 당혹스러운 상황을 말들이 해결해준다. 의사는 목적지에 도착해서 환자의 병을 알 수 없는 또 다른 당혹스러운 상황에 처하게 된다. 이때 갑작스러운 말의 울음소리로 인해 의사는 환자의 옆구리에 난 상처를 발견하게 된다. 말들은 여기서 지상의 존재가 아닌 초현실적 존재로 나타나며, 환자의 집에 의사가 도착한 후에도 계속 사건의 증인이 되고 있다. 이들은 환자의 방 창문을 통해 머리를 들이밀고 울어대면서 의사에게 환자의 상처를 찾도록 무언의 압력을 행사한 것이다.[132] 물론 의사는 이러한 도움에 대해 값비싼 대가를 치러야 한다. 말들이 그를 목적지로 실어 나르는 동안, 그는 하녀를 역시 이 지상의 존재가 아닌 마부의 살인적 폭행에 내맡겨야 했기 때문이다. 그러나 말들의 도움은 결국엔 아무런 성과가 없었다. 왜냐하면 의사는 환자의 치명적인 상처를 치유할 수 없었기 때문이다. 의사는 이제 다시 말들의 도움을 받아 그곳을 빠져나가려고 한다. 동화의 주인공처럼 구원자로 선정되었던 의사는 자신의 임무수행에 실패했을 뿐 아니라, 이제 자신이 구원을 필요로 한다. 무엇보다 의사는 벌거벗은 채 로자라는 이름의 상처와 함께 누워 있는 침대에서 자신의 침대로 (첫 번째 로자에게로) 동화에서처럼 옮겨지기를 바란다.[133] 그러나 의사의 억압된 충동(본능)인 말들은 그의 소망을 들어주길 거부함으로써 번창하는 의원을 망하게 하고 하녀를 저

132) 말은 이동의 수단이며, 강한 힘과 성적 능력을 상징하다. 말은 또한 남근 메타퍼로 기능하고 병실의 창문은 여성의 성기를 상징한다. 앞서의 돼지우리에서 뛰쳐나오는 말의 움직임을 통해서도 성의 차원이 암시되고 있다 (Jahraus 2006, 352).

133) Menninghaus 2002, 462.

"구역질나는 마부"의 야만적 횡포에 맡겨버린다.

> 그러나 이제는 나의 구원을 생각할 때였다. 아직도 말들은 충실하게 제 자리에 서 있었다. 옷가지들, 모피외투, 그리고 가방을 재빨리 움켜쥐었다. 옷을 입느라 지체하고 싶지 않았다. 올 때처럼 말이 달려준다면, 나는 사실상 이 침대에서 나의 침대로 뛰어들 수 있을 텐데. 말 한 마리가 창문에서 얌전히 물러났다. 나는 옷 뭉치를 마차 안으로 던졌다. 모피외투는 너무 멀리 날아가 한 쪽 소매만 갈고리에 걸렸다. 그 정도면 됐다. 나는 말 위로 뛰어 올랐다. 가죽 끈들을 느슨하게 잡아끌며, 두 말을 서로 붙들어 매지도 않은 채, 마차는 뒤에서 허둥대며, 모피는 맨 끝에 눈 속에서 끌려오고 있었다. "이랴!" 했지만, 마차는 힘차게 달리지 않았다. 우리는 늙은이들처럼 천천히 눈 덮인 벌판을 통해 갔다. (D 260-261)

• 정지된 시간

『시골의사』는 처음부터 끝까지 행을 바꿈이 없이 모든 사건과 과정들이 한데 뒤섞여 흐르는, 엄청난 서술속도를 지닌 발라드풍의 소 단편이다. 그리고 동화에서와 같은 신속한 공간이동, 경험적 (현실)세계에서는 불가능한 시각적 인지의 변화-시골의사는 뒤늦게 소년의 상처를 발견한다 -가 소설에 비현실적이고 불가사의한 분위기를 만들어 준다. 10마일이란 거리가 한 순간으로 압축되고 지금까지 건강했던 소년이 갑자기 끔찍스럽고 아름다운 상처를 입는다. 이처럼 단편의 특징은 논리적인 것과 비논리적인 것, 현실적인 것과 비현실적인 것의 결합이다. 단편의 현실은 우리의 현실과는 전혀 다른 현실이다. 나름대로 고유한 법칙을 따르고, 고유한 존재양식이 있는 작가가 만들어낸 현실이다.[134)]

처음에 의사가 처한 "당황스러움"은 주인공의 내적 긴장을 표현할 뿐 아니라, 앞으로 그가 겪을 치욕과 고통, 그리고 본능억제 및 귀소

---

134) Kleinschmidt 1973, 108.

(歸巢)불능과 연관이 있는 중요한 개념이다. 시골의사는 자기 집에서 지상의 존재가 아닌 말에 의해 비현실적인 속도로 환자의 마을로 옮겨진 후 다시는 집으로 돌아가지 못한다. 현실세계에서 비현실적이고 비합리적인 세계로 옮겨졌다가 다시 합리적 현실세계로 귀환하는 것이 불가능한 것이다. 당황스러움과 함께 시공간의 불연속성 및 불합리성 또한 이 단편의 특징이다.[135)]

> 한 중환자가 10마일이나 떨어진 마을에서 나를 기다리고 있었다. 강한 눈보라가 나와 그 사이의 넓은 공간을 가득 채우고 있었다. (D 252)

> 그러나 그것도 한 순간뿐이었다. 왜냐하면 나의 집 대문 앞에 바로 환자 집의 안마당이 열리기라도 한 듯, 나는 벌써 그곳에 도착해 있었기 때문이다. (D 255)

뿐만 아니라 문법적 시제의 붕괴로 마부의 로자에 대한 공격이 그 급박함을 강조하기 위해 갑자기 현재형으로 변한다.

> '도와줘요', 내가 말했다. 고분고분한 하녀는 서둘러 마부에게 마구를 건네주었다. 그런데 막 그에게 다가 갔을 때, 마부는 하녀를 껴안고서는 자신의 얼굴을 그녀의 얼굴에 비벼댄다. 그녀는 비명을 지르고는 나에게로 도망쳐 온다. 하녀의 뺨에 두 줄의 이빨자국이 빨갛게 새겨져 있다. (D 254)

처음에 긴박했었던 로자에 대한 성폭행의 위협이 여전히 다급한 상황인지, 아니면 이미 끝난 상황인지 끝까지 열린 상태로 머물러 있기 때문에 사건의 절박성이 계속 유지된다. 현재형은 성폭행을 지속적인 강박상태로 결정짓는 요인이다.[136)] 따라서 『시골의사』는 성폭행에 관한 이야기로서 현재시제가 전체 이야기의 대부분을 차지한다. 소설은 처음에 서사적인 과거형으로 시작해서는 부당한 폭력적 행위

---

135) 변난수 1995, 161.
136) Menninghaus 2002, 461-462.

가 자행되는 순간 역사적 현재로 넘어간다. 소설의 후반부에서 잠시 과거시제로 돌아갔다가 다시 현재시제로 복귀한다. 단편은 결국 시간의 흐름이 정지된 영원한 현재의 상황을 묘사하면서 현재시제로 끝난다.[137)]

이야기가 진행되는 내내 한시도 멈출 수 있는 지점이 없다. 외적으로 단락의 구분이 없는 것처럼, 내적으로 숨을 쉴 수도 없다. 문장의 리드미컬한 구성, 강도, 집중, 강렬함, 숨막힘, 다이내믹한 진행 등이 텍스트의 내외적 형식의 특징들이다. 문장들이 운율 상으로 아주 빠른 느낌을 줄 뿐 아니라, 이동과 동작을 나타내는 단어들도 속도감을 강조한다. 그러나 소설의 진행이 이토록 다이내믹하게 나타날지라도, 그것은 결국 부동성으로 이끌어가는 움직임에 불과하다. 처음에 말들이 마술에 걸린 것처럼 시간을 초월해 질주했다면, 지금도 역시 마술에 걸려 몸이 마비되고, 시공간이 정지된 것처럼 좀체 앞으로 나아가지 못한다. 의사가 불행의 장소로 가는 길에서 말들에게 제동을 걸 수 없었다면, 이제 자신을 보호해줄 그리운 집으로 돌아가는 길에 박차를 가할 수가 없다.[138)]

• 폭력과 상처의 현재성

> 내 집에서 역겨운 마부가 미친 듯이 날뛰고 있다. 로자는 그의 제물이다. 그건 끝까지 생각하고 싶지 않다. (D 261)

미쳐 날뛰고 제물이 되는 것이 현재시제에 의해 전체 단편을 관통하고 있으며, 이야기가 끝날 때까지 이어진다. 역겨운 마부의 폭력이 단편의 전체 구조에도 영향을 미친다. 카프카는 성폭행을 일회적이고

137) 변난수 1995, 167.
138) Klotz 1987, 350-351.

시간적으로 확정지을 수 있는 행위가 아니라, 정지된 시간 속에서 끊임없이 반복되는 구조적 폭력으로 형상화 한다. 따라서 카프카의 『시골의사』는 다른 어떤 단편보다도 이루 서술할 수 없는 상흔(傷痕)을 남기는 폭력에 관한 이야기이다. "그건 끝까지 생각하고 싶지 않다."라는 문장은 한편으로는 폭력에 대한 생각을 지워버리고자 하는 의사의 순간적 소망을 내비치긴 하지만, 그건 어디까지나 착각에 지나지 않는다. 시골의사는 환자소년을 왕진하는 동안에도 거듭 반복해서 자신의 집에서의 사건을 생각하게 된다. 의사는 거의 다른 생각을 하지 않는다. 그의 거듭되는 생각은 기이한 환상에 다름 아니다.

> 야간 비상종을 울려 구역 전체가 나를 고문한다. 그러나 이번에는 로자 마저도 내주어야 했다. 여러 해 동안 한집에 살았지만 나의 주목을 받지 못한 이 아름다운 처녀를. 이 희생은 너무나도 크다. (D 257)

> 나도 되는 대로 내버려 둘 테다. 무슨 더 나은 것을 바라겠는가. 자신의 하녀를 빼앗긴 늙은 시골의사가!(D 259)

현재시제로 진행되는 폭행의 무기한의 절박성에 의해 시골의사는 자신의 뇌리에서 끊임없이 성폭행이 현재 일어나고 있는 것으로, 즉 지속적인 현재의 사건으로 상상하게 된다. 이 단편에서는 폭력의 현재성과 함께 상처의 현재성 및 동시성도 감지된다.

상처는 신체에 새겨진 은유적 부호이다. 이로 깨문 상처는 마부의 사디즘적 공격에 의한 것이다. 이 상처로 인해 지금까지 주인의 관심을 끌지 못한 중성의 하녀가 여성인 그녀로 변한다. 이제 그녀는 로자로 불리면서 시골의사의 욕망의 대상이 되고 나아가 환자의 장밋빛 상처와 연결된다.[139] 처음에 의사는 소년에게서 병을 발견할 수가 없었

139) Kremer 2003, 206.

다. 한 집에 살면서도 수년 동안 하녀 로자가 의사의 주의를 끌지 못한 것처럼, 환자의 상처도 처음에는 의사의 눈에 띄지 않았다. 환자 가족의 부름에 그는 공연히 로자만 희생시켰다. 그러나 말의 울음소리로 인해 갑자기 환자의 옆구리에서 커다란 상처를 발견한다. 상처는 장밋빛이고 안쪽에 벌레들이 우글거리고 있다. 소년은 자기 상처 속의 생명에 완전히 매혹되어, 미학적 환상처럼 장밋빛 상처에 반응한다. 그는 자신의 상처를 "아름다운 상처"라 부른다.: "나는 아름다운 상처를 지닌 채 세상에 태어났어요."(D 260) 상처의 정확한 묘사 속에는 성적인 암시가 담겨져 있다:

> 그의 오른쪽 옆구리의 허리부위에 손바닥만 한 크기의 상처가 드러나 있었다. 장밋빛 상처는 그 짙은 정도가 많이 차이가 났는데, 깊은 곳은 짙고 가장자리께는 옅은 색이었다. 상처의 보드라운 알갱이들이 고르지 않게 맺혀있는 피와 함께 지상의 광산처럼 열려 있었다.(D 258)

환자의 상처는 억압된 본능의 상징이다. 상처의 묘사는 분명한 섹스의 차원을 다루고 있으며 상처 자체는 여성의 성기를 상징한다. 상처는 의사가 성적 결합의 대상으로 갈망하는 여자, 로자를 대리한다. 상처 내부의 묘사는 벤의『시체공시장』과 같은 구토의 미학을 보여주면서 성행위를 떠 올린다.

> 굵기와 길이가 나의 작은 손가락만 한 벌레들이 본래의 장밋빛에 피까지 뿌려져 상처의 안쪽에 달라붙은 채 하얀 머리와 많은 작은 다리들로 빛 쪽으로 꿈틀거리고 있다.(D 258)

상처 속에 우글거리는 벌레들은 남자의 정자를 암시한다. 의사는 나체로 침대 속의 두 번째 "로자" 옆에 뉘어진다. 구역질나는 상처는 어떤 다른 것, 즉 자기 집에 있는 다른 로자에 대한 부차적 회상을 불러일으킨다. 의사가 나체로 환자의 침상에 뉘어진다면, 그것은 동성애적인 충동을 드러내는 것이 아니라, 상처 속에 암시된 하녀 로자와의 성적 결합에 대한 소망을 의미하는 것이다. 또한 로자가 환자의 상처로 옮겨지는 것도 폭력의 현재성을 강조하기 위한 것이다. 밤의 눈 덮인 들판을 가로지르는 의사의 환상적인 여행 후에 하녀 로자는 소년의 몸에 상처의 기호로 응축된다. 여기 의사와 환자의 침대에서 소설 전체를 관통하는 에로틱한 분위기가 농후해진다. 침대에서 의사는 충동적 자아인 짐승 같은 마부에서 벗어나 거세당한 제2의 자아인 환자 소년과 상징적 교류를 하게 된다.[140)]

시골의사가 소년의 옆구리에서 발견하는 상처는 카프카의 자전적 사실과 상응한다. 카프카는 1917년 9월 4일 폐결핵 진단을 받았다. 그는 이 병을 "폐의 상처"로 불렀다.[141)] 카프카는 자신의 병을 정신질환에 대한 신체적 징후로 파악하고서는, 그 원인을 심리적 요인에서 찾고자 했다. 그레고르 잠자의 변신과 유사하게 카프카는 자신의 '폐의 상처'를 견딜 수 없게 된 속박(으로 인한)갈등으로부터의 해방으로 해석하였다.[142)] 1917년 9월 카프카는 브로트에게 편지를 썼다: "이따금 뇌와 폐가 서로 내통한 것 같은 생각이 든다. '이런 상태로는 더 이상 안돼'라고 뇌가 말했고, 5년 후에 폐가 도울 용의가 있음을 밝혔다."(B 161) 5년은 펠리체와의 관계에서 빚어지는 내적 투쟁의 기간이다. 폐가 갑자기 그런 투쟁에서 벗어나게끔 카프카를 도와주었다. 같은 시기에 그는 일기에서 폐는 하나의 상징, 상처의 상징일 뿐이라고 적었다. 이 상처의 상징을 카프카는 이미 1917년 초에 『시골의사』

140) 카프카의 경우 인간은 침대에서 불가사의한 메시지를 전달받는다. 『유형지』에서는 침대에서 피고인의 살 속에 그의 죄명이 새겨진다. 게오르크의 아버지는 침대에서 아들의 실패한 존재의 의미를 폭로하고 결정적인 판결을 내린다. 그레고르 역시 침대에서 변신을 체험하고, 요제프 카의 소송도 침대에서 시작된다 (Sokel 1976, 123). 특히 『소송』에서 침대는 소설의 중추적 위치를 점하고 있다. 뷔르스트너 양과의 첫 번째 만남도 침대와 긴 의자 사이에서 이루어진다. 변호사 훌트 역시 침대에서 그를 맞이한다. 법원 사무실로 가는 길도 화가의 침대를 통해서 나 있다. 침대는 카프카에게 있어서 주도 모티프적으로 등장하는 죽음, 부활, 진실, 계시의 장소이다 (Kurz 1980, 173).

141) Schlingmann 2003, 106.

142) Anz 1992, 126.

에서 사용하였다. 카프카는 여기서 자신의 발병을 예언한 것이다. 그는 브로트에게 "『시골의사』에서의 피의 상처를 기억하느냐?"(B 160)고 묻고 있다.

카프카는 자신의 "폐의 상처"를, 속박갈등으로 인해 고통을 겪어야 했었던 심리적 상처의 징후로 해석하였다. 동시에 그 같은 갈등으로부터의 해방으로도 해석하였다. 그의 병은 실제로 그를 펠리체, 직장, 부모의 집, 가증스러운 도시 프라하로부터, 심지어는 문학과 인생으로부터도 해방시켜주었다. 나중에 카프카는 병을 "수호천사"라고 부른다. 병은 우유부단한 그가 마침내 펠리체로부터 헤어질 결심을 하게 만든다.[143] 이로써 카프카는 오랜 동안의 속박갈등과 방황에서 벗어난다. 이 점에서 『시골의사』는 『변신』에 이어 다시 한 번 카프카 자신의 개인적인 속박갈등을 직접적으로 표현했다고 볼 수 있다.

• 맺는 말

카프카가 『시골의사』를 집필한 시기는 1917년 1월로 펠리체와의 관계로 한창 고민하던 때였다. 그는 그해 가을 폐결핵 진단을 받고, 곧 이어 겨울에 파혼을 함으로써 펠리체와 영원한 결별을 하게 된다. 이로써 그의 갈등과 방황은 끝난 것일까?

다시 『시골의사』로 돌아가 보자. 의사는 마부의 로자에 대한 폭력행위 때문에 왕진을 포기하려하고, 환자의 치료는 로자에 대한 의사의 집착 때문에 방해받는다. 이는 결혼을 통한 안락한 시민적 생활과 자신의 예술가적 삶을 결합(병행)하는 것이 불가능하다고 생각하면서도 시민적 삶을 쉽게 포기하지 못하는 작가의 의식 상태를 보여준다. 의사는 끝까지 로자에 대한 걱정과 집착으로 두 영역의 중간지대에서 영

143) Anz 1992, 129.

영 헤매게 된다.[144)]

> 벌거벗은 몸을 이 불행한 시대의 혹한에 내맡긴 채, 이 늙은이는 지상의 마차와 지상의 것이 아닌 말들과 함께 이리저리 떠돌고 있다. 나의 모피외투는 마차 뒤에 매달려 있고, 내 손은 거기에 닿지 않는다. 움직일 수 있는 환자들 무리 중 어느 누구도 손가락 하나 까딱하지 않는다. 속았어! 속았어! 잘못 울린 야간 비상종 소리에 따라 나선 것이 - 결코 회복할 수 없게 되었구나. (D 261)

단편은 이 끝 부분에서 구원받지 못한 채 낯선 땅을 방황하게끔 저주받은 영원한 유대인 아하스버 신화를 암시하고 있다.[145)] 시골의사가 잘못 울린 한밤의 종소리로 인해 끝없는 생의 여행을 하게끔 강요당한다. 이런 의미에서 이 단편은 아하스버가 된 의사의 인생역정을 보여준다고 할 수 있다. 그는 중세의 전설에 나오는, 쉼 없는 그리고 고향이 없는 방랑자이며, 영원한 유대인인 아하스버의 운명을 되풀이한다. 이 마지막 신화적 장면은 다시 성(性)의 모티프와 연결된다. 카프카는 1920년 8월 9일자 밀레나에게 보낸 편지에서 아하스버 전설과 성적 충동과의 관련성에 대해 언급하고 있다: "이 성적 충동은 무의미하고 불결한 세계를 무의미하게 방황하는 영원한 유대인과 관계가 있다."(BM 198) 현대인이 겪는 성적 충동이 눈보라가 휘날리는 텅 빈 벌판 위를 악몽처럼 좀체 나아가지 않는 마차의 운행을 통해 표현되고 있다. 의사는 벌거벗은 채, 그 자리에서 나아가지 못한 채, 가

---

144) 권혁준 2009, 26. 의사로서의 의무 수행을 촉구하는 한밤의 종소리는 작가의 문학적 소명에 대한 메타퍼이기도 하다. 카프카는 약혼녀와의 결합이 작가적 존재와 양립할 수 없음을 일찍 간파하였다. 작가로서의 삶에 대한 대가는 구체적인 관능적 존재(로자)의 포기이다. 문학적 소명은 자아와 하녀와의 관계를 파괴한다. 카프카의 병은 이러한 결별을 결정적인 것으로 만들었다. 의사는 두 영역 (작가적 삶과 시민적 삶)사이의 무인지대를 헤맬 뿐이며 아무런 희망도 없이 눈보라치는 황야로 사라진다 (권세훈 외 역: 카프카 문학 사전 1999. 135-136).

145) 아하스버는 골고다로 가는 그리스도에게 빨리 가라고 재촉하며, 구타를 하고 잠깐의 휴식마저 거절한 응보로 그리스도의 재림 때까지 영원한 유랑을 하게끔 저주받은 유대인이다.

장 불행한 시대의 혹한에 내맡겨져 있다. 야간 비상종의 잘못된 울림은 기만의 징후가 아니라, 앞서 억압되었던 성적 충동의 잘못된 길로 이끌어가는 신호이다. 나아가 너무 늦게 서야 알아차린 "잘못된 종소리"는 그 결과로 발생하는 모든 것, 즉 잘못된 출발, 실패한 기적의 힘, 잘못된 구원의 행위, 실패한 집으로의 귀환에 대한 불길한 신호이다.[146] 의사는 끝에 시간이 정지된 가운데 로자와 로자 사이의 무인지대에서 절망적으로 길을 잃고 방황하고 있다.

2.6 『단식광대』

• 서언

『단식광대』는 1922년 최초로 「노이에 룬트샤우」지에 발표되었고, 1924년 『단식광대. 네 편의 이야기들』의 표제 단편으로 출판되었다. 이 단편집에는 『첫 고통』, 『단식광대』, 『작은 여인』 그리고 작가의 생애 마지막 단편인 『여가수 요제피네』가 수록되어 있다. 이 중 『단식광대』가 쓰여진 시기는 1922년 5월 23일로 추정된다. 카프카는 『성』의 작업을 하루 정도 중단하고 이 이야기를 마치 『판결』을 저술하듯 빠른 템포로 완성하였다. 이 무렵은 카프카의 신병(결핵) 악화, 밀레나와의 파경, 심각한 신경쇠약 증세 등으로 작가에겐 위기의 시기였다. 심신이 피폐한 상황에서 글쓰기에 대한 열정 하나로 완성된 이 단편에 카프카는 매우 만족했던 것으로 알려져 있다. 그는 친구 브로트에게 한 유언에서 자기 생전에 출판되었던 『판결』, 『화부』, 『변신』, 『유형지에서』, 『시골의사』, 그리고 이 단편을 제외한 나머지 모든 작품들을 폐기시켜달라고 하였다. 그리고 죽기 전날까지도 『단식광대』의 교정을 보

146) Alt 2005, 509; Klotz 1987, 352.

았다는 사실에서 카프카의 이 단편에 대한 애착을 짐작할 수 있다.

"최근 수십 년 동안에 단식광대에 대한 관심은 현저하게 줄었다"로 시작되는 이 이야기는 3부로 구성되어 있는데, 제1부는 단식광대의 전성기에 대한 회고이다. 2부는 이전의 상황과 완전히 대조되는 오늘날의 광대의 상황을 묘사하고 있다. 즉 "커다란 상황의 변화"를 부각시키면서 광대가 결국 맹수 우리 인근의 한 우리에 장애물로 존재하는 것으로 끝을 맺는다. 3부는 『유형지에서』의 마지막 부분처럼 갑작스럽게 추가되면서 단편의 결정적인 메시지를 담고 있다. 광대는 자기 입맛에 맞는 음식을 찾지 못했기 때문에 굶었다는 마지막 말을 남기고는 짚더미 속에 완전히 파묻혀 그레고르 잠자처럼 조용히 관중의 눈에서 사라진다.[147)]

그러면 먼저 카프카의 삶과 작품에서의 음식과 단식의 의미를 살펴본 다음 광대의 죽음을 작가의 죽음과 연관 지어 예술가와 사회라는 관점에서 보다 구체적으로 고찰하고자 한다.

• 음식의 의미

카프카의 자전적 저술 및 문학 텍스트에서는 음식물이나 그 섭취가 거듭 화제에 오르고 있다. 그 예로 『변신』의 한 장면을 보자.

> 곧 어머니가 고기 쟁반을 들고 문에 나타났고, 어머니를 바싹 뒤따라 누이동생이 수북이 쌓인 감자 쟁반을 들고 나타났다. 음식은 김이 무럭무럭 났다. 하숙인들은 식사 전에 검사라도 하려는 듯이 그들 앞에 놓인 쟁반 위로 몸을 숙였다. 실제로 가운데 앉은, 두 사람에 비해 권위가 있어 보이는 사람이 고기가 충분히 연하게 익었는지, 아니면 부엌으로 다시 돌려보내야 할지 분명히 확인하기 위해 아직 쟁반에 담겨 있는 고기 한 조각을 잘라 보았다. 그는 만족했고, 긴장해서 바라보고 있던 어머니와 누이동생은 안도의 숨을 내쉬며 미소를 짓기 시작했다.

---

147) Alt 2005, 649-650.

가족들은 부엌에서 식사를 했다. 그럼에도 아버지는 부엌에 들어가기 전에 이 방에 들러 모자를 손에 쥔 채 한 번 절을 하고서는 식탁을 한 바퀴 돌았다. 하숙인들은 모두 일어나서는 수염에 덮인 입으로 무슨 말인가를 중얼거렸다. 그러고 나서 자신들만이 있게 되었을 때, 그들은 거의 완전한 침묵 속에서 식사를 했다. 그레고르에게는 식사 때의 모든 다양한 소리들 중에서 언제나 되풀이해서 유독 그들이 이로 씹는 소리만을 가려들을 수 있다는 것이 이상하게 생각되었다. 그것은 마치, 먹기 위해서는 이가 필요하고 이가 없는 턱은 아무리 아름답다 할지라도 아무 것도 할 수 없다는 것을 그레고르에게 보여주려는 것 같았다. "나도 정말 먹고 싶다" 하고 그레고르는 근심에 차서 혼자 말했다. "그러나 저런 것들은 아니야. 이 하숙인들은 얼마나 잘 먹고 있는가, 난 죽어가고 있는데! (D 182-183)

카프카의 소설들에 나오는 아웃사이더 인물들은 거의 언제나 식욕부진으로 특징 지워진다. 이들에게서는 일상적인 식욕은 찾아볼 수 없다. 『실종자』에서도 카를 로스만의 대인관계를 묘사하기 위해 금식 모티프가 도입된다. 그는 미국으로 오는 도중에도 전혀 식욕이 없었으며, 이후로도 계속해서 『변신』의 하숙생들과 같은 식욕이 왕성한 자들과 마주하며 마치 고문과 같은 고통을 겪는다.

식사시간은 고통스러울 정도로 천천히 진행되었다. (V 80)

카를이 우연히 보게 된 거지만, 그린 씨가 음식을 한 입 입 안에 털어 넣자, 그의 혀가 널름 받아 삼키고 있었다. 그는 거의 구역질이 나서 일어섰다.(...)

식사시간은 특히 그린 씨가 차례로 나오는 모든 요리를 세심하게 음미했기 때문에 길어졌다. 그는 모든 새로운 요리를 지칠 줄 모르고 기다렸다는 듯이 받아먹었다.(V 82-83)

식욕이 왕성한 그린 씨는 카를의 두드러진 식욕부진을 유감으로 여긴다. 그는 더 이상 카를에게 식사를 권하지 않고 그의 식욕부진을 용인한다. 그러면서 그는 카를을 영원한 아웃사이더로 낙인찍는다.

카프카 자신도 할아버지가 백정이라는 사실에 육류에 대한 거부감이 생겼으며, 식사 중 생선을 뼈째로 씹어 먹는 아버지의 왕성한 식욕에 역겨움을 느끼기도 했다.

> 어려서 제가 아버지와 함께 자리를 했던 때는 주로 식사 때였으므로 아버지의 가르침은 대부분 식탁에서의 올바른 행실에 관한 것이었습니다. 그에 따라 식탁 위에 오른 것은 남김없이 먹어야 했고 식사의 질을 얘기해서는 안 되었지요. 하지만 아버지께서는 자주 음식이 형편없다고 여기시고는 차려진 음식을 가리켜 "짐승의 먹이"라고 하셨고 "짐승 같은 것"(가정부)이 음식을 엉망으로 만들어놓았다고 하셨지요. 아버지는 왕성한 식욕과 특별한 식성으로 모든 음식을 걸신들린 사람처럼 허겁지겁 정신없이 드셨기 때문에 아이도 함께 서두르지 않으면 안 되었지요. 식탁에는 무거운 정적이 감돌았고 그 정적은 아버지가 이따금 던지시는 경고와 재촉의 말들, "먼저 먹기나 하고, 이야기는 나중에 해!" "자 빨리빨리, 더 빨리!" 혹은 "자 봐라, 난 벌써 다 먹었다"와 같은 말들로 깨어지곤 했습니다. 뼈다귀는 깨물어 먹어서는 안 되었는데 아버지는 아니셨죠. 식초도 훌쩍거리는 소리를 내며 먹어서는 안 되었지만 아버지는 역시 예외였습니다. 빵을 똑바로 자르는 것은 무엇보다 중요한 일이었지만 아버지께서 소스가 잔뜩 묻은 칼로 빵을 자르는 것은 문제가 되지 않았습니다. 음식 부스러기를 바닥에 흘리지 않도록 다들 주의해야 했지만 결국에 가장 지저분한 곳은 바로 아버지의 의자 밑이었습니다.[148]

아버지의 원초적이고 동물적인 생의 약동에 카프카는 다른 충동과 욕망으로 대응하였다. 그의 관심사는 전적으로 정신적인 것, 글쓰기에 있었다. 글쓰기는 그의 존재 유지를 위해 절대적으로 필요불가결한 것이었다. 금식과 금욕은 글쓰기의 전제조건들이었으며, 독신은 온 힘을 글쓰기에 쏟을 수 있는, 자신에게 적합한 유일한 존재형식이었다.[149] 이에 따라 카프카는 특정 식품을 기피하는 등 음식 선택에 신중하였으며, 채식주의자가 되었다. 노동자재해 보험국 시절 한 동료의 진술에 의하면 카프카는 점심을 빵과 우유로 간단히 때웠다고 한

---

148) 프란츠 카프카/이재황 옮김, 아버지에게 드리는 편지, 38-39쪽.
149) M. Müller 2003a, 296-297.

다. 이러한 정황으로 미루어 볼 때 활력적인 생활을 기피하면서 고독한 공연을 하는 단식광대의 의식적인 굶주림은 카프카의 금욕적인 생활양식에 상응한다고 볼 수 있다.

• 40일 간의 단식

최근에 와서는 그 인기가 예전만 못하지만 이전에는 유럽 각지를 돌면서 열광하는 관객들 앞에서 자신의 예술을 보여주면서 단식광대는 대단한 명성을 누렸다. 도시 전체가 공연에 커다란 관심을 보였고 날이 갈수록 우리 속의 예술가에 대한 흥미와 관심은 고조되었다.

카프카는 단식광대가 누리는 사회적 명성 뿐 아니라 양면성을 지니는 감시의 형식도 묘사하고 있다. 여기서 감시자들은 특이하게도 대개는 백정들이다. 여러 명의 감시인들이 단식광대가 몰래 음식을 섭취하지 않는지 밤낮으로 그를 감시한다. 단식광대에게는 차라리 이런 엄격한 감시인들이 한결 나았다. 가장 괴로운 것은 몰래 준비해둔 음식이 있으면 꺼내 먹어도 좋다는 듯 마치 선심을 베풀듯이 감시를 소홀히 하면서 자신의 명예를 더럽히는 감시인들의 행태였다. 감시인들이나 매니저는 단식광대가 관중의 불신과 제한된 단식기간으로 괴로워한다는 사실을 이해하지 못한다.

단식광대를 관리하고 그의 공연을 주관하는 매니저는 규칙적으로 40일 후면 광대의 금식공연을 중단시킨다. 이는 광대의 건강을 염려해서가 아니라, 40일이 지나면 관중의 관심이 현저하게 줄어들기 때문이다.

> 매니저는 단식의 최장기한을 40일로 확정지어 놓았고 그 이상은 어떤 세계적 대도시에서도 허용치 않았다. 거기에는 그럴듯한 이유가 있었다. 경험상 40일이라는 기간은 서서히 고조되는 선전을 통해 한 도시의 관심을 점점 더 끌어올릴 수가 있었지만, 그 후로는 관객의 거부반응이 나오면서 호응이 현저히 떨어지는 것

을 확인할 수 있었다. 물론 이 점에서 도시와 시골 간에 다소의 차이는 있었지만 통상적으로 40일이 최장기한이었다. (D 337-338)

40일의 단식이 끝나면 일종의 의식으로써 추첨에 의해 선발된 두 명의 숙녀들이 -『유형지에서』의 신임사령관의 측근 숙녀들을 연상시키는 - 그로테스크하게 말라버린 단식광대를 카이저의 『아침부터 자정까지』에서 볼 수 있는 6일간의 자전거 경주의 승자처럼 관중에게 소개한다. 여기서 40이란 숫자는 신구약에서 상징적 숫자로 등장한다. "예수는 성령의 인도로 악마에게 시험받으러 황무지로 나가셨다. 예수는 40일 동안 금식하여 몹시 시장하셨다." (마태 4장 1-2) 또한 40일은 부활절 전의 사순절을 연상시킨다. 이처럼 매니저가 40일이 지나서 단식광대를 우리 밖으로 데려나오는 장면에서 종교적 관련성이 드러난다.

매니저가 와서 소리 없이 - 음악이 연설을 불가능하게 했다 - 팔을 광대의 머리 위로 들어올렸다. 마치 짚단 위에 있는 그의 작품을 보도록 하늘을 초대하는 것처럼. 이 불쌍한 순교자인 단식광대를 보도록. (D 339)

• 작가와 광대의 임종 -예술가와 사회

세월이 흘러 그 사이에 커다란 변화가 일어났다. 관객의 사랑을 받았던 단식광대는 어느 날 자신이 이들로부터 버림받은 것을 알게 되었다. 그는 매니저와 작별을 하고서는 한 대형 서커스단에 자리를 잡았다. 그러나 그는 스포트라이트를 받는 원형 공연장의 한 가운데에 들어서지 못하고, 관객이 별로 주의를 기울이지 않는 바깥의 마구간 근처에 놓이게 되었다. 마침내 사람들은 그의 존재를 완전히 잊어버리고, 그 역시 얼마나 오래 단식을 했는지조차도 알지 못한다. 단식광대는 결국 무관심 속에서 그의 우리에서 굶어죽는다. 그는 죽기 직전에 왜 자신이 굶는지 감독에게 그 이유를 밝힌다. 단식광대가 금식한 이유는 자신의 입맛에 맞는 음식 –『변신』에서 잠자가 "동경해 마지않는 미지의 양식" –을 발견할 수 없었기 때문이다.

"언제나 저는 여러분이 저의 굶주림에 경탄하기를 바랐습니다."하고 단식광대가 말했다. "그래. 우리도 경탄하지."하고 감독이 화답하듯 말했다. "그러나 여러분들은 경탄해서는 안 됩니다." 단식광대가 말했다. "그렇다면 경탄하지 않겠네." 감독이 말했다. "그런데 왜 경탄해서는 안 되는 거지?" "왜냐면 단식은 제가 해야만 하는 일이고, 달리 어쩔 수가 없기 때문이죠." 단식광대가 말했다. "이것 좀 봐" 감독이 말했다. "왜 달리 어쩔 수가 없단 말인가?" "왜냐하면 저는" 단식광대는 머리를 약간 쳐들고는 어떤 말도 새어 나가지 않도록 마치 키스를 하듯 입술을 뾰족하게 하고서는 감독의 귀에 대고 말했다. "왜냐하면 저는 제 입맛에 맞는 음식을 찾을 수가 없었기 때문입니다. 제가 그런 음식을 발견했더라면 이런 주목받는 일을 하지 않았을 테고, 당신과 또 다른 모든 사람들처럼 배불리 먹었을 겁니다."(D 348–349)

카프카는 임종의 침상에서『단식광대』의 교정을 보았다. 작가가 마지막 교정쇄를 받은 것은 1924년 5월이었다. 교정을 마친 후 그는 마치 정신적 긴장에서 해방된 듯 오랫동안 눈물을 흘린다. 이때 그는 이미 병의 악화로 말을 할 수도 음식물을 섭취할 수도 없는 상태에 있었다. 그는 6월 3일 키어링의 호프만 요양원에서 사망하였다. 카프카가 사망할 때까지 도라 디아만트와 함께 끝까지 그의 병상을 지켰던 젊은 의사 클롭슈톡은 카프카의 임종 직전의 신체적 상태가 굶어죽은 자의 유령과 같은 모습이었다고 회고한다.[150] 여기서 우리는 불현듯 단식광대의 죽기 전 마지막 모습을 떠올리게 된다. 이렇게 보면 카프카는 단식광대를 통해 자신의 자전적 상황을 완곡하게 표현하고 있는지도 모른다. 즉 단편의 주인공인 단식광대는 생의 마지막에 이르렀다고 생각하고서 자신의 예술가적 존재를 뒤돌아보는 작가 카프카를

150) B 520–521.

연상케 한다.[151] 그러면 작가와 그의 화신인 광대의 고독한 죽음과 관련하여 금욕적이고 세상을 등진 예술가 존재의 양면성, 예술가와 사회와의 관계 등을 알아보자.

이 이야기에서 주인공은 사회가 자신의 독특한 정체성을 인정해주길 갈망한다. 단식광대가 이전에는 그에게 향한 의혹의 눈길에도 불구하고 상당한 대중의 관심을 끌었다면, 이제는 커다란 변화를 체험하게 된다. 즉 그에 대한 관중의 관심이 크게 줄어든 것이다. 그의 우리는 이제 더 이상 서커스의 중심이 아닌 변두리로 밀려나면서 다른 동물 우리로 가는 도중의 장애물로 전락한다. 결국 신체적인 것, 즉 예술가의 굶는 행위와 사회적 관심이 서로 떨어져 표류하고 있다. 그가 굶으면 굶을수록 사회의 관심은 줄어들고 그는 더욱 더 예술가가 아닌 짐승과 같은 존재가 된다. 그리고 신체가 사라지면서 사회적 이목과 관심도 함께 사라진다.[152]

이미 일반화된 우리말 번역 『단식광대』의 원어는 엄밀히 말하자면 굶주림의 예술가이다. 이 단편에서는 광대라는 나름대로의 예술가가 굶주리고 있다. 굶주림은 종교적 의미의 단식과는 다르다. 단식은 종교의식의 범주 내에서 정화의 기능, 지상적인 것을 떨쳐버리고 하늘을 향하는 기능을 갖는 규정된 행위이다. 카프카의 경우에는 굶주리는 것, 그냥 먹지 않는 것이다. 그리고 예술적인 것과 관련이 있다. 주인공의 행위는 오늘날의 행위예술, 퍼포먼스를 연상케 한다. 그리고 예술가는 관중을 필요로 한다. 그의 행위는 관중이 무시하면 아무런 의미가 없다. 단식하는 자의 관객은 하나님이지만 예술가의 관객은 일반 대중이다. 굶는 광대는 흔히 시민사회에서 예술가를 특징짓는 의미로 이해된다. 예술가는 자신의 예술로 살아갈 수 없기 때문에

151) M. Müller 2003a, 309.
152) Jahraus 2006, 439.

굶주리며 근근이 연명하지 않을 수 없다. 예술가는 관객에게 종속되어 있기 때문에 그가 예술로 생활하고자 한다면 절대적으로 관객의 호응이 필요하다. 그러나 지나치게 관객의 호응에 부응하면 그는 예술가로서의 명성을 상실하게 된다. 반면에 끝까지 예술가로서의 임무에만 집착한다면 관객을 잃어버릴 위험에 처한다. 이렇게 보면 『단식광대』는 현대 시민사회의 예술가에 대한 우화이기도 하다. 카프카는 여기서 예술가와 관객의 관계를 사회적 의미에서 통찰력 있게 다루고 있다. 그런데 문제는 이 단편에서는 하늘과의 연결 뿐 아니라 관객과의 연결도 없다는 사실이다. 이로써 그의 예술은 의문시 된다. 그가 아무리 예술적으로 금식한다 할지라도 아무도 이를 인정해주지 않으면 그건 예술이 아니고 그 또한 예술가가 아니다. 결국 사회에서 예술로서 인정받는 것만이 예술인 것이다.[153)]

굶는 광대는 처음에 관중이 오지 않는 것을 긍정적 변화로 해석한다. 방해받지 않고 자신의 예술에 전념할 수 있고, 또 그것을 완전하게 할 수 있기 때문이다. 나중에서야 그는 자신의 예술행위에 있어서 이상적인 조건은 완전한 고립이지만, 그렇게 되면 이 같은 예술행위를 높이 평가해야할 세계가 더 이상 존재하지 않는다는 사실을 인식하게 된다. 즉 그에게서 자신의 존재 이유와 생의 목표가 사라지는 것이다. 이러한 사실을 그는 우리의 고독 속에서 비로소 깨달았다. 이제 그는 관중들에게 잘못된 요구 -"난 항상 당신들이 나의 굶주림에 경탄하기를 바랐지요."-를 함으로써 자신의 예술을 오염시켰다는 사실을 알고서는 더 이상 다른 사람들에게 굶는 예술을 설명하려 하지 않는다. 그는 자신을 이해하지 못하는 관중들을 떠나보내고 이들로부터 독립하고자 한다. 그는 타자에 의한 인정을 포기하고 스스로 자기 행

153) H. D. Zimmermann 2004, 183-185.

위의 비판자가 된다. 예술가는 자신의 국외자적 존재를 인정하고 타인의 관심에 개의치 않으면서 총체적 자율에 이르게 된다. 그러나 이러한 상황은 죽음의 순간에야 실현될 수 있기 때문에, 그의 관중으로부터의 해방은 비극적 승리에 지나지 않는다.[154)]

• 맺는 말

단식광대가 죽고 난 후, 빈 우리에 젊은 표범이 한 마리 들어온다. 관중은 표범의 넘치는 생명력에 매료당한다. 광대의 소위 자발적인 단식행위는 이제 그들에게는 야바위 짓에 지나지 않는 이상한 행위로 회상된다. 그들은 광대의 단식을 얼마동안은 진기한 일로 참을 수 있었지만, 일정기간 이후로는 이에 대해 감각이 무뎌지고 오히려 역겨움이 그들을 엄습한다. 광대의 광신적 단식이 생명에 반하는, 즉 생존에 적대적인 행위로 생각되는 반면에 힘과 건강이 넘쳐흐르는 표범은 그들의 활기에 찬 생존방식이 옳음을 증명해 보이는 것 같다.[155)]

그러나 희비극적인 주인공의 피할 수 없는 몰락과 표범이 죽은 광대의 우리를 대신 차지하는 것을 두고, 왕성한 생명력이 음식 경멸자에 대해 승리를 거둔다는 결론은 다소 성급한 감이 있다. 왜냐하면 단편의 마지막 단락에서 우리에서의 표범의 삶 역시 죽음과 마찬가지로 패배를 의미한다는 작가의 숨겨진 아이러니를 볼 수 있기 때문이다. 세 번이나 "...인것 같았다"라는 표현이 이 같은 사실을 입증한다.[156)]

> 표범은 결코 자유를 아쉬워하지 않는 것 같았다. 찢어질듯 팽팽하게 모든 필요한 것을 갖추고 있는 이 고상한 육체는 자유까지도 함께 지니고 다니는 것 같았다. 그 자유는 치열 어딘가에 숨겨져 있는 것 같았다. (D 349)

---

154) M. Müller 2003a, 307-308.
155) M. Müller 2003a, 308-309.
156) Schlingmann 2003, 140-141.

그의 삶에 대한 기쁨 역시 맹수의 아가리에 대한 관중의 공포에 다름 아니다. 그리고 우리는 단식광대에게는 예술행위의 공간이었지만, 자연과 야생의 표범에게는 자유를 박탈당한 치명적인 공간이나 다름없다. 뜨거운 열기를 내뿜으며 포효하는, 그러나 부자연스러운 표범은, 조용히 전혀 부자유를 느끼지 않고 자신의 공간에 칩거해 있던 단식광대와 극명한 대조를 이룬다.

3_ 장편소설

3.1 『실종자』

• 서언

『아메리카 (실종자)』는 1927년에 막스 브로트 판이 나왔고, 1983년에 비판본이 출간되었다. 카프카의 이 소설은 대부분의 유고와 마찬가지로 브로트에 의해 그의 후기와 함께 처음으로 1927년 쿠르트 볼프 출판사에서 『아메리카』라는 제목으로 출판되었다. 브로트는 카프카가 그의 소설을 여러 번 그렇게 명명했다는 데서 제목의 정당성을 주장한다. 그러나 카프카는 1912년 11월 11일 펠리체 바우어에게 보내는 편지에서 처음으로 이 첫 번째 장편소설의 작업에 대해 알리면서 소설의 제목을 분명히 『실종자』라고 언급하고 있다. 두 제목이 내포하고 있는 함축적 의미는 정반대이다. 『아메리카』는 주인공이 본격적으로 자신을 재발견하는 신세계에 도착해서 행운을 찾는, 긍정적 결말의 가능성을 암시한다. 소설의 다른 제목 『실종자』는 여행이 시작되는 장소, 즉 아메리카의 상실과 나아가 자기 정체성의 상실을 함축하고 있다. 따라서 브로트가 아메리카 소설의 행복한 결말을, 카프카가 카를 로스만이 어느 날 살해되는 끔찍한 결말을 암시하는 것은 놀라운 사실이 아니다.[157)]

『실종자』의 직접적인 전거로는 체험기들인 아르투어 홀리처의 『아메리카. 오늘과 내일』, 그리고 프란티세크 수쿱의 『아메리카』를 들 수 있다. 문학작품으로는 디킨스의 『데이빋 코퍼필드』가 소설의 모티프와 문체, 구조면에서 『실종자』에 영향을 미쳤다. 가족사나 카프카의 개인적 체험이 소설의 생성이나 내용에 어떤 영향을 미쳤는지 평가하기는 어렵지만, 그의 사촌들인 오토, 로베르트 그리고 프란츠(프랑크)의 운명들은 작품 속에서 그 자취를 찾을 수 있다. 오토는 1906년 미국으로 이주하여 온갖 역경을 딛고 로스만의 삼촌 야콥처럼 출세하였다. 로베르트는 14세 때 가정부의 유혹으로 그녀에게 아이를 낳게 했다. 그리고 프란츠는 16세 때 그의 형 오토처럼 미국으로 이주하였다.[158)]

그러면 줄거리의 흐름을 따라 카를 로스만의 인생유전과 이 소설에 나타난 교육, 추방과 도피, 낯선 문화, 죄와 처벌, 현실과 환상 등 몇 가지 주요한 주제들을 살펴보기로 한다.

• 카를 로스만의 운명 – 실종자

열일곱 살 난 프라하 태생의 김나지움 생 카를 로스만은 "하녀가 그를 유혹해 아이를 낳았기 때문에 그의 가난한 부모에 의해 미국으로 추방당한다."(V 7) 뉴욕에 도착해 하선했을 때 우산을 놓고 내린 것을 알고 다시 배 안으로 들어가지만 길을 잃고 헤맨다. 그러던 중 상사에게서 괴롭힘을 당하는 한 화부를 알게 된다. 정의감 때문에 그의 편을 들면서 선장 앞에서 그를 변호한다. 선장실에서 뜻밖에도 그는

157) Jahraus 2006, 255-6.
158) Schlingmann 2003, 29-30.

명망 있는 상원의원이며 사업가인 삼촌 야콥을 만난다. 하녀가 그에게 은밀히 로스만의 미국 도착을 편지로 알려주었기 때문에 찾아온 것이다. 자신을 제대로 변호하지 못하는 불행한 화부를 위해 아무 것도 해주지 못한 채 카를은 삼촌을 따라 나선다.[159]

이제 카를은 새로운 환경에 적응하면서 열심히 영어를 배우고 삼촌으로부터 피아노도 선물 받는다. 그리고 백만장자 아들 마크와 승마학교도 다닌다. 상당한 시간이 흐른 후에 카를은 삼촌의 거대한 중개업 및 운송업 회사를 방문하고서는 삼촌이 미국에서 커다란 성공을 거둔 것을 확인한다. 어느 날 그는 삼촌의 사업 친구들인 그린 씨와 폴룬더 씨를 알게 되고 후자로부터 뉴욕 근교에 있는 그의 별장으로 초대 받는다. 삼촌은 이 초대를 반대했지만 폴룬더 씨는 그의 뜻을 관철하고 카를은 모처럼의 기분 전환을 기뻐한다. 여기서 은행가 폴룬더는 카를의 성장과 발전에 아무런 도움이 되지 못하는, 분명한 동성애적 성향을 지닌 유혹자로 등장한다. 카를의 손을 잡고 그를 다정한 시선으로 바라보는 태도나 그를 팔로 껴안아서 자기 두 무릎 사이로 끌어당기는 행위는 에로틱한 성향을 보여준다. 그 역시 삼촌과 마찬가지로 어디서나 경제원칙을 내세우며 자본주의 미국을 대표한다. 그의 별장은 빛이 없는 동굴로서 온기가 없는 부를 상징한다.

카를은 폴룬더의 대저택에서 그의 딸인 클라라의 영접과 유혹을 받는다. 그러나 그녀는 카를의 마음에 들지 않는다. 그 자리에는 이미 초대하지도 않은, 반갑지 않은 손님인 그린이 와 있다. 후에 카를과 클라라 사이에 언쟁이 벌어지는데 카를이 놀랍게도 그녀는 마크의 약혼녀로 밝혀진다. 카를은 불안한 마음으로 삼촌이 있는 뉴욕으로 돌

159) 독립적인 발단 부분인 이 첫 번째 장 『화부』는 같은 제목으로 별도로 출판되었다. 카프카는 볼프에게 쓴 편지에서 『화부』, 『변신』 그리고 『판결』은 부자갈등이라는 주제로 서로 연결되어 있다고 밝히고 있다.

아가려 하지만, 그린이 자정 무렵 "어떤 흥미로운 것"을 알려 주겠다며 그의 귀가를 저지한다. 자정 때 그린은 카를에게 삼촌의 편지를 전해준다. 철저한 원칙주의자로 자처하는 삼촌은 이 편지에서 조카가 그의 뜻에 반하는 행동을 했기 때문에 그와 영원히 결별하겠다는 통고를 하고 있다. 카를은 그린으로부터 두 달 반 전에 배에서 잃어버렸던 트렁크와 우산, 샌프란시스코 행 차표를 건네받는다. 이제 카를은 정처 없는 길을 떠난다.

카를은 이날 밤 한 허름한 여관에서 이전에 기계공들이었다가 지금은 실업자 신세가 된 프랑스 인 들라마르슈와 아일랜드 인 로빈슨을 만나게 된다. 그는 돌려받은 짐을 점검하면서 그 안에 들어 있던 부모님의 사진을 오랫동안 들여다본다. 두 실직 기계공들은 버터포드에서 일자리를 얻을 수 있으리라는 기대 하에 카를을 함께 데리고 가면서 그를 이용할 대로 이용한다. 이들 로빈슨과 들라마르슈는 카를로 하여금 사회의 어두운 면을 알게 하는 인물들이다. 이들은 무한한 가능성의 나라에서 벼락부자라는 신화를 꿈꾸는, 방랑인, 떠돌이, 난봉꾼, 그리고 행운을 쫓는 자들이다. 또한 이들은 우울하면서도 음험한 어릿광대들 같다. 둘은 도덕이 아니라 강한 자가 승리하는 생존경쟁의 법칙을 따른다. 소설 줄거리의 구조를 특징짓는 반복의 법칙에 따라 카를은 끊임없이 그들의 덫에 걸려든다.[160)]

셋은 서부로 가는 도중에 음식점에 들러 칼과 포크로는 자를 수가 없어 손으로 찢을 수밖에 없는 날고기나 다름없는 고기를 먹고 목 안이 타는 듯한 까만 음료수를 마시면서 미국의 낯선 음식 문화를 체험한다. 저녁에 카를은 람제스 교외의 옥시덴탈 호텔에서 친절한 여주방장으로부터 음식을 한 광주리 얻는다. 카를이 없는 사이 로빈슨과

160) Alt 2005, 362-3.

들라마르쉬는 그의 가방을 열어 제친다. 나중에 카를은 부모님의 사진이 없어진 걸 알고 이들과 심한 언쟁을 벌이고서는 여주방장의 심부름을 온 웨이터의 안내로 호텔에서 숙박을 하게 된다.

오스트리아의 빈 출신으로 미국 생활을 한지 30년이나 된 호텔의 여주방장은 카를에게 엘리베이터 보이 자리를 마련해 준다. 그는 자신의 근무를 성실히 수행하고, 혼잡한 엘리베이터 보이들의 공동 숙소에서 함께 기거하면서 여주방장의 여비서인 폼머른 출신의 18세 테레제와 친해진다. 카를을 비롯한 이들 소년들은 하루 10시간 내지 12시간의 노동을 하면서 졸리면 서서 잠을 자기도 한다. 여주방장은 이 점이 미국의 특징이라고 말한다. 하루는 동료인 레넬이 카를에게, 들라마르쉬를 만났는데 그가 카를에 대해 꼬치꼬치 캐물었다는 얘기를 해준다.

엘리베이터 근무를 한지 한 달 반이 지난 어느 날 술 취한 로빈슨이 호텔로 카를을 찾으러 온다. 카를은 인정상 로빈슨을 엘리베이터 보이들의 공동 숙소에 재워주기 위해 잠시 근무지를 이탈한다. 성격이 고약한 급사장이 카를의 호텔 규정 위반을 문제 삼는다. 게다가 설상가상으로 절도혐의까지 뒤집어 쓴 채 카를은 여주방장의 총애를 잃게 되고 해고당한다. 보이들한테서 심하게 두들겨 맞은 로빈슨과 함께 카를은 택시를 타고 호텔을 떠난다.

둘은 람제스 교외의 한 거리에서 택시를 멈춘다. 카를은 셔츠만 걸친 채, 돈도 신분증도 없어 경찰관의 의심을 사게 되고 게다가 이 광경을 지켜 본 들라마르쉬의 중상모략까지 당한다. 카를이 겁을 먹고 달아나자, 이번에는 또 들라마르쉬가 그를 경찰로부터 구해준다. 이제 카를은 이전에 여가수였던, 그리고 지금은 들라마르쉬의 애인인 부르넬다의 집에 머물며 이들의 시중을 든다. 그는 이 두 사람이 자신을 하인으로 만들려는 계획을 알자 감금된 방에서 탈출을 시도하다 들라마르쉬에게 의식을 잃을 정도로 얻어맞는다.

다음 날 카를은 변덕과 엄살이 심한 부르넬다의 아침 화장을 거들고, 로빈슨과 함께 아침 식사를 준비한다. 어느 날 카를은 보행에 지장이 있는 부르넬다를 손수레로 아마도 유곽인 듯한 25번지 사업장으로 데려다 준다. 들라마르쉬와 로빈슨은 사라져버린 것 같다.

마지막으로 한 수상쩍은 사무실에서 일을 한 카를은 오클라호마 극장의 직원을 채용한다는 공고를 보고서는 클레이튼 경마장으로 간다. 그곳에서 면접을 본 다음 오클라호마 극장의 기능직 직원으로 채용된다. 카를은 환영 리셉션 자리에서 반갑게 재회한 이전의 동료였던 쟈코모와 함께 오클라호마로 가는 기차를 타기 위해 역으로 달려간다. 카를과 쟈코모는 다른 채용된 자들과 함께 기차를 타고 가면서 밖에서 스쳐 지나가는 산악 풍경을 쉬지 않고 바라본다.

카를은 비록 타의에 의해서지만 사전 정보도 경험도 없이 환상만으로 새로운 세계로 떠나는 소박한 주인공이다. 따라서 이 소설은 머나먼 세계에서 예견치 못한 도전들에 직면해 있는 여행자 모티프를 수용하고 있다. 주인공은 예기치 못한 우연한 사건들에 휘둘리면서 끝내 그에게 삶에 대한 지혜도 정체성도 중재해 줄 수 없는 사회에 부딪쳐 좌절함으로써 새로운 고향을 찾는데 실패한다. 소설은 그 흔적이 언젠가 미국의 광야에서 사라지게 될 실종자의 운명을 묘사하고 있다.

• 추방과 도피

『실종자』는 먼저 열일곱 살의 소년 카를 로스만이 부모에 의해 유럽의 고향에서 미국으로 추방되어 낯선 문화적 환경에서 성장하는 것을 배우게 되는 교육과정을 다루고 있다. 『실종자』는 이러한 의미에서 일종의 교육소설이라고 할 수 있지만 전통적 의미의 교육소설은 아니다. 말하자면 이 미완성 소설은 전래의 교육, 교양소설에서 볼 수 있는, 개인적 성장 가능성을 끊임없이 펼쳐 보이면서 끝내는 성숙하고 사회적으로 인정받는 인물로 성장하는 행복한 교육과정과는 정반대되는 내용을 담고 있다. 이 소설은 갈수록 꿈을 잃어버리는 부정적 이야기로서 고전적 교양소설과는 거리가 멀다. 카를 로스만의 교육과정은 성장, 성숙, 상승의 과정이 아니라 사회적 몰락 및 하강의 과정이다. 상원의원인 카를의 삼촌은 고전적이고 전형적인 자수성가형 인물이다. 그는 그럴듯한 감상성 뒤에 냉혹성을 숨기고 있다. 그에게 인척관계는 아무런 의미가 없다. 그는 아버지를 대신하는 인물이 아니라 현대 산업사회의 가차 없는 냉혹성의 화신이다. 스스로를 원칙의 사나이로 일컫는 그는 무조건적인 금욕과 고행의 정신으로 카를을 교육시키려 한다. 그의 교육은 처음부터 조카의 소망 따위는 전혀 고려치 않는, 지속적인 감시와 통제의 형식을 띠고 있다.

아메리카는 엄격한 자기 통제와 원칙으로 전설적 성공을 거둔 삼촌과 같은 능력 있는 자들의 나라이며, 동시에 기회의 나라에서 기회를 잡지 못한, 실패한 이민자의 나라이기도 하다. 미국에서의 유럽인의 첫 시작은 새로운 탄생과 비교할만하다고 삼촌은 말한다. 카를은 이번에는 그를 추방한 가족을 벗어나 희망에 찬 전망과 함께 새로운 시작을 기대해 볼 수 있다. 그러나 카를은 불행한 이민자의 운명을 겪는다. 그의 운명은 접시 닦기에서 백만장자로의 전설적 출세가 아니라 끊임없는 사회적 추락을 겪는 패배자의 운명이다.[161)]

카프카의 집필계획에 의하면 카를의 낯선 땅에서의 교육여행은 행복한 귀향이 아니라 추방과 도피가 반복되는 가운데 결국 치명적인 처벌로 끝나게 되어 있다. 소설 속 사건의 핵심 구조는 구대륙의 이민자가 신대륙에서 겪는 현실과의 갈등이나 마찰 자체가 아니라 이로 인한

161) Jahraus 2006, 262.

반복되는 추방과 도피이다. 카를은 그린, 폴룬더, 수위장, 경찰관, 로빈슨, 그리고 들라마르쉬로부터 도피한다. 『판결』의 벤데만이나 『변신』의 잠자와 비교했을 때, 카를은 추방과 추적을 당하면서도 그때 그때 죽음의 위기를 잘 모면하고 있다. 즉 그는 즉각적인 죽음을 선고받지 않고 추방을 당할 뿐이다. 그러나 이 추방은 나중에 드러나듯 지연된 사형선고에 다름 아니다.[162)]

카를 로스만의 미국에서의 운명에 있어서 특징은 그때 그때 주변 환경에 따라 받아들임과 내쫓김이 반복되는 단계적 추락이다. 그는 아버지에 의한 추방 이후 계속 받아들여졌다가 내쫓기는 운명에 처한다. 우연한 삼촌과의 해후가 긍정적 변화의 가능성을 보여주지만, 그 이후로는 옥시덴탈 호텔에서의 급사장이나 수위장과의 갈등 등 카를의 권위와의 갈등을 특징짓는 메커니즘이 반복된다. 결국 이 같은 갈등은 용서가 없는 처벌, 즉 추방으로 귀결된다.[163)]

이 과정에서 카를의 능동적 행위와 수동적 행위 사이의 끊임없는 동요가 특히 눈에 띈다. 한 편으로는 자발성, 자유와 권리에 대한 갈망이 나타나는가 하면, 다른 한 편으로는 기꺼이 순응하고 복종하는 태도가 두드러진다. 수동적 태도는 그가 전혀 원치 않는 종속관계로 이끌어 간다. 그리고는 다시 잘못된 방향에서 거부와 반항을 하지만 자신의 힘으로 되는 일은 아무 것도 없다.[164)]

특히 카를을 아버지와 사회의 질서로부터 추방하는 주요 요인은 바로 섹스이다. 섹스가 이 소설에서는 주인공이 사회로부터 퇴출당하는 핵심 요인으로 작용한다. 카를이 최초로 부모에 의해 추방당하게 되는 원인은 하녀와의 섹스이다.

---

162) Jahraus 2006, 267.
163) Plachta 2003, 90.
164) Klinge 1971, 95.

그런데 한 번은 그녀가 "카를!"하고 부르고서, 뜻밖에 말을 걸어온 데 놀란 카를을, 인상을 찌푸리고 한 숨을 내쉬면서 자기 방으로 끌고 가서 문을 잠갔다. 그녀는 목을 조르기라도 하듯 그의 목을 끌어안았다. 그녀는 옷을 벗겨달라고 졸랐지만, 사실은 그녀가 그의 옷을 벗겨서 그를 침대에 눕혔다. 마치 지금부터는 그를 어느 누구에게도 양보하지 않고 이 세상이 끝날 때까지 쓰다듬고 귀여워해주고 싶다는 듯이. 그녀는 그를 쳐다보면서 그를 소유하고 있음을 확인하려는 듯 "카를, 오 나의 카를"하고 외쳤다. 반면 카를은 그녀를 전혀 쳐다보지 않았으며, 특히 자기를 위해 여러 겹으로 겹쳐놓은 듯한 따뜻한 이불 속에서 불쾌한 기분이 들었다. 그때 그녀는 그의 옆에 누워서 그에게서 무엇이든 비밀을 알아내려고 했다. 그러나 그는 아무 말도 할 수가 없었다. 그러자 그녀는 장난인지 진심인지 화를 내더니 그의 몸을 잡아 흔들고 그의 심장 고동소리를 들더니 자기와 똑같이 들어보라고 자기의 가슴을 내밀었다. 그러나 카를이 시키는 대로 하지 않자 자신의 벌거벗은 배를 그의 몸에 밀착시켜서 그의 사타구니를 손으로 더듬었는데, 카를은 너무나 역겨워 머리와 목을 흔들어 이불 밖으로 내밀었다. 그러나 그녀는 그의 몸에 자기 배를 몇 번 갖다 댔다. 그는 벌써 그 여자가 그의 육체의 일부분이 된 것처럼 느껴졌다. 아마 그래서인지 엄청난 곤궁에 처해 있다는 생각이 그를 사로잡았다. 그녀가 다시 만나고 싶다는 소망을 몇 번 말하는 것을 듣고 나서 카를은 울면서 자기 침대로 돌아왔다. (V 42-43)[165]

이처럼 어린 카를 로스만은 35세 난 요하나 브루머에 의해 불쾌한 방식으로 성폭행을 당하고, 그녀는 카를의 아이를 낳는다. 미국에 와서도 한 때 옥시덴탈 호텔의 여주방장으로부터 둘 사이의 관계를 의심받을 정도로 극진한 보호를 받는다. 빈 출신의 50세난 여주방장 그레체 미첼바흐는 갑자기 동화 속의 도움을 주는 여자로 등장, 곤경에 처한 카를에게 숙식을 제공하고 일자리까지 마련해준다. 그녀 역시 나이 많은 육중한 몸의 여자로서 카를에게 어머니와 창녀의 혼합 존재로

165) 『실종자』의 우리말 인용은 다음 번역본을 참조하였다. 프란츠 카프카/편영수 옮김, 실종자, 지만지, 2009.

나타난다.[166] 로빈슨 사건으로 결국 카를은 아버지와 삼촌에 이어 그녀로부터 세 번째로 추방당하는 운명을 맞이한다. 그리고는 늙은 창녀 부르넬다의 몸종으로 전락한다. 카를은 여기서도 부르넬다의 성적 속박에서 벗어나지 못한다. 앞서 폴룬더의 별장에서 그의 딸 클라라가 유도로 카를을 제압하여 성적 주도권을 장악했다면, 부른힐데와 투스넬다의 혼합이라 할 수 있는 부르넬다는 거대한 몸집과 유방으로 카를을 옴짝달싹 못하게 한다.[167] 이렇게 보면『실종자』는 한 남자가 여러 명의 여자들에게 성폭행을 당하고 그로 인해 사회적으로 추락하는 과정을 주요 내용으로 하고 있다. 카를의 여자관계에 있어 한 가지 특징은 그의 운명을 이끌어 가는 여자들이 하나 같이 비만하고 나이 많은 여자들이라는 점이다. 날씬하고 스포츠로 단련된 미모의 젊은 아가씨 클라라는 카를의 미국에서의 새로운 삶에 별다른 역할을 하지 못할 뿐 아니라 그의 관심도 끌지 못한다.

• 서술기법– 영화기법, 공간형성기법, 현실과 환상의 교차

그러면 지금까지 살펴 본 추방과 도피가 되풀이 되는 가운데 카를이 체험하는 낯선 세계와 낯선 문화를 카프카는 어떠한 서술기법으로 다루고 있는지 알아보자.

소설의 배경이 되는 주요 이슈는 바로 유럽인의 미국으로의 이주이다. 카를은 동부에서 서부로 이동하면서 끝까지 노상에 서 있다. 소설은 주인공의 여정을 영화에서와 같은 비쥬얼한 표현방식으로 포착하고 있다. 이는 현대의 영화예술가 빔 벤더스의 로드무비를 연상시킨다.

카를은 미국생활을 놀란 유럽인의 시선으로 관찰한다. 미국의 식습관에 대한 카를의 관찰은 특이하다.

---

166) Menninghaus 2002, 386.
167) Menninghaus 2002, 390.

그들은 그날 하루 단 한 번 어떤 음식점에 들렀으며 음식점 앞 야외에 있는, 카를이 보기에는 철로 만든 식탁에서 나이프나 포크로는 자를 수가 없어서 손으로 찢을 수밖에 없는 거의 날고기 같은 것을 먹었다. 빵은 원통형이었고 덩어리마다 기다란 나이프가 꽂혀 있었다. 이 음식에 곁들여 검은 액체 같은 것이 나왔는데, 마셔보니 목에서 불이 났다. (V 146-147)

사람들이 옥외에서 칼로 썰 수 없어 찢어먹는 날고기와 목 안이 타는 듯한 검은 액체에 관한 묘사는 바로 살짝 구운 스테이크와 코카콜라에 관한 묘사이다. 이 같은 미국의 생활상이나 소설 후반부의 그로테스크한 도피 장면 역시 영화와 유사한 표현형식과 결합되어 있다.

카를은 자신도 모르게 약간 뒤로 물러났고, 이때 짐꾼들이 출발하고 난 뒤에 생긴 빈 공간을 느끼고는 몸을 돌려 몇 걸음 크게 도약해 내달리기 시작했다. 아이들은 일제히 함성을 지르며 팔을 벌리고 몇 걸음 그와 함께 달렸다. "저놈 잡아라!" 경찰은 사람이 거의 다니지 않는 기다란 골목을 향해 외쳤다. 경찰은 계속 일정한 간격을 두고 고함을 지르면서 대단한 힘과 훈련을 말해주는 경쾌한 주법으로 카를의 뒤를 쫓았다. (...) 카를은 차도 한복판을 달렸다. 왜냐하면 거기에는 장애물이 적었기 때문이다. 그는 노동자들이 보도 가장자리 여기저기에 멈춰 서서 조용히 자신을 지켜보고 있는 것을 보았다. 한편 경찰은 그들을 향해 "저놈 잡아라!"하고 외쳤다. 경찰은 약삭빠르게 평탄한 보도를 달리면서 카를에게 쉴 새 없이 경찰봉을 내뻗었다. 분명히 경찰들이 순찰을 돌고 있을 교차로에 이 두 사람이 접근했을 때 경찰은 귀가 먹먹할 정도로 호루라기를 불기 시작했다. 그때 카를은 희망이 거의 없었다. 아니 거의 완전히 희망을 잃어버렸다. 카를이 유리한 점은 단지 가벼운 복장뿐이었다. 그는 점점 더 가파르게 아래로 치닫는 내리막길을 날듯이 달렸다기보다는 오히려 돌진했다. (...) 바로 그때 그는 얼마 멀지 않은 앞 쪽에, 그늘진 집의 어두운 벽에 몸을 밀착한 채 적당한 순간에 카를을 덮칠 준비를 하고 숨어 있는 경찰을 보았다. (V 283-285)

주인공의 주변세계, 거리 풍경, 선거집회 장면 등은 스냅 촬영 하듯 묘사되고 있으며, 이러한 영상들은 몽타쥐 기법에 의해 연결된다. 그리고 소설의 몇몇 장면들, 특히 로빈슨, 들라마르쉬, 부르넬다 등이

등장하는 우스꽝스럽고 끔찍스러운 장면들은 카프카가 즐겨 보았던 초기 무성영화와 흡사하다.[168)]

이 같은 영화기법 외에 눈에 띄는 또 다른 서술기법은 바로 공간형성 기법이다. 대서양 횡단 기선, 뉴욕 근교 폴룬더의 별장, 옥시덴탈 호텔과 같은 무한히 거대한 공간 내에 협소하고 구불구불한 공간, 즉 미로가 병존하는 것이 이 소설의 공간 구성에 있어서 특징이다. 처음에 카를은 배 안의 미로 속에서 길을 잃고 헤매다가 화부를 만나게 된다. 뉴욕 근교의 커다란 별장에서도 출구를 찾지 못하고 복도와 계단에서 헤맨다. 미로와 같은 복도에서 길을 잃고 헤매는 이 장면에서 다시 주인공의 혼란스러운 상황이 투영된다. 실제로 존재하지 않는 환상의 도시 람제스에 있는, 5000 명을 수용할 수 있는 거대한 옥시덴탈 호텔에서도 카를은 방향을 찾기가 무척 힘들다.

카프카는 자신의 주인공들을 미로로 이끌고, 방향감각을 상실한 채 길을 잃게 하는 것을 좋아한다. 그들은 목표가 있지만 거기에 이르진 못한다. 어떤 목표에 이른다면, 그건 그들이 원치 않았던 목표이다. 『소송』에서 요제프 카는 법원의 미로를 헤매고, 『성』의 카는 성에 이르지 못하고 마을의 미로를 헤맨다. 『실종자』에서 카를은 미국의 거대한 저택과 도회지의 미로를 헤맨다.[169)]

공간을 서술하는 데 있어 또 다른 특징은 현실과 환상, 실제와 허구가 교차하고 있다는 점이다. 미국의 특정한 도시, 거리, 건물의 사실적 묘사가 아니라 현대의 영혼이 없는 문명사회를 보여주려는 것이 작가의 의도라 할 수 있기 때문에 끊임없이 흘러가는 차량의 흐름, 손에 땀을 쥐게 하는 도시의 속도감과 역동성을 서술하는 데 있어서도 중요한 것은 환상적 서술기법이다. 사실성과 현실감 상실의 가장 효과

168) Alt 2005, 353; H. D. Zimmermann 2004, 93.
169) H. D. Zimmermann 2004, 95-6.

적인 방법은 높은 곳에서 아래로 내려다보는 조망이다. 예를 들어 카를이 삼촌 집의 7층에서 뉴욕의 거리를 내려다보는 장면이다. 뉴욕은 실제로 존재하는 도시이지만 카를이 내려다보는 아래의 거리 모습은 마치 꿈속의 환상적인 모습을 보는 듯하다. 이렇게 『실종자』에서는 현실과 환상이 오버랩 되는 서술기법이 자주 등장한다.

> 좁은 발코니가 방 앞에 방의 길이만큼 뻗어 있었다. 카를의 고향도시라면 전망이 좋은 가장 높은 장소였을지도 모르나, 여기서는 거리 하나를 내다보는 것 이상은 허용되지 않았다. 그 거리는 칼로 잘라낸 것처럼 두 줄로 늘어선 집들 사이를 곧게 마치 멀리 달아나듯 뻗어 있었고, 그 끝에는 대성당의 윤곽이 짙은 안개 속에 우뚝 솟아 있었다. 아침저녁으로 또 밤의 꿈속에서도 이 거리는 항상 교통이 복잡했다. 거리를 위에서 내려다보면 일그러진 사람들의 모습과 각종 차량의 지붕들이 항상 새롭게 얽혔다가는 흩어졌다. 그 거리에서 소음과 먼지와 악취가 뒤섞인, 냄새가 고약한 새로운 혼합물이 올라왔다. 이 모든 것을 한 줄기 강력한 햇빛이 포착하고 관통했다. 현혹당한 눈엔 물체로 보이는 그 햇빛은 수많은 대상들에 의해 쉴 새 없이 흩어지고 사라졌다간 또 부지런히 되돌아왔다. 마치 모든 것을 덮고 있는 유리판이 이 거리에서 매순간 산산이 부서지는 것처럼 보였다. (V 55)

인지되는 사물들이 그림자나 환영처럼 보인다. 끊임없이 흘러가는 차량의 흐름 속에서 보행자는 일그러진 모습으로 나타난다. 지붕만 보이는 차량들의 물결과 함께 소음, 먼지, 냄새 등이 빛과 함께 그의 감각기관을 공격함으로써 카를은 정확한 실제의 거리를 인지할 수가 없고, 뉴욕이란 도시의 특징도 알아볼 수 없다.[170)]

170) Janz 2010, 16-17.

• 맺는 말

소설 속의 사실과 다른 두 가지 오류(?)를 언급함으로써 실제의 미국과 소설 속의 미국이 어떻게 다른지, 그리고 마지막 미완성으로 끝난 오클라하마 극장이 사회적 유토피아인가 아니면 카를에게 사형을 선고하는 법정[171]인가하는 문제를 거론하면서 결론을 대신하고자 한다.

카를 로스만은 부모의 집에서 내쫓겨 배를 타고 뉴욕 항으로 들어올 때 손에 횃불이 아닌 칼을 든 자유의 여신상을 보게 된다. 즉 실제의 자유의 횃불이 폭력의 상징인 칼로 대치되고 있다. 횃불 대신에 칼을 언급한 것은 카프카의 착오였을까? 그것은 착오가 아니라 재치 있는 의식적 변경이라 할 수 있다. 먼저 자유의 여신상이 횃불 대신 칼을 쥐고 있는 것은 아메리카를 사실적으로 묘사하는 데 있어서 카프카의 명백한 거부감을 의미한다. 다음으로 자본주의 사회인 아메리카에서 여신의 손에 쥐어진 칼은 생존을 위한 투쟁의 문학적 표현이다. 그리고 칼은 텍스트에서 반복되는 처벌의 모티프에도 상응한다.[172] 여기서 칼은 법관의 칼이고 카를 로스만의 죄와 그에 따른 처벌을 암시하는 법률적 성격을 지닌다.

따라서 소설 속의 아메리카는 카를이 자유의 여신상을 인지하는 순간부터 일반적인 아메리카 상과는 거리가 멀다. 여기서 독자는 『실종자』의 아메리카가 실제의 아메리카와 어느 정도 관계가 있는지 의문을 갖게 된다. 이를테면 카프카는 뉴욕이란 도시를 식별할 수 없게 하기 위해 이 도시의 거리 및 건물 이름을 표기하는 것을 철저히 피하고 있다. 그리고 클레이톤이나 람제스도 실제로는 없는 허구적 명칭들이다.

---

171) 자연극장의 관료주의 구조는 『소송』에서의 법원의 관료주의를 암시한다. 자연극장 역시 법원에 대한 메타퍼이다. 즉 『소송』에서는 형리들이 연극배우로 등장하는 등 법원이 극장으로 나타난 반면 『실종자』에서는 극장이 법원으로 나타난 것이다 (Jahraus 2006, 258-260).

172) Plachta 2003, 84; Anz 1992, 60.

뉴욕은 상상의 도시, 근대화가 진행되는 도시의 한 모델일 뿐이다.[173)]

그리고 또 다른 아메리카의 실제 도시 오클라호마는 텍스트에서 오클라하마로 표기되고 있다. "오클라하마 자연극장"은 미완성 소설의 마지막 미완성 장이다. 이 미완성 소설은 주인공이 기차를 타고 오클라하마로 가는 것으로 끝난다.

> 그들은 이틀 밤낮을 기차를 타고 갔다. 이제야 카를은 미국의 거대함을 가늠하게 되었다. 그는 쉬지 않고 창밖을 내다보았다. (V 418)

카를은 하늘이나 지평선이 아닌 좁은 계곡만을 바라본다. 별다른 감흥도, 들뜬 감정도, 긴장에 찬 기대도 없다. 광활한 미국도 결국 그가 사라지는 공간일 뿐이다.

오클라호마 대신 잘못 쓴(?) 오클라하마는 이미 홀리쳐의 아메리카 저술 (1912)에서 발견된다. 이 책은 한 젊은 흑인이 교수형을 당하는 끔찍스러운 장면을 촬영한 사진을 싣고 있다. 사진의 제목은 "오클라하마의 전원풍경"이다. 자연극장이 처형의 장으로 이해될 수 있는 두 번째 증거는 카를 로스만의 이해할 수 없는 대답이다. 자연극장 사무실에서 그는 자신의 이름을 네그로 라고 답하면서 자신의 정체성을 완전히 상실하게 된다. 특히 카프카가 일기에서 『실종자』와 『소송』의 두 주인공들을 연관시킴으로써 이 같은 사실을 뒷받침한다. "로스만과 카, 죄 없는 자와 죄 있는 자, 양자는 결국 똑 같이 벌로 죽임을 당한다. 죄 없는 자는 보다 가벼운 손으로, 때려 눕혀지기보다는 옆으로 밀쳐져서."(T351) 결국 오클라하마의 자연극장은 일자리를 원하는 모든 사람을 받아들이고 행복과 자유를 보장해주는 천상의 낙원, 즉 사회적 유토피아가 아니라, 카를에게 사형선고를 내리는 천상의 재판

173) Janz 2010, 21.

이 행해지는 법정이라 할 수 있다.

3.2 『소송』

• 서언

카프카는 『실종자』에 이은 그의 두 번째 미완성 장편 소설을 1914년 8월부터 1915년 1월 사이에 집필하였다. 막스 브로트는 카프카 사후인 1925년에 이 소설을 처음으로 『소송』이란 제목으로 출판하였다. 1933년 이후 각국어로 된 번역서들이 잇따라 출판됨으로써 카프카는 세계적 명성을 얻게 되었다.

이 소설의 생성 배경으로 1914년 5월 베를린에서 있었던 펠리체 바우어와의 약혼과 곧 이은 7월의 파혼으로 인한 카프카 생애의 위기를 들 수 있다. 파혼으로 인해 그는 한편으로는 해방감을 느꼈지만, 결혼과 가족형성이라는 결정적 문제에서 실패했다는 죄책감이 더욱 컸다. 이 같은 죄책감에 쫓기면서 카프카는 자기고발과 자기심판이라는 내적 소송을 경험하게 된다.[174] 때문에 이 소설 역시 카프카의 자전적 체험에서 비롯된 것으로 주인공 카는 바로 카프카를 의미한다. 또한 카프카는 육필 원고에서 뷔르스트너양을 약어, F.B.로 적고 있는데, F.B.는 펠리체 바우어의 약어이기도 하다. 소설에서 요제프 카는 서른한 번 째 생일 전날 저녁에 살해되고, 작가 카프카는 자신의 서른한 번째 생일 전날 저녁에 펠리체와의 약혼을 취소하기 위해 베를린으로 갈 결심을 한다. 파혼이 있었던 아스카니어 호텔은 일기에서 호텔 법정으로 일컬어진다.[175] 그러나 카프카의 다른 소설들처럼 이 소설 역시 작가 자신의 자전적인 체험의 한계를 뛰어넘어 보편적인 인

174) Beicken 1997, 27.
175) Wagenbach 1964, 95.

간실존의 문제를 다루고 있다.[176] 동시대의 표현주의 문학 또한 일회적이고 개인적인 운명이 아닌 보편적이고 본질적인 문제를 추구하는 문학이다. 1910년대 문학에서 확인할 수 있는 소외현상이나 부자갈등의 주제화는 카프카 작품들 역시 표현주의 산문에 포함시킬 수 있다는 주장을 뒷받침하였다. 근대문학에서 예외적 지위가 강조된 카프카의 소설들도 불안, 절망, 상실감, 자아의 분열, 탈출구가 없는 상황을 주제화함으로써 다른 표현주의자들의 문제의식에 접근하고 있기 때문이다.

이에 본고에서는 체포-소송-처형 등 3단계로 구성된 소설의 내용을 충실히 재현하면서 여기에 내포된 표현주의적 요소들을 구체적으로 파악하고자 한다. 특히 논문의 주안점은 표현주의 문학의 주요 모티프이자 카프카 문학의 핵심인 부자갈등이 어떻게 가족 외적인 영역으로 확대되어 개인과 익명의 권력기관 간의 대립 및 갈등으로 나타나는지, 그리고 어떤 면에서 『소송』이 20년 후에 대두된 나치즘을 선구적으로 예언한 표현주의 소설로 간주될 수 있는지에 있다.

• 체포와 종말

'체포'와 '종말'은 1914년 8월 11일 거의 동시에 완성되었다. 이렇게 함으로써 소설이 한없이 계속되며 종결을 짓지 못하는 것을 막기 위해, 확실한 소설의 틀을 설정한 것이다. 사건의 발단에 이어 곧 요제프 카의 처형을 내용으로 하는 마지막 장을 저술한 것은 계획한 소설 사건의 두 기준점 사이에 있는 빈 공간을 점차적으로, 꼭 시간의 흐름에 얽매이지 않고 계속되는 재판과정의 장면들로 채우기 위한 것이다.[177] 본고는 카프카의 『소송』 저술 순서에 상응해서 먼저 '체포'와

---

176) 이주동 2006, 297.
177) Allemann 1992, 118.

'종말'을 다룬 다음 그 가운데 과정인 소송절차를 살펴보기로 한다.

"누군가 요제프 카를 중상한 것임에 틀림없다. 왜냐하면 아무런 나쁜 짓을 하지 않았는데도 어느 날 아침 그는 체포되었기 때문이다."(P 7) 이 같은 전제조건이나 전사(前史)가 없는, 갑작스럽고 절대적인 시작에 상응해서 절대적인 종말이 대칭을 이루고 있다. "서른한 살이 되는 생일 전날 저녁"(P 305) 카는 "늙은 하급 배우들"(P 306)처럼 보이는 두 남자에 의해 종말을 맞이한다. 이 두개의 고정된 기준점 사이에서 소설의 사건이 진행된다.

은행 업무주임인 요제프 카는 30세가 되는 생일 아침에 이유도 모른 채, 실제로 구금되지도 않은 채 그의 침대에서 체포된다. 그는 헛되이 기소기관과 자신의 위법행위에 대해 알아보지만, 이 추적과정에서 꿰뚫어볼 수 없는, 불합리한 사법제도의 미로 속으로 빠져든다. 결국 요제프 카는 끝없는 노력에도 불구하고 자신의 죄가 무엇인지, 자신이 도달하고자하는 법원의 정체가 무엇인지 밝히지 못한 채 일 년 후 두 명의 형리에 의해 밤의 도시를 통해 끌려가서는 한 채석장에서 "개처럼"(P 312) 처형당한다.

그럼 먼저 체포의 상황과 그 원인을 유추해 보기로 하자. 체포는 경찰이나 사법부에 의한 요제프 카의 행동의 제약을 의미하지는 않는다. 체포 기관은 일상적 의미의 체포를 하지 않고, 감시자들을 통해 체포에 관해 언급하고, 이렇게 이상한 방법으로 체포된 자의 반응을 기다리는 것으로 만족한다. 모함이 체포의 원인이라는 것도 개연성이 없다. 정확한 원인은 소설의 끝에서도 밝혀지지 않고, 카가 어떤 나쁜 짓을 했는지도 불확실하다. 실제로 고발이 행해진 것도 아니고 판결도 내려지지 않는다. 그루바흐 부인은 말한다. 그 체포는 "특별히 나쁜 일이었다고 말할 수는 없어요. 아니에요. 당신은 체포되었지만, 도둑이 체포된 것과는 달라요. 도둑처럼 체포된다면 그건 나쁜 일이죠. 그러나 이 체포는 –. 무슨 유식한 일인 것처럼 생각되어요."(P 32) 그녀는 체포를 유식한 사람들이 골몰하는 뭔가 추상적인 것, 이론적인 것, 원칙적인 것으로 생각한다. 그의 죄 또한 어떤 특정한 법률적 과실에 있는 것이 아니라 인식과 고백을 통해 속죄할 수 있는 실존적, 인간적 죄로 이해될 수 있다.[178)]

그러면 체포의 원인이 된 요제프 카의 인간적, 도덕적 죄는 어디에 있는가? 카는 어머니에게 생활비를 송금하는 등 경제적인 지원은 하지만, 이미 2년이나 어머니를 찾지 않았다. 모자간의 사랑 같은 건 전혀 느낄 수 없다. 카는 아버지도 없지만 내면에는 어머니도 존재하지 않는다. 같은 도시에 사는 유일한 형제인 사촌 여동생 에르나의 생일도 그냥 지나치는 등 가족에 대해 전혀 관심이나 주의를 기울이지 않는다. 숙부는 이러한 카의 부족한 가족 인식을 질책한다. 카의 뷔르스트너 양, 엘자, 레니, 정리의 처 등 여자관계에 있어서도 에로틱한 육체적인 관계는 엿볼 수 있지만 헌신적인 애정이나 진정한 사랑은 찾아보기 어렵다.

카의 소송이 이 같은 '사랑하지 못하는' 문제(죄)도 다루고 있다는 점에서, 사랑에 실패했다는 카프카 자신의 정신적 갈등과 죄책감을 떠올리게 한다.[179)] 카의 뷔르스트너 양과의 키스 는 정열적인 애정행위와는 거리가 먼 강제적 행위로서 오히려 관계의 상실과 사랑의 무능력을 보여주고, 부엌의 서류더미 속에서 벌이는 레니와의 정사는 낯설고 이상한 성행위에 지나지 않는다. 특히 하숙집 여주인에 의해 품행이 방정하지 못한 여자로 평가되는 뷔르스트너 양은 카에게 에로틱

178) 침머만은 카프카가 해설자들에게 쳐놓은 해석의 덫에 대해 다음과 같이 얘기한다. 위법행위나 죄가 서술되어 있지 않기 때문에, 그러나 죄는 분명히 있어야 하기 때문에, 해설자는 죄라는 빈자리에 그들 자신의 해석을 집어넣는다. 즉 각자 자신의 주관에 따라 법률적, 도덕적, 심리적, 사회적, 종교적 죄 등을 나열한다는 것이다 (H. D. Zimmermann 1995, 65).

179) Beicken 1997, 95.

한 존재로 인지된다. 카는 그녀의 방에서 자신의 체포에 관해 얘기한 후 "마치 목마른 짐승이 마침내 발견한 샘물에 혀를 내밀고 달려드는 것처럼"(P 48) 뷔르스트너 양의 입과 온 얼굴에 키쓰를 한 다음 목의 목구멍 부위에 입술을 한참 동안 대고 있다. 요제프 카의 행위와 급히 갈증을 해소하는 짐승과의 비교는 "개처럼" 살해당하는 주인공의 비참한 종말을 암시해 준다. 에로스와 섹스에 대한 카의 동물적 갈증은 뷔르스트너 양의 목구멍 부위에 오랫동안 놓여 있는 카의 입술을 통해 상징적으로 묘사되고 있다. 이 동물적 욕망은 소설의 종말에 카의 목을 조르기 위해 그의 목구멍 부위에 놓여지는 한 남자의 두 손을 통해 다시 표현된다.[180] 카는 또한 변호사 훌트의 간병인인 레니의 유혹을 받는다. 그녀는 자진해서 카의 조력자로 나선다. 그는 놀라워하며 생각한다. "나를 도우려는 여자들이 몰려드는군(...)처음엔 뷔르스트너 양, 그 다음에는 법원 정리의 아내, 그리고 마침내 이 자그마한 간병인. 이 여자는 나에 대해 이해할 수 없는 욕망을 품고 있는 것 같다." (P 143) 그러나 여성 조력자들은 전도된 역할을 수행한다. 그들은 카를 진정으로 돕는 대신 더욱 깊숙이 소송 사건 속으로 휩쓸리게 한다. 카 역시 인간관계를 물적 관계로 격하시키고 다른 인간들을 도구화 하면서, 소송으로 인한 위협에 대처하기 위해 이들 여자들을 수단으로 이용한다. 이밖에도 카는 뇌물로 법원에 속한 자들의 환심을 사려하는 등, 부정직한 행동과 매수도 마다하지 않는다. 뿐만 아니라 카는 계산적이고 이기적인, 그리고 공격적이고 권위적인 인물로 묘사되고 있으며, 허황된 상상과 억압된 욕구에 시달린다. 그는 나아가 은행의 조직체계에 완전히 편입되기 위해 자신의 인격 중 본질적 영역인 도덕성을 포기한 인간으로 간주된다.

180) Goltschnigg 2009, 258.

카에 대한 체포는 그가 도덕적 원칙의 총체로써 법을 근본적으로 모르고 있다는 데에 기인한다. 여기서의 법은 도덕적 법이다. 성인이 도덕적 규범을 모른다는 것은 이미 도덕적 범죄행위이다.[181] 감시인 프란츠는 법에 대한 무지와 죄를 연결시킨다. "이봐 빌렘, 이 사람이 법을 모른다는 걸 인정하면서 동시에 자기는 무죄라고 주장하는 군."(P 15) 그러면 법을 알지 못하고 자신을 무죄로 간주하는 것이 카의 죄인가? 카는 계속해서 자신이 무슨 일로 비난받는지는 묻지 않고, 단지 자신은 무죄라는 점만을 강조한다. 즉 카는 처음부터 무의식적으로 죄책감을 느끼는 사람처럼 행동하지만, 결코 자신의 개인적 죄는 인정하지 않는다.

이제 '체포'에 이어지는 소송 과정을 잠시 건너 뛰어 첫 장과 동시에 완성된, 마지막 대칭점이자 기준점인 카의 '종말'에 대해 알아보자.

우리는 흔히 전통적인 구원의 힘 가운데 첫 번째로 가족을 꼽는다. 그러나 요제프 카는 가족관계를 소홀히 했다. 그것이 그의 첫 번째 죄이다. 두 번째 구원의 힘은 여인의 사랑이지만 카는 그것을 얻을 수 없다. 세 번째 전통적인 힘은 소설에서 화가로 대표되는 예술이다. 화가 티토렐리는 법원의 낮은 지위의 판사를 위대한 판사의 모습으로 그려준다. 즉 예술이 허위에 기초하고 있다. 마지막 가장 위대한 구원의 힘은 당연히 성당의 신부로 대표되는 종교의 힘이다. 허지만 신부에 의해 오히려 카의 유죄가 입증되고 있을 뿐이다.[182] 이로서 카의 종말은 피할 수 없는 숙명이 되고 만다. 종말은 뜻 밖에 다가 온 것이 아니다. 카는 서른한 번째 생일 전날 저녁에 손님을 기다리는 듯한 태도로 검은 옷을 입고 엄숙하게 앉아 있다. "늙은 하급 배우들을 내게 보냈군."(P 306) 모든 것이 카에겐 연극처럼 생각된다. 처음의 연극 메타

181) Robertson 1988, 138.
182) Kaus 2004, 290.

퍼가 다시 등장한 것이다. 카에게 체포는 희극으로 여겨졌고, 뷔르스트너 양에게 체포과정을 마치 연극을 하듯 설명해 보였다. 요제프 카는 그들이 온다는 통지를 받지 않았음에도 분명히 형리들의 방문을 알고 있다. 이는 법원이 아니라 자신이 판결을 내릴 용의가 있음을 의미한다. 앞서 성직자는 그에게, 소송이 서서히 판결로 넘어가고 있다고 경고한 바 있다.[183] 카는 아무도 지켜보지 않는 가운데 인간사회로부터 멀어지면서 변두리 채석장의 유령 같은 죽음의 풍경 속으로 이끌려 간다. "건물의 불이 켜진 창문 안, 창살너머로 두 명의 어린아이들이 놀고 있었다. 아직 앉은 자리에서 움직일 수 없는 그 아이들은 작은 손으로 서로 더듬어 만지고 있었다."(P 305-6) 카는 종말에 이르는 길에 이 천진한 모습, 빛과 놀이, 그리고 어린 아이들의 몸짓 언어를 함께 가지고 간다. 아무것도 모르는 어린 아이들의 흥겨운 모습이 죽음에 직면한 자의 고독과 극명한 대조를 이룬다. 곧 이어 그의 뇌리에 언뜻 죽음의 환영이 떠오른다. "찢어지는 다리로 끈끈이 막대에서 벗어나려고 애쓰는 파리가 그의 머리에 떠올랐다."(P 307) 저항해보아야 아무 소용이 없다는 사실이 자기비판으로 이어진다. "나는 언제나 스무 개의 손으로 세상에 덤벼들려 했다. 그것도 인정할 수 없는 한 가지 목적을 위해. 그것은 옳지 않았다. 일 년 동안의 소송도 나를 깨우칠 수 없었다는 것을 지금 보여 줘야 할까? 난 우둔한 인간으로 사라져야 하는 걸까?"(P 308) 어디에 자신의 잘못이 있는지는 여전히 불확실하지만, 지금은 자신의 저항을 포기하면서 옳은 일을 하고 있다는 것만은 분명하다. 결국 요제프 카는 변화시킬 수 없는 법과의 투쟁을 포기하고 법원에 굴복하는 것인가? 창문이 열리고 팔을 내뻗는 한 사람이 나타나자 그는 이렇게 묻는다. "누구였을까? 친구? 착한

183) Ingeborg C. Henel 1973, 420.

사람? 동정심이 있는 사람? 도와주려는 사람일까?"(P 312) 이 같은 연속적인 짧은 질문들에서 카는 처음으로 사회적 감정, 인간적 관심, 사심 없는 책임 등으로 특징 지워진 인간들을 생각한다. 이전에 그는 다른 사람들을 항상 자신의 소송에 얼마나 이용가치가 있느냐에 따라 판단하였다. 그러나 잠시 반짝하는 빛처럼 이 같은 카의 생각은 곧 사라져버리고 이전의 사고방식으로 되돌아간다. "아직 도움이 있을까? 잊어버렸던 항변이라도 있는 것일까? (...) 한 번도 보지 못한 재판관은 어디 있는가? 결코 다다르지 못한 상급재판소는 어디 있는가? 그는 두 손을 쳐들고 모든 손가락을 쫙 펼쳤다."(P 312)

다시 한 번 마지막으로 두 손을 쳐들고 손가락을 펼치면서 카는 저항을 한다. 즉 정상적인 소송 절차와 제대로 된 정당한 판결을 요구하는 것이다. 카가 살해되는 이 마지막 장면은 여러 가지 모순들을 보여준다. 카는 한편으로는 처벌에 대한 긍정적 태도를 보여주는가 하면("카는 자기 머리 위로 손에서 손으로 오가는 그 칼을 받아 쥐고 스스로 자신을 찌르는 것이 자기의 의무라는 것을 잘 알고 있었다." (P 311)) 다른 한편으로는 그 처벌을 스스로 집행하기를 거부하는 모순된 모습을 보여준다. ("그러나 그는 그렇게 하지 않았다."(P 311)) 한편으로는 엄숙한 장면 묘사를 통한 처벌의 정당화, 다른 한편으로는 살해 방법의 원시적 잔인성("그러나 그중 한 남자의 양 손이 카의 목을 누르는 동안, 다른 남자는 칼로 카의 심장을 찌르고는 거기서 칼을 두 번 비틀었다."(P 312)) 역시 상호 모순된다.[184] 특히 카의 저항은 자신의 죄를 떠안고 판결을 인정할 수 있는 기회를 놓쳐버린 마지막 중대한 실수로 해석되고 있다. 따라서 카의 죽음은 자기 자신에 의해 야기되지 않았기 때문에 실패한 것으로 간주된다. 결국 카는 최후의

184) Binder 1979, 439.

법원이 아득히 먼 곳에 있음을 의식하고서, 질문과 불확실의 안개 속에서 죽는다.[185] 카프카의 소설에서 죽음은 끔찍스럽긴 하지만, 동시에 자유로 향하는 유일한 길이기도 하다. 파고들어오는 칼에 대한 생각은 카프카의 일기에서 여러 번 등장한다. 『소송』을 집필하기 3년 전인 1911년 11월 2일 이미 카프카는 자신의 "심장에 비틀린 칼의 상상에 대한 쾌감"에 대해 적고 있다. (T 220)

• 소송

체포와 종말 사이에 놓여 있는 소송의 전 과정은 요제프 카가 법원의 존재를 파악하고, 최고 법원에 이르고자 시도하는 과정이다. 그러면서 그는 자신의 죄에 대해서는 어떠한 것도 알지 못하고, 알려고 하지도 않는다. 바로 이점이 비밀스러운 소송을 이끌어가는 요인이다.

전혀 일상적 의미의 소송으로 진행되지 않는 『소송』은 눈에 보이지 않는 법정에서 진행된다. 『소송』에서의 소송은 고발자와 판사가 없는 소송, 피고가 고발자, 변호사, 그리고 판사의 역할을 맡는 소송이다. 요제프 카에게 적용되는 죄는 특별한 법률 위반이 아니다. 그의 죄에 이끌리는 비밀스러운 법원[186] 역시 일상의 법원이 아니다. 일반적인 재판절차는 범법행위, 체포, 심문, 고발, 변호, 심리(공판), 판결, 재심, 형의 집행 등으로 이루어진다. 이 같은 일상적 순서 중 소설에서 분명히 확인할 수 있는 것은 체포와 판결의 집행뿐이다. 고발, 심리, 재심, 형의 확정 등 결정적 구성요인들이 배제되어 있다. 위법행위나 죄, 판결 등은 불분명하고 암시로서만 파악될 뿐이다. 체포가 행해지지만 일반적 의미의 체포와는 다르다. 법원에 출두하라는 통지를

185) Kudszus 1970, 316-317.

186) P 14. "우리 기관은(...) 주민들에게서 죄를 찾는 것이 아니라, 법에 적혀 있는 것처럼 죄에 이끌리는 것이고 그래서 우리들 감시인들을 보내는 겁니다."

받지만, 심리는 카의 고발연설로 대체된다. 재심 역시 암시만 되고 있다.[187] 그리고 카의 소송은, 법치국가, 공판, 형사소송, 심문, 변호, 변호사, 판결 등 주요 개념들이 등장하지만, 정상적인 재판 절차와는 거리가 멀다. 우선 카의 행동부터가 지극히 모순된다. 그는 재판을 거부하면서도 법원을 찾는다. 실제로, 법원과 소송의 세계가 점점 더 그의 사고와 행동양식을 결정짓고 있다. 이로 인해 그는 직업상의 과제를 수행하는데 지장을 받으며, 사회적 일상에서 멀어지고 차츰 유리감을 느끼게 된다. 법원에 맞서는 그의 행동은 너무 성급하고, 수단과 방법을 잘못 선택하고 있지만, 언제나 뒤늦게 그러한 것들을 깨닫는다. 또한 초조감으로 인해 카는 맹목적인 행동과 모든 가능한 피상적인 시도를 감행하고 또 곧 바로 포기한다.

이 과정에서 한 가지 특이한 점은 요제프 카의 가정(假定)과 예측이 법원에 의해 현실화되고 있다는 점이다. 카가 법원으로 첫 소환을 요구 당했을 때, 그에게 날짜는 통보되었지만 시간은 언급이 없었다. 카는 스스로 시간을 9시로 정하고 법원으로 출두하지만 10시에야 법원 사무국에 도착한다. 그런데 이제 법원으로부터 한 시간이나 늦었다고 비난을 당한다. 소설의 끝에서도 카는 법원으로부터 아무런 통보를 받지 않았지만 검은 옷을 입은 채 사형집행인들을 기다린다. 이 같은 예측만으로도 실제로 형리들이 등장한다. 그러나 소송의 진행과정에서 그에게 모습을 드러낸 건 단지 법원의 하급 조직뿐이다. 법원 전체와 그 핵심을 볼 수 없다는 것이 바로 카가 벗어날 수 없는 미궁 속으로 빠져드는 요인이 되고 있다.[188]

카와 법원의 상호 작용을 소설의 구성에 따라 좀 더 자세히 살펴보면, 먼저 1부 (체포에서 태형리(笞刑吏)까지)에서 법원은 반복해서 카

187) Beicken 1997, 136.
188) Allemann 1963, 247.

의 생활에 관여한다. 법원은 그를 체포하게 하고 심리에 소환하고 그의 고발에 따라 감시자들을 처벌케 한다. 2부 (삼촌/레니에서 상인 블록/변호사 해약까지)에서 법원은 카의 생활과 멀리 떨어져 있다. 반면에 카는 주도권을 쥐고 변호사 훌트와 화가 티토렐리 등 법원과의 투쟁에서 도와줄 조력자들을 찾아간다. 마지막 두 장면, 즉 '대성당에서'와 '종말'로 구성된 3부에서 법원이 다시 움직인다. 카와 성직자의 만남을 주선하고 카에게 '문지기 전설'로 위장된 마지막 경고를 보낸 다음 마침내 처형판결을 내린다. 처형 직전까지 카의 숨겨진 목표는 법원의 존재에 대한 파악이다. 체포 이후 소송과정에서 카의 일상은 기호를 해독하고자 하는 일련의 시도로 특징 지워진다. 법원 내에서는 카의 일상세계와는 다른 기호가 지배함으로써 전혀 다른 현실이 제시되고 있기 때문이다. 카는 먼저 법원의 정리나 법관들의 외적 모습, 특히 기호로써의 의복을 해석하고자 애쓴다. 카가 수 개월 동안 경험한 후에서야 겨우 공직자의 상의에 달린 금단추의 의미를 인식하기 때문에 법원의 존재나 자신이 연루된 소송의 보다 깊은 의미를 언제 이해할 수 있을지는 의문이다.[189) 『소송』의 줄거리는 바로 이 다른 현실을 이해하고 극복하고자 하는 카의 반복되는 헛된 시도로 구성되어 있다. 그가 자신의 전래의 사고방식에 고착되어 있기 때문에 다른 방식으로 이 낯선 현실을 돌파해 나갈 수가 없다. "당신들은 누구지요?"(P 7)라는 카의 이 첫 발언이 그의 운명적 질문이 되고 만다. 그는 소설의 끝에서도 이에 대한 답을 듣지 못한다. 법원의 존재와 관련하여 주목을 끄는 인물들이 화가 티토렐리와 성당의 교도소 신부이다. 둘 다 카의 운명을 예견 내지 경고하고 있다. 티토렐리의 "모든 것이 다 법원에 속한다"(P 202)라는 말에서 법이 모든 삶의 현실을, 즉 카의 외

189) Robertson 2003, 137-138.

적 현실뿐 아니라 내적 상황까지도 통제하고 있음을 짐작할 수 있다.

화가 티토렐리는 모든 지상의 판사들을 똑같은 위협적인 모습으로 그린다. 그리고 정의의 여신을, 판결에 대한 신중한 고려 따위는 아랑곳 않는 사냥의 여신으로 형상화 한다. "차츰 그림자의 어른거림이 마치 장식이나 높은 훈장처럼 머리를 에워쌌다. 정의의 여신상 주위는 눈에 띄지 않는 채색 부분 외에는 밝은 채였으며, 이 밝음 속에서 여신상은 특히 두드러져 보여 이제 더 이상 정의의 여신도 승리의 여신도 아닌, 오히려 완전히 사냥의 여신처럼 보였다."(P 197) 마치 이 그림은 앞으로 피고 카가, 쫓기는 야생동물이 되리라는 것을 암시하는 것 같다.

일상의 세계와 법원의 세계를 중재하는 교도소 신부는 카에게 인생을 위한 교훈을 삼도록, 그리고 그가 처한 상황을 명확하게 설명하기 위해서, 문지기 전설인 우화『법 앞에서』를 들려준다. 문지기 전설은 요제프 카가 법에 관해 무언가를 알게 되는 유일한 부분이다. 때문에 이 전설은 그에게 매우 중요한 것이다.[190] 이 우화를 통해 신부는 요제프 카에게 본질적인 것, 존재의 순수함과 독립성을 지적하고, 낯선 이들로부터의 - 특히 여자들의 - 도움에 대해 경고한다. 그러나 카는 우화적 인물이 처한 상황에서 교훈을 끌어내는 대신, 자신이 권력기관의 희생자라는 개인적 감정을 시골남자에게 투영시키고 있다. "'문지기가 그러니까 그 남자를 속였군요',라고 카가 즉시 말했다..." (P 295) 시골 남자와 요제프 카 모두 하급재판소의 발언들을 절대적인 진리로 받아들이는 데에 소설과 전설의 유사성이 있다. 또한 둘 다 착각을 하고 있고 기만당하고 있다. 시골 남자처럼 요제프 카도 스스

190) 카프카의 가장 유명한 우화는『소송』에 삽입된 '법 앞에서'이다. 이 우화는 지금까지 논의된 소설의 핵심들을 다시 한 번 응축해서 표현하고 있다. 이 문지기 이야기를 카프카는 일기에선 전설이라 말하고, 소설에서는 법 입문서에 있는 이야기로 표현한다.

로의 잘못으로 목표를 그르친다. 왜냐하면 그는 본질적인 것을 인식하지 못하고 자신의 소송을 쓸데없는 방법들로 이끌어가기 때문이다. 그는 성당에 들어갈 때도 성경이나 기도서 대신에 도시의 관광앨범을 휴대했었다. 카는 인간의 본질, 자신의 죄 있음을 간과하듯 성당의 본질을 간과한 것이다.[191] 또한 두 사람 다 모든 것을 법과 법원에 걸면서도 그 본질을 파악하지 못하고 있다는 공통점을 갖고 있다. 시골사람이 법에 대해 자신의 힘을 행사할 수 없는 것처럼 카 역시 법과 죄의 본질에 대한 문제를 파고들 수가 없다. 카에게 있어 법이란, 인간의 판단 영역 외에 있는 것이라는 한 가지 사실만이 분명할 뿐이다. 말하자면 '문지기 전설'은 권위에 대한 맹신, 비독립성, 미성숙에 관한 우화로서 법원이 카에게 보내는 마지막 경고로 이해될 수 있다.

• 부자갈등–모티프의 확대

지금까지 체포–소송–종말의 3단계로 구성되어 있는 소설 속 사건의 진행을 작가의 저술 순서에 따라 살펴보았다. 이제부터는 본고의 주제인 '표현주의 소설로서의 『소송』에 초점을 맞추어 논구를 계속하기로 한다. 먼저 표현주의의 주요 모티프인 부자갈등이 어떻게 『소송』에서 변화 내지 확대되어 나타나는지 알아보자.

부자갈등은, 하젠클레버의 『아들』에서 한스 요스트의 『젊은이』, 프리츠 폰 운루의 『성(性)』, 브론넨의 『아버지 살해』를 거쳐 카프카의 『판결』과 『변신』에 이르기까지, 표현주의 문학이 즐겨 다룬 모티프였다. 이 같은 표현주의 모티프를 정신분석과 관련하여 이론적으로 정립한 인물이 바로 프로이트의 제자였던 오토 그로스이다. 그는 베르펠, 카프카와 한동안 친밀하게 지냈으며, 두 사람에게 어느 정도 영향을 미

191) Werner Zimmermann 1974, 216.

쳤던 당시의 유명하고 악명 높았던 의사, 정신분석가, 무정부주의자였다. 그는 1913년 「행동」지에 "오늘날 혁명가는 원초적 형태의 폭행, 아버지와 부권에 대항해 투쟁한다"고 선언하였다.[192]

표현주의 문학에서 가족은 가부장적 관계의 모델이 되고 있다. 그리고 아버지는 사회 권력의 보편적 메타퍼이다. 베르펠의 소설 『살인자가 아니라 살해된 자가 죄인이다』에서 한 무정부주의자는 모든 것이 아버지의 지배하에 있다고 선언한다. "모든 것이다! 종교: 왜냐하면 신은 인간들의 아버지이니까. 국가: 왜냐하면 왕과 대통령은 국민들의 아버지이니까. 법원: 왜냐하면 판사와 감독관들은 인간 사회가 범죄자로 일컫는 그 사람들의 아버지이니까. 군대: 왜냐하면 장교는 병사들의 아버지이니까. 산업체: 왜냐하면 기업가는 노동자들의 아버지이니까."[193] 이와 같은 부자갈등이란 표현주의 모티프와 관련하여 커다란 주목을 끈 사건이 1913년 11월 베를린에서 발생했다. 즉 오토 그로스의 아버지가 시민적 질서에서 이탈한 아들을 정신병원에 감금시키면서 부자갈등이란 문학적 주제에 실제의 본보기를 제공해 주었다. '누군가 오토 G를 중상한 것임에 틀림없다. 왜냐하면 그는 아무런 나쁜 짓을 하지 않았는데도 어느 날 아침에 체포되었기 때문이다.' 카프카가 『소송』을 집필하기 9개월 전에 일어난 이 센세이셔널한 사건은 바로 이렇게 시작될 수 있을 것이다. 저명한 형법학자인 한스 그로스는 아들 오토를 공안을 해칠 우려가 있는 정신병자로 몰아 경찰의 도움으로 오스트리아의 한 정신병원에 감금시켰다. 카프카는 이 사건을 알았음에 틀림없다. 여기서 실제로 부자갈등이라는 표현주의의 문학적 모티프를 보게 된 표현주의 잡지들은 항의 캠페인을 벌였다. 이 캠페인은 대단한 호응을 얻었고, 결국 정신병원 강제감금이란 조치

---

192) Gross 2000, 62.
193) Werfel 1990, 257.

는 취소되었다. 카프카는 그 아버지를 카를 대학 법학부 시절부터 알고 있었기 때문에 이 사건에 대해 특별한 관심을 가졌다. 한스 그로스는 수 년 동안 예심판사이기도 했다. 예심판사는 요제프 카의 사건을 맡은 저 사법부의 대표적 인물이기도 하다. 당시 경찰은 오토 그로스를 체포한 이유를 몰핀 소지 때문이 아니라 신분증명서 미소지 때문이라고 했다. 그의 증명서는 그라츠에 있는 그의 아버지가 보관하고 있었다. 그리고 여러 사람들이 그로스를 체포하기 위해 그의 집을 점거하였다고 한다. 낯선 사람들이 요제프 카의 방을 점거하는 것으로 『소송』은 시작된다. 카 역시 자신의 신분증명서를 발견할 수가 없다. 이보다 중요한 것은 실제의 사건과 허구적 사건의 유사성, 즉 기진한 개인과 가부장적 권력의 대표자들 간의 갈등이다. 이 같은 갈등은 카프카의 처벌, 죄 그리고 불안에 대한 환상들이 결코 현실과 동떨어진 것이 아님을 보여준다.[194] 카프카가 그로스처럼 그렇게 과격하고 공개적으로 가장 원초적인 형태의 폭력, 부와 부권에 대한 혁명적 투쟁을 선전하지 않았다 할지라도 카프카의 권력, 종속, 죄, 기진에 대한 문학적인 분석과 그로스의 이론적 분석 사이에는 많은 공통점이 있다. 또 그들의 개인적인 경험도 많은 유사성을 지닌다. 카프카가 『아버지에게 드리는 편지』에서 그의 아버지를 묘사한 것처럼, 카프카의 아버지는 그로스의 아버지와 몇 가지 공통점이 있다. 둘 다 이상한 부류의 사회진화론자들이다. 형법학자는 여러 기고문에서 생물학적으로 열등하고 생존경쟁에서 낙오된 자들은 건전한 사회를 위해 서부 아프리카의 식민지로 추방해야 한다는 논리를 전개하였다. 카프카의 아버지 역시 강자와 건강한 자의 사회 진화론적 미덕을 찬양하였다. 허약한 아들은 그가 보기에 생활능력이 없는 해충이나 다름없다. 이와 같은

194) Anz 1984, 188.

가족 내에서의 부자갈등은 개인과 가부장적 사회의 권위 및 권력 간의 다양하고 무의식적인 갈등의 기본 틀이 되었다.

『소송』에서는 이전의 『판결』과 『변신』에서 드러난 가족 간의 갈등(부자갈등)이 가족 외적인 영역으로 확대됨으로써, 아버지 대신에 익명의 관료주의 기관이 등장한다. 관료주의는 근대사회의 본질적인 구성요소로써 카프카의 소설들은 이러한 관료주의의 내적 메커니즘과 사회적 기능에 대한 특별하고 섬세한 통찰로 특징 지워진다.[195] 때문에 요제프 카의 의지는 권력, 즉 개별적 인물에 대해서가 아니라, 전체 조직에 대해 반항한다.

> 의심할 나위 없이 이 법원의 모든 언행의 배후에는, 저의 경우엔 체포부터 오늘의 심리 배후에 하나의 커다란 조직체가 있습니다. 이 조직체는 매수할 수 있는 감시인이나 어리석은 감독, 그리고 기껏해야 겸손하기만 한 예심판사를 고용하고 있을 뿐 아니라, 나아가서는 어쨌든 상급 내지 최고 재판관들과 함께 꼭 필요한 수많은 정리, 서기, 경찰 그리고 그 밖의 보조원들, 게다가 어쩌면, 서슴지 않고 말합니다만, 사형집행인들까지도 거느리고 있습니다. 여러분 이 거대한 조직체의 의미는 무엇일까요? 죄 없는 사람들을 체포하고, 그들에 대해 무의미한, 제 경우처럼 대개는 아무 결과도 없는 소송절차를 행하는 데 그 의미가 있습니다. 전체가 이런 무의미한 상태에서 어떻게 관리들의 최악의 부패를 막을 수 있겠습니까? 그것은 불가능하며, 최고재판관이라도 혼자서는 결코 해낼 수 없는 일입니다. 때문에 감시인들은 체포된 사람들의 옷을 훔치려 하고, 감독관들은 남의 집을 침입하고, 죄 없는 사람들이 심문을 받는 게 아니라, 오히려 여기 모인 모든 군중들 앞에서 모욕을 당해야 합니다. 감시인들은 체포된 사람들의 소지품을 맡아두는 보관소에 대해 이야기했는데, 그 보관소를 한번 보았으면 합니다. 그 속에서는 체포당한 사람들이 애써 모은 재산이 도둑 근성이 있는 보관소 직원들에게 도둑맞지 않았다면, 아마 썩고 있을 겁니다. (P 69-70)

카프카 문학의 주제는 한마디로 자아의 아버지에 대한 관계로서,

---

195) Derlien 1994, 44.

일반적인 것으로 확대하면 항상 새롭게 형성되는 무력한 자아의 막강한 권력에 대한 관계였다. 카프카는 『판결』에서 막강한 아버지의 권위와 무력한 아들의 대비를 통해 아버지가 실제의 인물이 아니라, 그가 지닌 권력의지의 의인화로 이해되어야 한다는 것을 암시하고 있다.[196] 이러한 맥락에서 『소송』, 『성』 등 카프카의 장편소설들에 출몰하여 주인공들을 엄습하는 저 기이한 관료주의 역시 『판결』에 나타난 유령 같은 아버지 상이 변형, 발전된 것으로 볼 수 있다.[197]

• 나치즘의 선구로서 표현주의 소설

다음으로 표현주의 문학에서 확인할 수 있는 불안, 공포, 소외, 경악 등 악몽의 세계와, 20년 후 나치스에 의해 현실화된 비인간적 상황이 카프카의 『소송』에서는 어떻게 묘사되어 있는지 살펴보고자 한다.

먼저 『소송』은 명백한 인권 침해로 시작한다. "누군가 요제프 카를 중상한 것임에 틀림없다. 왜냐하면 그는 아무런 나쁜 짓을 하지 않았는데도 어느 날 아침 체포되었기 때문이다." "이 집에서 이제까지 한 번도 본 적이 없었던 남자"는 "누구신지요?"(P 7)라는 카의 물음을 묵살해 버린다. "가면 안 됩니다. 당신은 체포된 겁니다." "그런 것 같군요. 그런데 대체 이유가 뭡니까?" 카가 말했다. "당신에게 그런 말을 할 처지가 못 됩니다. 당신 방으로 가서 기다리시오. 소송절차가 일단 시작되었으니 적당한 때가 되면 모든 걸 알게 될 거요..."(P 9) "도대체 이들은 뭐하는 자들일까? ...어느 기관에 속한 자들일까? 카는 법치국가에서 살고 있으며, 사방에 평화가 깃들어 있고, 모든 법률이 엄연히 존재하고 있는데, 감히 누가 집에 있는 그를 덮친단 말인가?"(P 11)

얼핏 보면 소설의 시작은 결코 요란스럽지 않다. 첫 장면은 일상적

196) 김충남 2006, 161.
197) Sokel 1976, 9.

이고 평범하며, 의복이나 방해받은 아침식사에 관한 것이다. 그러나 자세히 들여다보면 여기에 뭔가 끔찍스러운 일이 일어났음을 알 수 있다. 즉 법적으로 보호받고 있는 사적 영역과 정확하고 규정된 절차에 대한 권리의 침해이다.[198] 또한 이 장면은 사생활 보호 및 인간의 품위와 인권에 민감한 20세기 또는 21세기의 독자들에게 예측할 수 없는 폭력에 내맡겨진 자의 경악, 공포, 기진, 속수무책의 충격들을 각인시켜주고 있다.

뿐만 아니라『소송』은 처음부터 조지 오웰이『1984년』에서 제시한 초권력(빅브라더)에 의한 사생활 침해, 유비쿼터스 시대의 개인에 대한 통제와 감시를 일찌감치 예견한 작품이라는 인상을 준다. 소송 세계의 특징은 끊임없이 감시, 관찰되고 있는 상태이다. 요제프 카의 생과 사는 관찰자들 앞에서 펼쳐진다. 처음의 관찰자들은 그의 체포의 증인이 되는, 현실 사회에 속하는 인물들이고, 마지막 관찰자들은 카의 환영으로 나타나는, 현실과 동떨어진 상징적 인물들이다. 이처럼 관찰과 감시에 내맡겨졌던 일생을 마감케 하는 것은 바로 죽음뿐이다.[199]

『소송』에서 감시와 관찰의 수단으로 기능하는 창문은 위협을 나타낸다. 왜냐하면 창문은 들여다보는 것을 가능하게 하며, 호기심 많고 악의에 찬 낯선 이들의 시선에 개인의 사생활을 노출시키기 때문이다. 그렇게 창문을 통해, 카의 체포는 맞은 편 거리에 있는 이웃들에 의해 관찰된다. 즉 카의 체포는 공개적으로 관찰되는 사건으로 진행된다. 하숙집 여주인, 그루바흐 부인도 집 안에서 엿듣는 자, 엿보는 자로서의 기능을 수행한다. 공개적 관찰은 단순한 호기심을 넘어 카를 문책과 처벌의 소송절차에 내맡기는, 그의 존재에 관한 사회적 감시형태

198) Bogdal 2004, 2.『소송』에서는 인권침해의 사례가 곳곳에서 드러나지만 가장 단적인 예로는 "변호사의 개"로 지칭되고 하녀의 방에 감금된 상인 블록을 들 수 있다.

199) Beicken 1997, 87.

를 취하고 있다.

> 열린 창문으로 다시 노파의 얼굴이 보였다. 그녀는 노인다운 호기심으로 계속 해서 모든 걸 지켜보려고 이제 맞은 편 창가로 옮겨 와 있었다. (P 9)

> 맞은편 창문에는 두 노인이 다시 와 있었는데 일행이 하나 더 늘어나 있었다. 노인들 뒤에 키가 훨씬 더 큰 한 사내가 가슴을 풀어헤친 셔츠바람으로 서서 손가락으로 불그스레한 뾰족 턱수염을 눌렀다 돌렸다 하고 있었다. (P 20)

뾰족한 턱수염의 남자는 카의 출발을 관찰하기 위해 창가를 떠나 현관에서도 모습을 드러낸다. 동일한 모티프가 끝에 가서 소설의 처음과 대칭을 이루며 다시 나타난다. "흐려져 가는 눈으로 카는 두 남자가 바로 눈앞에서 서로 뺨을 맞대고 자신의 종말을 관찰하고 있는 것을 보았다."(P 270))

이들 관찰자들 외에 특히 '체포' 장면의 감시인들과 감독관들은 바로 나치스 시대 친위대원의 등장을 예고한 것이며, 또한 죄 없이 체포된 카는 유대인을 상징하는 것이라고 브로트는 보았다. 자신의 합리적 의식 속에서 확인하는 무죄 때문만이 아니라, 비정상적이고 경직된 생활에서 나타나는 비밀스럽고 불확실한 죄책감 때문에 카는 더욱 유대인의 상징이 되고 있다는 것이다.[200] 체포와 태형리 장면에서 묘사된 감시인들과 형리들의 제복들은 실제로 나치스의 의복에 의한 권력 연출을 연상케 한다. "그는 말랐지만 단단한 체격이었고, 몸에 꽉 끼는 검은 옷을 입고 있었다."(P 7) 태형리는 "가슴까지 깊이 목을 드러낸, 그리고 두 팔을 완전히 드러낸 일종의 검은 가죽옷을 입고 있었다."(P 109) 그러나『소송』에서 이 같은 형리들보다 더 위험한 존재들은 엘리트 교육을 받은 감시와 처벌, 그리고 집단학살체제의 조직자

---

200) Bogdal 2004, 5-6.

들이다. 이들은 전체 사회에 보이지 않는 감시의 그물을 던지고서는 언제든지 살상 테러를 감행할 준비가 되어 있다. 이들의 확고부동한 권력본능, 관료근성 등은 아돌프 아이히만 이나 하인리히 힘믈러 같은 유형들을 상기시킨다.[201] 예기치 못한 체포, 은밀한 태형 명령, 통제할 수 없는 관청의 결정, 마지막의 잔인한 살해 등은 국가사회주의 테러의 예고인가? 특히 '태형리' 장면은 21세기인 지금도 세계 도처에서 자행되고 있는 고문과 폭력의 상징적 예로서 공포의 파노라마를 형성한다. 카는 폐물창고에서 태형리가 두 감시인인 프란츠와 빌렘을 마구 때리는 장면을 목격한다. 자신이 예심판사에게 그들을 고발했지만, 카는 이들에 대한 고문과 형벌은 원하지 않았기 때문에 두 감시인을 더 이상 때리지 못하도록 태형리를 매수하고자 한다. "마도로스처럼 갈색으로 햇볕에 탄, 거칠고 기운찬 얼굴을 한"(P 111) 태형리는 소송의 세계에 등장하는 다른 창백하고 허약한 인물들과 뚜렷한 대조를 이룬다. 고문 도중 "프란츠가 끊임없이 줄기차게 내지르는 비명소리가 높아졌다. 그것은 인간의 소리가 아니라 고문 받는 기계에서 나오는 소리 같았다."(P 113) 인간이 지르는 비명이 사물의 소리로 변하는 것은 인간과 그 표현의 사물화로 볼 수 있다. '태형리' 장면은 잔혹, 끔찍스러움, 위협 등 카프카에스크한 것의 견본적 장면으로서 흔히 전체주의 체제 하에서의 비인간적 폭력과 고문에 대한 예언적 표현으로 간주되었다.[202] 때문에 카프카의 『소송』은 이 같은 괴기스러운 공포를 통해 일찍부터 나치즘을 예고한 소설로 이해되었다.

---

201) Bogdal 2004, 7.

202) '카프카에스크'는 비인간화된 악몽 같은 세계 속에서 인간이 느끼는 공포와 소외와 당황을 가리킨다. '카프카에스크'는 전율, 불안, 소외, 좌절을 나타내는 표제어로서 불확실한 운명에 어쩔 수 없이 내맡겨져 있는 상태, 테러, 죄, 절망, 관료주의적 조직 및 익명의 권력구조에 의한 위협을 상기시킨다.

• 맺는 말

끝으로 『소송』에 나타난 주요 표현주의 모티프들을 간략하게 정리함으로써 결론을 대신하고자 한다. 『소송』은 『변신』, 『판결』, 『유형지에서』와 마찬가지로 죽음으로 끝나는 처형 이야기이다. 개인의 죽음과 세계 및 인류의 종말은 표현주의 문학에서 자주 다루어지는 주요 모티프들이다. 표현주의자들의 심신 상태에 대한 은유적 표현인 체포, 구금된 자는 광인 또는 동물과 더불어 사회적 국외자들의 핵심 부류에 속한다. 자기 집 거실과 직장의 폐쇄된 공간을 표현주의 문학의 주인공들은 흔히 지하 감옥과 비교한다.[203] 카프카의 『변신』에서 해충 그레고르 잠자는 자기 방에 감금된다. 하젠클레버의 『아들』 5막에서 아버지는 경찰로 하여금 아들을 체포케 하고, 수갑을 채워 자기에게 데려오게 한다. 앞서 아들이 아버지의 집을 탈출한 것은 바로 감옥으로부터의 탈출이었다.

소설의 구성 역시, 표현주의 드라마, 에른스트 톨러의 『변화』에서 볼 수 있는 현실 영역과 상징적 환상적 영역의 대비 구조를 떠올린다. 즉 『소송』은 사실적 형성과 우화적 형성, 즉 경험적 세계와 비유적 세계로 구성되어 있다. 이들 세계는 소설의 구성에서 두개의 층을 이룬다. 아래층은 합리적 분석이 가능한 주인공의 현실적, 일상적 경험세계로 구성되어 있다. 소설의 첫 문장부터 이 아래층의 현실에 상층부인 법원의 우화적 세계가 형성된다. 즉 카의 체포와 동시에 세계와 자아가 경험적 세계와 우화적 초현실적 세계로 분열되는 것이다.

이렇게 해서 경험적 세계는 외적 줄거리(카와 이웃, 직업세계에서의 카)를 형성하고 우화적 세계는 내적 줄거리(체포와 소송)를 형성하

203) 카이저의 드라마 『아침부터 자정까지』에서 주인공인 출납계원은 어머니에게 자신의 직장인 은행을 이렇게 표현한다. "끔찍스러운 지하 감옥에 있었어요, 어머니! 한없이 가파른 탑 아래에서 디디고 설 바닥도 없이 구금되어. 덜컹거리는 사슬 소리가 청각을 마비시켰고, 칠흑 같은 어둠으로 두 눈이 빠져버렸어요" (G. Kaiser 1971, 486).

게 된다. 요제프 카는 이 두 줄거리에서 주인공이다. 그는 내적 줄거리에서도 일상생활에서와 다르게 행동하지 않는다. 그는 두 줄거리의 차이점을 거의 인식하지 못한다. 그는 초현실적 '체포'를 현실로써 받아들이며, 이러한 체포에 대해 마치 경험적 세계의 사실이기라도 한 것처럼 대응하고 있다.[204)]

소송이 진행되면서 주인공의 허약하고 분열된 자아와 막강한 익명의 관료기구와의 눈에 보이지 않는 대립 양상이 나타난다. 이전의 『판결』 및 『변신』에서 나타난 가족 간의 갈등, 즉 부자갈등이 여기서는 가족 외적인 영역으로 확대된 것이다. 요제프 카의 저항의 대상이 아버지 대신 관료주의 권력기관으로 변화되어 나타난 것이다.

마지막으로 카프카의 『소송』을 비롯한 표현주의 문학과 국가사회주의는 과연 어떤 연관성이 있는 것인가? 히틀러는 표현주의를 가리켜 '타락한 예술'이라고 공격하였다. 이 점에서는 표현주의가 반 나치즘, 반 파시즘 성격을 지녔다고 할 수 있겠다. 그러나 다른 한편으로는 표현주의 세대에 속하는 나치스들이 카프카의 소설과 하임의 시들에 나타난 기괴한 환영과 경악, 공포 등을 사회적 현실로 전환시켰다. 전체성을 지닌 인간에 대한 표현주의의 동경과 전체주의 국가의 정치체제와의 유사성이 논의되기도 하였다. 귄터 안더스는 프란츠 카프카가 전체주의적 정신자세를 만들어내는 데 은밀한 공범자 역할을 하였다고 비난하였다.[205)] 이처럼 표현주의가 한편으로는 나치즘의 문화적

---

204) Fülleborn 1980, 92. 표현주의 극 구성과 관련해서 특히 톨러의 『변화』에서 주목을 끄는 것은 현실 영역과 상징적, 환상적 영역의 대비 구조이다. 드라마의 모든 장면들은 앞 무대에서 전개되는 실제의 프리드리히-줄거리, 즉 현실 장면들과 뒷 무대에서 전개되는 꿈의 장면들로 나누어진다. 꿈의 장면들은 끔찍스럽고 절박한 느낌을 주는, 현실 장면에 대한 환상적인 논평과도 같다 (김충남 2005. 40).

205) Sokel 1970, 8-9. 이와 관련하여 카프카와 힘믈러 간의 공통점이 언급되기도 하였다. 카프카의 정체성의 위기, 가족 간의 갈등은 힘믈러의 젊은 시절과 너무나도 흡사하다. 힘믈러 역시 열심히 일기를 썼고, 폭력 환상에 시달렸으며, 애정관계에서도 불운하였다. 또한 둘 다 많은 성적(性的)인 문제가 있었고 내외적으로 오랫동안 막강한 아버지의 권위에 종속되어 있었다 (Bogdal 2004, 8).

주 희생물로서 그 반대명제로 이해되면서도, 다른 한편으로는 나치즘의 악몽 같은 현실의 밑그림을 그려보였다는 데에, 이 문학 운동의 어려움과 복잡성이 있는 것이다. 이러한 의미에서 『소송』은 초법적인 익명의 권력기관 및 관료조직에 의해 무력한 개인에게 가해지는 정치적 테러를 예고한 표현주의 소설로 간주될 수 있다.

3.3 『성』

• 서언

카프카는 1922년 1월 중순 신경쇠약에 걸린 후, 3월 말 새로 사귄 젊은 의대생 클롭슈톡에게 "나는 신경이라는 것으로부터 나를 구하기 위해 얼마 전부터 글을 좀 쓰기 시작했네."(B 373)라고 말한다. 카프카의 글쓰기는 이제 이전보다 훨씬 더 자기치료를 위한 생존예술이 된다.[206] 그는 이 무렵 요양 차 머물렀던 눈 덮인 산악지대인 리젠게비르게의 슈핀들러뮐레에서 『성』의 집필을 시작하였다. 1922년 6월 말까지 16장을 완성하고, 7월 말에 뷔르겔-에피소드 (23장)를 끝맺지만 갈수록 줄거리가 갈피를 잡지 못한다. 이러한 줄거리의 내적 균열로 인해 1922년 9월 중순 카프카는 『성』 소설의 중단을 선언한다. 그는 더 이상 오래 살지 못하리라는 것을, 그리고 아주 복잡한 장편소설을 완성할 시간과 체력이 충분치 않다는 것을 알았다. 이러한 병약한 상태에서도 카프카는 『성』을 집필하면서 동시에 가장 잘 짜여 진 단편 『단식광대』를 완성하였다. 그는 이 단편에 만족하면서 앞으로 이 같은 훌륭한 단편들이 몇 편 더 가능하리라는 기대로 『성』의 작업을 중단하였을 것이다. 『굴』과 『여가수, 요제피네』 등이 그의 결정이 옳았음을

---

206) Anz 1992, 133.

입증한다.[207)]

『성』의 도입부는 3단계 과정을 거쳐 완성되었는데, 두 번째 단계까지만 해도 소설은 "내가 도착했을 때는 늦은 저녁이었다. 마을은 촘촘히 쌓인 눈 속에 가로 놓여 있었다."로 시작된다. 이처럼 1인칭 소설로 시작해서 3장, 즉 헤렌호프[208)]의 여급인 프리다와 카의 에로틱한 만남까지 계속된다. 카가 자기를 성의 고위 간부인 클람으로부터 떼어 놓으려 한다고 프리다가 생각하는 순간 1인칭 소설은 3인칭 소설로 넘어간다.[209)] 세 번째 시도에서 『성』은 오늘 날 우리가 읽는 첫 문장을 지니게 된다.

> "카가 도착했을 때는 늦은 저녁이었다. 마을은 깊게 쌓인 눈 속에 놓여 있었다."(S 7)

문장은 다시 이렇게 이어진다.

> "성이 있는 언덕은 아무 것도 볼 수 없었고, 안개와 캄캄한 어둠이 에워 싸 커다란 성이 있음을 암시하는 어떠한 희미한 빛조차도 보이지 않았다. 오랫동안 카는 찻길에서 마을로 접어드는 나무다리 위에 서서 외견상 빈 허공을 올려다보았다."(S 7)

『성』의 첫 문장은 마치 공포소설의 도입부와도 같다. 쓸쓸하고 안개 낀 겨울 밤, 어둠에 휩싸인 성, 마을로 들어가는 나무다리, 그리고 잠자리를 찾는 나그네 등을 묘사한 소설의 도입부는 브램 스토커의 『드라큘라』와 같은 18, 19세기의 유럽 공포소설의 모티프를 연상시킨다.[210)] 특히 밤, 안개, 어둠 등은 끔찍스러운 분위기를 조성하기 위해

207) H. Henel 1980, 101.

208) 마을에는 두 개의 여관이 있다. 주로 하인들이 묵는 브뤼켄호프 옆에 성의 관리들을 위한 헤렌호프가 있다. 마을의 공간구조에서 하층에서 상류층에 이르는 사회적 계층이 투영되고 있다.

209) Jahraus 2006, 400.

210) Alt 2005, 591.

공포소설에서 사용되는 고전적 요소들이다.

도입부에 이어지는『성』의 줄거리는『실종자』와『소송』보다 매끄럽게 진행되고 끊임없이 앞으로 나아간다. 모든 사건, 모든 장이 앞의 장과 사건에 의해 준비되고 또 그것들과 의미 있게 연결된다. 때문에『화부』와『법 앞에서』처럼 각 장의 독립적 출판은 불가능할 것이다. 각 장의 올바른 순서에 대한 의혹도 제기될 수 없다. 줄거리의 연속성과 여러 개의 소 줄거리들이 하나의 통합된 전체 줄거리로 엮어지는 것이 소설『성』의 특징이라 할 수 있다.

• 카는 누구인가?

카는 이 성에 오기 위해 오랜 여정을 거쳐 왔다. 단순히 구경을 할 목적은 아니었다. 왜 왔을까? 토지측량사로 취임하기 위해? 도대체 그는 토지측량사인가? 성에서 내려온, 도구도 없고 측량에 대해서는 아무 것도 모르는 생면부지의 조수들을 자신의 옛 조수들로 받아들인다. 왜? 도대체 왜 카는 여기서 투쟁하려 하며, 왜 여기서 살아가려 하는가?

> 나는 떠날 수 없어... 나는 여기 머무르려 이리로 왔어. 나는 여기에 머무를 거야. (S 215)

그리고 카는 이 음산한 마을에서 무엇을 꾀하려는 걸까? 소설을 읽을 때 제기되는 여러 가지 의문점들이다.

성으로부터 걸려온 두 번째 전화에서 카가 실제로 임명한 토지측량사임이 확인된다. 카는 직업이 전혀 토지측량사가 아니라, 성의 확인에 의해 토지측량사가 된다. 그는 성에 의해 토지측량사로 받아들여

지지만 마을을 측량하기는커녕 성에 이르는 길조차 찾을 수 없다.[211]

카의 출신이나 신분, 직업에 대한 화자의 보고는 없다. 그는 항상 다른 사람들과의 대화 속에서 직접 자신에 대해 설명한다. 몇몇 대화 상대자는 그의 정직성에 대해 의혹을 제기하기도 한다. 프리다는 카가 자신에게 유리하다면 거짓 연극이라도 할 용의가 있는 자라고 비난한다. 자신이 백작에 의해 임명된 토지측량사라는 주장은 이 마을에 온 것을 정당화하기 위해, 그리고 이방인에 대한 마을 원주민의 공격을 피하기 위해 궁여지책에서 나온 거짓말이었다.

카는 카프카의 주인공들 중 가장 정력적이고, 적극적이며 활동적인 인물이다. 동시에 비양심적이고 뻔뻔스러운 인물이다. 이제 그의 이 같은 양면적 성격을 보다 자세히 살펴보자. 먼저 그는 끊임없이 다른 역할들을 떠맡는 연극배우로 등장한다. 그는 모든 다른 사람들, 특히 성 안의 눈에 보이지 않는 권력자들에게도 역할을 떠맡긴다. 그가 성의 관리들과의 투쟁에서 승리자로, 영웅으로 입증될 수 있기 위해 그들은 적들이어야 한다. 같은 이유에서 마을 주민들은, 그가 해방시키고 구원해 줄 수 있는 희생자들이어야 한다. 그의 명예욕은 사악한 폭군으로서의 성의 권력자들을 필요로 한다. 카는 성에 악령들을 불러들임으로써 성을 유령의 성으로 변화시킨다. 이렇게 해서 카는 성의 빈 공간을 작위적으로 채우려 시도한다.[212] 그는 명예욕과 공명심으로 가득 찬 인물로서 그에게 중요한 것은 토지측량사라는 지위가 아니라, 특출한 예외적 지위이다. 그리고 그의 존재를 특징짓는 것은 높은 곳과 영예를 향한 신비적이고 파우스트적인 노력이다. 카가 다다를 수 없을 것 같은 성의 발치에 서 있을 때 어린 시절의 에피소드가 떠오른다.

---

211) Jahraus 2006, 407-408.
212) M. Müller 2003, 269.

> 되풀이해서 고향생각이 떠올랐고 이에 대한 회상들이 그의 마음을 가득 채웠다. 그곳에도 중앙광장에 교회가 하나 있었는데 일부는 높은 담이 빙 둘러 서 있는 오래된 묘지로 에워싸여 있었다. 지금까지 이 담을 꼭대기까지 기어 올라가본 남자아이들은 극소수에 지나지 않았고, 카 역시 아직 오르지 못했었다. 호기심이 그들을 오르게 한 것은 아니었다. 묘지는 작은 격자문을 통해 이미 종종 드나들었기 때문에 아이들에게 더 이상 비밀스러운 곳이 아니었다. 아이들은 단지 그 미끄럽고 높은 담 벽을 정복하고 싶었던 것이다. 어느 날 오전에 – 조용하고 텅 빈 광장은 빛으로 넘쳐흘렀다. 언제 카가 지금까지 이런 광경을 본 적이 있었던가? – 그는 놀랍게도 쉽게 성공했다. 이미 종종 실패했던 지점에서 그는 이 사이에 깃발을 물고 첫 번에 담 벽을 기어올랐다. (S 49)

그 당시 느꼈던 승리감과 성취감이 아직도 기억에 생생하게 떠올라 수년이 지난 지금에도 그에게 큰 힘이 되었다. 카는 담 벽을 오르는 것과 성을 오르는 것 사이에 어떤 관련성을 인식한다. 성을 정복하는 데 있어 특히 매력적이고 고무적인 것은 어려움을 무릅쓰고 감행하는 것이다. 그래서 성을 정복하는 것이 성공한다면, 그는 인간들 사이에서 우뚝 선 특별한 지위를 차지하게 되는 것이다. 그러나 필연적으로 고립상태에 처할 수밖에 없는 지고의 목표를 향한 이 같은 노력이 어떤 의미가 있느냐 하는 문제는 계속 텍스트에서 지적되고 있다.

• 성(城)과 클람

초자연적 권력을 지닌 성채는 18, 19세기의 유럽 서사문학, 특히 환상문학, 유령이야기, 동화 등에서 자주 등장한다. 이들 텍스트의 성 내부에는 긍정적이고 호의적인 신의 권력이나 자비가 아닌 악이 깃들어 있다. 외부로부터의 공격은 이 성에 수용되고자 하는 목표에서가 아니라, 이 악을 제거하고자 하는 의도에서 비롯된다. 유럽문학에서 성은 끔찍스럽고 위험한 권력자, 폭력적인 전제군주의 주거지일 뿐 아니라 무시무시한 장소, 즉 피에 굶주린 흡혈귀와 사악한 마녀의 제국이며, 납치된 인질들의 감옥이기도 하다. 고전적 '성-이야기들'에서는 역할이 분명하게 나뉘어져 있다. 성에 살고 있는 사람들은 악한들이고 성에 들어가고자 하는 사람들은 마녀를 죽이거나 흡혈귀를 퇴치하는 착한 사람들이다. 카가 도착한 후 처음 얼마 동안은 실제로 카가 마을주민들에게 이러한 타입의 주인공이라는 인상을 준다.[213]

그러면 먼저 카프카의 성은 어떤 모습을 지니고 있는지부터 알아보자. 눈이 수의처럼 덮고 있는 카프카의 성은 거의 형체나 윤곽이 없는 음산한 풍경을 보여준다. 그리고 추위, 얼어붙음, 경직의 상징으로서 눈이 마을을 에워싸고 있다. 성의 풍경에 있어서 눈은 중요한 역할을 한다. 이 눈은『시골의사』에서의 "이 불행한 시대"의 혹한을 연상케 한다. 그는 카프카의 시골의사와 흡사한, 겨울의 낯선 곳을 헤매는 현대의 아하스버이기도 하다.[214] 하녀 페피는 카에게 마을의 주 계절은 겨울이라고 말한다.

> 지금 생각해보면 봄과 여름은 아주 짧아 이틀도 채 되지 않는 것 같아요. 이런 날들 중 가장 아름다운 날에도 이따금 눈이 내리죠. (S 488)

성의 외적 공간이 황량한 겨울의 설경을 보여준다면, 마을의 내적 공간, 즉 농부들의 방이나 주점 내부 등은 흐리고 빛이 없다. 그리고 창문이 없거나, 있어도 작은 창문들 뿐 이다. 쇠약하고, 흔히 절뚝거리고, 누더기를 걸치고 있는 마을 주민들의 그림자 같은 출현도 이 같은 공간의 특성과 일치한다.[215]

소설 속의 성은 프라하의 성 흐라친, 카프카가 자주 출장을 갔었던 프리드란트의 발렌슈타인 성, 아버지의 고향인 보섹에 있는 성, 그의

213) M. Müller 2003, 274.
214) Alt 2005, 596.
215) Scholz 1980, 64-65.

평생직장이었던 보험국의 궁전 같은 건물 등을 떠 올리지만, 사실은 이들과 거리가 멀다. 불분명한 윤곽을 보여주는 성은 실제의 장소가 아니라, 단지 시야에 들어오는 멀리 떨어진 하나의 시점에 지나지 않는다. 문학적 성은 카의 단순한 환각내지 착각이며, 착시현상이자 신기루에 지나지 않는다. 카의 시각과 인지에 따라 성의 외관과 성격이 수시로 변화하기 때문이다.[216)]

성의 상징성에 대해서는 지금까지 다양한 해석들이 전개되었다. 신학적 해석에서 성은 신의 자비에 대한 총체적 개념을 의미했으며, 성 관리들의 불투명한 행동은 신의 섭리를 꿰뚫어볼 수 없다는 것을 암시한다. 철학적으로『성』은 형이상학적인 인간의 착각을, 사회학적 관점에서는 현대 국가기구의 권력과 전횡에 대한 풍자를 다루고, 심리적 관점에서는 성이 아들이 정복하고자 하는 아버지 세계를 상징한다는 것이다.[217)] 또한『성』은 서유럽인에 동화(同化)되고자 하는 서유대인의 문제성을 암시하고, 성과 마을 공동체에 의한 바르나바스 가족의 배척은 유대인 박해를 연상케 한다.[218)] 바르나바스는 성의 사자(使者)로서 카가 성에 이를 수 있는 가장 명백한 연결고리이지만, 그는 카를 성이 아니라 병들고 추방당한 자신의 가족에게로 인도한다. 그는 사실 성에서 자기가 해야 할 일이 있는지도 정확히 알지 못한다. 근본적으로 아무 일도 없는 것 같다. 그는 성에서 본 클람이 정말 클람인지도 알지 못한다. 사자의 임무가 없는 그는 존재하지도 않는 기능을 수행함으로써 토지측량사로서의 카의 역할을 투영해 보인다. 이처럼 사자 바르나바스와 그의 가족들은 카프카에 의해 그 성격과 추구하는 목표에 있어 카와 유사한 인물들로 구상되었다. 바르나바스 역시 성에

216) Alt 2005, 592; Schlingmann 2003, 58.

217) Schlingmann 2003, 60.

218) 바르나바스의 누이 아말리아가 성의 관리 소르티니의 추잡한 요구를 거부함으로써 이 가족은 성의 저주를 받아 마을 공동체로부터 고립된다.

다다르기 위해 가족과 함께 전력을 다한다. 이들의 뇌리에 각인된 성의 위상도 카의 경우와 유사하다. '모든 것이 성에서 비롯된다'는 것이 그들의 신조이다. 카 역시 바르나바스의 가족들처럼 자신의 시선을 성에 고정시키고 있으며, 바르나바스의 아버지처럼 고집스럽다.[219)] 그런데 카 자신이 바르나바스의 성에 이르고자 하는 끈질긴 노력을 불행한 것으로 느끼는 점이 특이하다. 그 노력이 자신의 노력과 일치하기 때문에 성에 들어가려는 시도가 성공하지 못하리라는 것을 카는 예감했는지도 모른다. 실제로 카는 성으로의 진입이라는 자신의 계획을 끝까지 포기하지 않음으로써 스스로를 파멸에 이르게 한다.

성 안에서 가장 막강한 관료는 클람이다. 그는 처음부터 카가 노리고 있는 기준점이다. 그에게 도달하는 것, 그를 보는 것, 그에게로 돌진하는 것이 카의 유일한 목표이다. "클람이 누구냐" 하는 질문이 전체 소설에서 유령처럼 어른거린다.[220)] 성이 끊임없이 변하는 의미들의 그물망인 것처럼, 클람 역시 끊임없이 변하는 모습을 보여준다. 클람의 상(像)은 불확실하며, 분위기와 상황에 따라 흔들린다. 그는 관찰자에 따라 그때그때 변화된 모습을 보여준다. 바르나바스의 누이인 올가는 클람에 대해 이렇게 얘기한다.

> 그는 마을에 올 때와 마을을 떠날 때가 전혀 다른 모습이래요. 맥주를 마시기 전과 마신 후, 깨어 있을 때와 잠 잘 때, 그리고 혼자 있을 때와 사람들과 얘기할 때가 다른 모습이래요. 이에 따라 판단할 수 있는 것은, 저 위 성에서는 거의 근본적으로 다른 모습일거라는 거예요. (S 278)

여주인은 카가 클람을 실제로 볼 수 없다고 주장한다. 이는 구체적으로 파악할 수 있는 형상을 지니지 않은, 클람의 프로테우스[221)]적 성

219) 바르나바스 가족은 한 때 카프카의 약혼녀였던 보리체크의 가족을 떠올리게 한다. 두 가족 모두 사회적으로 인정받지 못한 가족이다.

220) Scholz 1980, 76.

221) 그리스 신화에 나오는 변신술에 능하고 예언을 하는 늙은 해신 (海神).

격을 의미한다. 클람이라는 이름은 명사이며 형용사로써 다의적 의미를 지니고 있다. 첫째로 클람은 협곡, 심연, 절벽이란 뜻이고, 다음으로 얼어붙은, 냉혹한, 경직된, 궁핍한, 당황한 등의 형용사적 의미를 지닌다. 그리고 체코어로 클람은 환상, 속임, 자기기만이란 의미를 지니기도 한다. 때문에 속임과 속이다의 단어들이 텍스트에 자주 등장하고 있다. 클람은 착각, 기만, 속임수의 알레고리이고 의인화이다. 카프카의 글쓰기에 있어서의 용의주도함이 이처럼 등장인물들의 이름 선택에서도 나타나고 있다. 여주인과의 두 번 째 대화에서 카는 이렇게 말한다.

> 클람이 없었다면 당신은 불행하지도 않았을 것이며, 하릴없이 우두커니 앞뜰에 앉아 있지도 않았을 것입니다. (...) 클람이 없었다면 당신은 인생에 대해 그렇게 무덤덤하지도 않았을 것이며, 한스와 결혼하지도 않았을 겁니다. 그러니 이 모든 것에는 이미 충분히 클람이 있다고, 전 생각했던 거죠. (S 134)

여기서 클람이 충분히 많다는 것은 그만큼 거짓과 속임수가 많다는 것을 의미한다.[222] 그리고 카와 프리다의 대화에서도 클람은 거짓과 기만의 알레고리로 등장한다.

> 그러나 당신도 여기 머무르려고 하지요. 여긴 당신 나라니까. 당신은 단지 클람이 없어 아쉽고 또 절망적인 생각을 하게 되는 거죠. "클람이 없어 아쉽다고요?" 프리다가 말했다. "여기는 클람으로 넘쳐나요. 클람이 너무 많아요. 그에게서 벗어나기 위해, 난 떠나려는 거예요. (S 215-216)

따라서 이 소설에서는 기만이 주요 모티프들 중의 하나이다. 클람이 기만의 알레고리라면, 카 역시 진실을 말하지 않는다. 여주인과의 대화에서 소위 그가 위임받은 토지측량사라는 임무가 날조된 것임이 드러난다. "왜 당신은 진실을 말하지 않느냐"는 여주인의 비난에, 카

222) H. D. Zimmermann 2004, 170.

는 스스로를 폭로하는 “당신도 진실을 말하지 않는다.”(S 492)로 대응한다. 소설이 진행되면서 카는 점점 더 분명하게 기만자로 나타난다. 기만, 그리고 다음에서 다룰 에로스와 함께 이 소설에서는 무의식의 세계와 연관이 있는 수면 모티프 역시 주요 모티프로 등장한다. 카는 클람의 마차 안에서 달콤한 알코올의 영향으로 몽롱한 무의식의 상태로 빠져든다. 카가 관청과의 갈등에서 매번 빠져드는 심신의 상태는 피로, 몽롱함, 수면 등이다. 연락비서 뷔르겔은 성의 고위 관리들이 항상 졸리운 상태에 있으며, 모두들 피곤하다고 말한다. 몽유병적 성격을 지닌 클람은 눈을 감고 반쯤 깨어있는 상태에서 서류들 앞에 앉아 있으며, 마치 꿈속에서처럼 코안경을 닦는다. 그리고 닫힌 주점 방 안에서 한 잔의 맥주를 들고 반쯤 수면 상태에서 긴 휴식을 취한다.

• 여인들, 에로스, 섹스

성의 비서들이 숙박하는 헤렌호프는 마을 유곽의 성격을 지닌다. 여기서는 분명한 상하의 권력관계가 지배하고 있다. 올가는 클람의 하인들에게 몸을 팔고, 프리다는 여급의 역할을 수행한다. 마을 주민들의 일반적 특징은 성의 관청에 대한 자발적인 봉사 및 복종 의지이다. 여자들은 비서들의 부름에 기꺼이 응하고 남자들은 복종과 존경의 태도를 취한다.

카는 에로스가 성에 이를 수 있는 수단으로 잘못 판단했기 때문에 에로스의 유혹에 쉽게 빠져들고, 여자들을 클람과 성에 접근하기 위한 방편으로 이용한다. 카에게 에로스와 섹스는 단지 권력에 접근하는 길이다.[223] 더욱이 프리다, 올가, 페피, 다리 앞 여관 여주인 등 마

223) Scholz 1980, 104; Alt 2005, 612-3.

을의 여자들은 권력의 하급 조력자들이기도 하다. 특히 카의 관심을 끄는 여자는 프리다이다. 그러나 그에게 중요한 것은 프리다의 여성으로서의 매력이 아니라 그녀와 클람과의 관계이다. 클람에게서 애인을 빼앗는 것이 아니라 그녀를 지나 클람에게, 그리고 성의 관청에 이를 수 있는 삼각구도를 만드는 것이 그의 목표이다. 카의 프리다와의 정사는 권력에 반기를 드는 행위이기도 한다. 외지인이 헤렌호프에서 숙박하는 것은 금지되어 있다. 그러나 카는 숙박 뿐 아니라 성의 고위 관리인 클람의 애인과 함께 밤을 보낸다. 프리다를 정복하는 것은 의식적으로, 그리고 의도적으로 클람에게 굴욕을 안겨줌으로써 권력투쟁에 있어서 유리한 고지를 확보하기 위한 것이다.[224] 다시 말해 그가 그녀를 사랑하는 것은 인격이나 인물 때문이 아니라 그녀를 통해 그에게 폐쇄된 보다 높은 영역으로 들어갈 수 있기를 희망하기 때문이다. 때문에 카는 프리다를 자신의 목적을 위해 도구화 하고자 한다. 프리다 역시 같은 방법으로 그녀의 목적을 추구한다. 그녀는 지금까지 사회적 이목을 받고, 출세하는데 도움이 되었던 클람과의 관계에 활기를 불어넣고, 그녀에 대한 클람의 관심을 새로이 일깨우기 위해 카를 애인으로 삼는다. 프리다는 카가 섹스를 사랑의 행위로 이해하지 않고, 목적 달성을 위한 수단으로 도구화 한다는 것을 이미 간파했었다.[225]

> 당신은 부드러운 감정도 없고, 나를 위한 시간조차도 없어요. 당신은 나를 조수들에게 내맡기고 있으며, 질투심도 없어요. 당신에게 있어 나의 유일한 가치는 내가 클람의 애인이었다는 사실이에요. (S 245)

결국 프리다는 카가 조수들을 비인간적으로 다루고, 그녀의 반대

224) Sokel 1976, 471.
225) Jahraus 2006, 420.

에도 불구하고 마을로부터 배척받는 바르나바스 가족과 접촉했기 때문에 카와 결별하고 헤렌호프로 돌아간다. 카의 마을 주민들과의 교류에서 특히 눈에 띄는 점은 그의 실리주의적 사고방식이다. 그는 성에 접근하는데 도움이 되는 정도, 즉 유용성에 따라 주민들의 가치를 판단한다. 프리다가 클람의 애인이라고 밝히자,[226] 그는 이렇게 말한다: "그렇다면 당신은 (...)아주 존경스러운 인물입니다."(S 62) 그러나 그녀가 카에게 완전히 빠져 클람을 포기할 때, 그녀는 스스로 카에 대한 자기 존재의 중요성을 상실한다. 카는 얼마 후 프리다의 초췌한 모습을 발견하고서는 그 원인이 클람에게서 멀어진 탓이라고 추측한다: "그녀는 클람과 가까울 때는 무척이나 유혹적인 모습이었고 이러한 매력으로 카를 사로잡았지만, 이제는 그의 품에서 시들어버렸다." (S 214)

프리다 외에 『성』에서 독자의 관심을 끄는 여자들은 올가와 아말리아이다. 바르나바스의 누이들인 아말리아와 올가는 서로 양극적으로 대립되는 생의 원칙을 구현한다. 아말리아는 도덕적 자유라는 원칙을 구현함으로써 곧 바로 사회적으로 추방을 당하게 된다. 올가는 성(城)과 화해하고 집 안에 내려진 저주를 피하기 위해 하인들에게 몸을 바친다. 그녀는 성(性)을 자신의 목적을 위한 도구로 이용하지만 실패한다. 아말리아는 성(城)의 절대적 권위를 인정하지 않는 유일한 여자이며 성(性)을 상품과 교환대상으로 이용하는 올가와는 정반대되는 여성이다. 이러한 의미에서 아말리아는 자발적으로 굴종하는 여성들과는 구분되는 예외적 존재이다. 그녀는 소르티니의 부름을 거부함으로써 쟁취한 도덕적 독립에 대해 사회적 고립이라는 무서운 대가를 치러야

226) 프리다가 클람의 애인이라는 것은 여주인의 말대로 과장된 표현이다. 소설은 둘의 관계에 대한 상세한 묘사 없이 단지 클람이 프리다를 부르곤 한다는 사실 만을 밝힌다. 프리다가 부름을 받은 후 클람 곁에서 무엇을 하는지는 더 이상 묘사되지 않고 있다.

한다. 성에 저항하고 성에서 벗어나고자 하는 아말리아는 격정과 오만의 태도를 견지한 도발적 존재로 등장하며, 성에 절대적인 복종을 할 용의가 있는 올가는 자신을 사회 권력에 종속시키는 희생자의 모습을 보여준다.[227)]

• 맺는 말

『소송』이 펠리체 바우어와의 관계가 단절된 것을 문학적으로 극복하기 위한 시도였다면, 『성』 역시 보리체크, 그리고 밀레나와의 사랑이 실패한 이유를 분명하게 극복하기 위한 시도였다. 무죄를 인정받기 위한 요제프 카의 법원과의 투쟁이 여기서는 자신의 정체성을 인정받기 위한 토지측량사 카의 성 관청과의 투쟁이 되고 있다. 시골남자가 법 안으로 들어가길 열망하는 것처럼 카 역시 마적인 유혹의 손길을 내뻗는 성으로 들어가길 바란다. 『성』은 멀리서 온 시골남자가 법 안으로의 입장을 헛되이 열망하는, 카프카의 전설 『법 앞에서』의 문학적 후일담이라 할 수 있다. 성의 끝없는 서열, 위계질서는 『법 앞에서』의 무수한 문지기들을 연상시킨다.[228)] 카의 성으로의 진입 시도는 『실종자』에서 카를 로스만의 일자리 찾기와도 연결된다. 『실종자』와 『성』은 주인공들이 갈수록 사회의 하층계급으로 전락한다는 점에서도 유사하다. 카는 매번 새로운 생활영역에 편입될 수 있는 기회들을 놓쳐버린다. 그는 점점 더 고립되면서 마구간 하인으로 전락해 가는 일종의 사회적 몰락과정을 겪게 된다. 이 점은 자신이 숙박하는 처소가 갈수록 비참해지는 것으로 분명하게 된다.

비밀스러운 성과의 절망적 투쟁을 벌이는 카의 유일한 목표는 성의 권력 영역에 편입되는 것이다. 그러나 관청(성)은 중립적인 태도를 취

227) Scholz 1980, 104; Alt 2005, 614.
228) Scholz 1980, 75.

한다. 관청은 카에게 호의적이지도 않고, 적대적이지도 않다. 투쟁은 카의 눈에서만 존재한다. 소설이 진행되면서 성이, 카가 말한 것처럼, 웃으면서 투쟁을 받아들인 것이 아님이 밝혀진다. 성은 그를 비웃을지 모르지만, 상대하지 않고 피할 따름이다. 카가 마을에 체재할 권리가 있다고 주장하는 것은 엄격히 말해 자신의 자의적 판단에 의한 것이다. 관청은 그를 환영하지도 않고, 배척하지도 않는다.[229] 이와 함께 『성』에서 특히 중요한 것은 사회공동체로의 자유로운 편입가능성이다. 결과적으로 카는 여성의 에로스에 집착함으로써 사회공동체의 낙원으로 다가갈 수 있는 올바른 길을 놓쳐버린다. 카는 자신의 힘의 한계를 넘어 끊임없이 관청과의 투쟁을 추구하지만, 성급함과 초조함으로 인해 실패한다. 좀 더 침착하고 냉정한 태도를 견지했더라면 그는 자신이 추구하는 목표에 보다 가까이 다가갔을지도 모른다. 그리고 절대적인 것을 위한 고집스러운 투쟁을 포기하고, 성이 권력의 화신이며 낙원이라는 믿음을 버렸더라면, 카는 의미 있는 인생을 가능하게 해줄 사회 공동체와의 화해에 이를 수 있었을 것이다.

229) H. Henel 1980, 115.

작가연보

- 1883 7월 3일 프란츠 카프카는 유대계 부부인 헤르만 카프카 (1852-1931)와 율리에 카프카 (1856-1934)의 장남으로 프라하의 구시가지에서 태어남. 아버지는 잡화점 상인이었고, 어머니는 양조장을 운영했던 부유한 집안의 딸이었음. 카프카 아래로 병으로 일찍 사망한 두 남동생 (게오르크와 하인리히)과 세 여동생들(엘리, 발리, 오틀라)이 있었음. 여동생들은 1941년에서 43년 사이 모두 나치스에 의해 살해당함.
- 1889-1893 독일 소년학교 다님.
- 1893-1901 프라하 구시가지에 있는 독일어로 강의하는 인문계 국립 김나지움 다님.
- 1898 후고 베르크만, 오스카 폴락 등과 사귐.
- 1900 여름방학을 트리에쉬의 시골의사인 삼촌 지크프리트의 집에서 보냄. 니체의 저술을 접함.
- 1901 김나지움 졸업. 8월 삼촌 지크프리트와 함께 처음으로 체코를 떠나 독일 헬고란트 등지로 여행을 떠남. 가을부터 프라하 독일

대학에서 법학을 전공하면서 때때로 독문학과 예술사 강의도 청강함.

- 1902 프라하 대학생 독서 토론회에서 막스 브로트를 처음 만남.
- 1904 『어느 투쟁의 묘사』 집필 시작.
- 1905 여름 추크만텔의 슈바인부르크 요양원에 체류. 겨울부터 오스카 바움, 펠릭스 벨취, 막스 브로트 등과 정기적인 모임을 갖기 시작함.
- 1906 6월 18일 법학박사 학위 취득. 10월부터 이듬해 9월까지 프라하 지방법원 판사시보. 『시골에서의 결혼준비』 집필 시작.
- 1907 10월부터 이듬해 7월까지 보험회사 '아시쿠라치오니 게네랄리'의 프라하 지점에서 임시직으로 근무.
- 1908 프란츠 블라이가 발행하는 잡지 「휘페리온」에 8편의 산문들 발표. 후에 『관찰』이라는 단행본으로 출판됨. 7월 프라하의 '노동자 재해 보험국'에 임시직으로 입사.
- 1909 브로트 형제와 함께 가르다 호숫가에 있는 리바로 여행. 일기를 쓰기 시작함.
- 1910 브로트 형제와 파리 여행.
- 1911 매제 카를 헤르만이 운영하는 석면회사에 익명의 주주로 참여. 이디시어 연극배우 뢰비와 친교. 뢰비가 이끄는 연극단은 1912년까지 프라하에서 공연을 함. 이를 계기로 카프카는 동유대인의 종교 및 문학세계에 몰입.
- 1912 여름 막스 브로트와 함께 바이마르로 휴가여행. 8월 13일 브로트의 집에서 펠리체 바우어를 처음 만남. 9월 20일 바우어와 서신교환 시작. 9월 22/23일 『판결』 집필. 9월 25일 『실종자』 집필 시작. 11월 17일에서 12월 7일 사이에 『변신』 집필. 첫 번째 책 『관찰』 출판. 12월 4일 헤르더 협회에서 주관한 '프라하 작가들의

밤' 행사에서 『판결』을 공개 낭독함.

- 1913 노동자재해보험국의 부비서관으로 승진. 바우어를 만나러 세 차례 베를린으로 감. 『화부』 출판. 2월부터 이듬해 7월까지 창작 활동 침체. 바우어와의 관계도 위기를 맞이함. 바우어의 친구 그레테 블로흐를 알게 되어 서신교환을 시작함.
- 1914 6월 1일 베를린에서 바우어와 공식 약혼. 7월 12일 파혼. 『소송』과 『유형지에서』 집필 시작.
- 1915 바우어와 재회. 카를 슈테른하임이 자신이 받은 폰타네 상 상금을 카프카에게 전달. 『변신』 출간.
- 1916 7월 바우어와 마리엔바트에 체류. 『판결』 출간. 11월 뮌헨에서 『유형지에서』 공개 낭독. 11월부터 연금술사의 거리에 있는 누이동생 오틀라의 집에서 『시골의사』, 『학술원에 드리는 보고』 등을 집필.
- 1917 7월 바우어와 함께 부다페스트로 여행. 바우어와 두 번째 약혼. 8월 각혈, 폐결핵 발병. 12월 파혼. 9월부터 8개월간 취라우에 있는 오틀라의 집에서 생활함.
- 1918 5월부터 보험국 근무 다시 시작함. 오스트리아-헝가리 이중제국 해체. 10월 28일 체코슬로바키아 공화국 선포.
- 1919 쉘레젠에서 율리에 보리체크를 알게 됨. 보리체크와 약혼. 『유형지에서』 출간. 『아버지에게 드리는 편지』 집필.
- 1920 보험국 비서관으로 승진. 구스타프 야누흐와 친교. 밀레나 예젠스카와 서신 교환. 보리체크와 파혼. 『시골의사』 출간.
- 1921 마틀리아리 요양원에서 젊은 의사 로베르트 클롭슈톡을 알게 됨. 10월 밀레나에게 모든 일기를 넘겨줌.
- 1922 휴양지 슈핀델 뮐레에 체류. 『성』 집필 시작. 비서장으로 승진. 『단식광대』 집필. 6월 보험국 퇴직.

- 1923 동해의 뮈리츠에서 도라 디아만트를 알게 됨. 9월 말 도라 디아만트가 있는 베를린으로 이사감. 『작은 여인』, 『굴』 집필.
- 1924 1월 급성 열병. 『여가수, 요제피네』 집필. 4월부터 도라 디아만트, 로베르트 클롭슈톡의 간병을 받으며 키어링에 있는 호프만 요양원에 머물다 6월 3일 후두결핵으로 사망함. 6월 11일 프라하 유대인 묘지에 안장. 8월 말 단편집 『단식광대』 출간.

참고문헌

〈1차문헌〉

- Kafka, Franz: Briefe 1902-1924, hg. von Max Brod und Klaus Wagenbach. Frankfurt am Main 1975. (=B)
- Kafka, Franz: Briefe an Felice[Bauer] und andere Korrespondenz aus der Verlobungszeit, hg. von Erich Heller und Jürgen Born. Frankfurt am Main 1976. (=BF)
- Kafka, Franz: Sämtliche Erzählungen. Hg. v. Paul Raabe. Frankfurt am Main 1979. (=SE)
- Kafka, Franz: Briefe an Milena. Erw. und neugeordnete Ausgabe, hg. v. Jürgen Born u. Michael Müller. Frankfurt am Main 1982. (=BM)
- Kafka, Franz: Tagebücher. Kritische Ausgabe, hg. von Hans-Gerd Koch, Michael Müller und Malcolm Pasley. Frankfurt am Main 1990. (=T)
- Kafka, Franz: Drucke zu Lebzeiten. Kritische Ausgabe, hg. von Wolf Kittler, Hans-Gerd Koch und Gerhard Neumann. Frankfurt am Main 2002. (=D)
- Kafka, Franz: Der Verschollene. Kritische Ausgabe, hg. von Jost Schillemeit.

Frankfurt am Main 2002. (=V)

- Kafka, Franz: Der Proceß. Kritische Ausgabe, hg. von Malcolm Pasley. Frankfurt am Main 2002. (=P)
- Kafka, Franz: Das Schloß. Kritische Ausgabe, hg. von Malcolm Pasley. Frankfurt am Main 2002. (=S)
- Kafka, Franz: Brief an den Vater. Originalfassung. Frankfurt am Main 2003. (=BV)
- 카프카, 프란츠 (권혁준 역): 카프카 단편집. 지만지 2009.
- 카프카, 프란츠 (박환덕 역): 밀레나에게 보내는 편지. 범우사 2003.
- 카프카, 프란츠 (이재황 역): 아버지에게 드리는 편지. 문학과 지성사 1999.
- 카프카, 프란츠 (편영수 역): 실종자. 지만지 2009.
- Heym, Georg: Dichtungen und Schriften. Gesamtausgabe. Bd. 3. Hamburg 1964.
- Kaiser, Georg: Werke. Bd. 1. Stücke 1895-1917. Frankfurt am Main, Berlin, Wien 1971.
- Werfel, Franz: Die Erzählungen I: Die schwarze Messe. Frankfurt am Main 1990.

〈2차문헌〉

- 권세훈 외 공역: 카프카 문학사전. 서울, 학문사 1999. (원본: Hartmut Müller, Franz Kafka. Leben-Werk-Wirkung)
- 김충남: 프라하의 독일문학, 실린 곳: 오한진 편저, 독일문학과 세계문학, 제3권, 서울, 벽호, 1995, S. 160- 191.
- 김충남: 프란츠 카프카와 프라하. 한국동유럽발칸학회, 동유럽발칸학 제5권 2호. 2003, 181-208쪽.
- 김충남: 독일 표현주의 산문. 한국외대, 외국문학연구 제13호. 2003, 27-43쪽. (2003a)
- 김충남: 되블린의 단편『민들레꽃 살해』에 나타난 시민의 광기. 한국외대, 외국문학연구 제16호. 2004, 59-78쪽.
- 김충남: 카프카와 표현주의 –『변신』에 나타난 표현주의적 요소. 한국브레히트학회, 브레히트와 현대연극 제12집. 2004, 434-457쪽. (2004a)
- 김충남: 에른스트 톨러의 표현주의 이념극『변화』연구. 한국외대, 외국문학연구 제21집. 2005, 31-53쪽.
- 김충남: 카프카의『판결』에 나타난 자아분열 현상과 부자갈등. 세계문학비교학회, 세계문학 비교연구 제16집. 2006, 155-173쪽.
- 김충남: 카프카의『소송』에 나타난 표현주의 모티프. 한국브레히트학회, 브레히트와 현대연극 제17집. 2007, 121-144쪽.
- 김충남: Rotpeters Identitätswechsel. Über Kafkas *Ein Bericht für eine Akademie*. 한국독어독문학회, 독일문학 제108집. 2008, 54-70쪽.
- 김충남: 카프카의『유형지에서』의 양극적 독법. 한국외대, 외국문학연구 제33호. 2009, 123-148쪽.
- 변난수: 카프카의『시골의사』에 있어 언어와 현실의 불연속성. 독일문학 57집 (1995), 153-173쪽.

• 이주동: 역자후기. 경계선상의 마술사, 카프카. 실린 곳: 이주동 역. 카프카 전집 3, 〈소송〉. 솔 출판사 2006, 283-301쪽.
• 르페뷔르, 크리스토프 (강주헌 역): 카페를 사랑한 그들. 효형출판 2008.
• 바겐바흐, 클라우스 (김인순 역): 카프카와 프라하. 열린책들 2004.
• Abels, Nobert: Franz Werfel. Reinbek bei Hamburg 2002.
• Allemann, Beda: Franz Kafka. *Der Prozeß*. In: Der deutsche Roman. Vom Barock bis zur Gegenwart. Hrsg. v. Benno von Wiese. Düsseldorf 1963. Bd. 2, S. 234-290.
• Allemann, Beda: Noch einmal: Kafkas *Proceß*. In: Hans Dieter Zimmermann(Hrsg.): Nach erneuter Lektüre: Franz Kafkas *Der Proceß*. Würzburg 1992, S. 109-120.
• Alt, Peter-André: Franz Kafka. Der ewige Sohn. Eine Biographie. München 2005.
• Anz, Thomas: Entfremdung und Angst- Expressionistische Psychopathographie und ihre sozialwissenschaftliche Interpretierbarkeit. In: Horst Meixner/Silvio Vietta(Hg.): Expressionismus-Sozialwandel und künstlerische Erfahrung. München 1982, S. 15-29.
• Anz, Thomas: Jemand mußte Otto G. verleumdet haben... Kafka, Werfel, Otto Gross und eine "psychiatrische Geschichte". In: Akzente 31(1984) H. 2, S. 184-191.
• Anz, Thomas: Franz Kafka. München 1992.
• Bahr, Ehrhard: Kafka und der Prager Frühling. In: Heinz Politzer(Hg.): Franz Kafka. Darmstadt 1973, S. 516-538.
• Bartels, Martin: Der Kampf um den Freund. Die Psychoanalytische Sinneinheit in Kafkas Erzählung *Das Urteil*. In: Deutsche Vierteljahrsschrift

für Literaturwissenschaft und Geistesgeschichte 56 (1982), S. 225-258.

- Beicken, Peter U.: Franz Kafka. Eine kritische Einführung in die Forschung. Frankfurt am Main 1974.
- Beicken, Peter U.: Franz Kafka. Der Process. München 1997.
- Binder, Hartmut: Kafka-Kommentar zu sämtlichen Erzählungen. München 1975.
- Binder, Hartmut(Hg.): Kafka-Handbuch in 2 Bänden. Bd. 2. Stuttgart 1979.
- Binder, Hartmut: Wo Kafka und seine Freunde zu Gast waren. Eine Typologie des Prager Kaffeehauses. Dortmund 1991.
- Bogdal, Klaus-Michael: Allegorien des Schreckens - Allegorie des 20. Jahrhunderts? Kafkas Prozeß. Vortrag in Hankuk Univ. of Foreign Studies 2004.
- Bohrer, Karl Heinz: Literatur oder Wirklichkeit. Die Flucht der Kulturwissenschaft vor der Kunst. In: Merkur 60 (2006) H.5, S. 425-435.
- Born, Jürgen(Hg.): Franz Kafka. Kritik und Rezeption zu seinen Lebzeiten. 1912-1924. Frankfurt am Main 1979.
- Brinkmann, Richard: Expressionismus. Internationale Forschung zu einem internationalen Problem. Stuttgart 1980.
- Brod, Leo: Prag als literarischer Schauplatz. In: Sudetenland, Böhmen, Mähren, Schlesien. Vierteljahrschrift für Kunst, Literatur, Wissenschaft und Volkstum, 21. Jg. (1979) H. 2, S. 129-133.
- Brod, Max: Aus Kafkas Freundeskreis. In: Wort in der Zeit. Österreichische Literaturzeitschrift, 10. Jg. (1964) H. 6, S. 4-7.
- Brod, Max: Streitbares Leben 1884-1968. München 1969.
- Brod, Max: Über Franz Kafka. Frankfurt am Main 1977.
- Derlien, Hans-Ulrich: Bürokratie in der Literatur und Soziologie der

Moderne. Über Kafka und Max Weber. In: Thomas Anz / Michael Stark: Die Modernität des Expressionsmus. Stuttgart 1994, S. 44-61.

- Dietz, Ludwig: Franz Kafka. Stuttgart 1975.
- Emrich, Wilhelm: Protest und Verheißung. Frankfurt am Main 1963.
- Emrich, Wilhelm: Franz Kafka. Frankfurt am Main, Bonn 1965.
- Feldmann, Susanne: "Verstand geht dem Blödesten auf". Medien und Kultur in Kafkas "Strafkolonie". In: Weimarer Beiträge 42 (1996) H.3, S. 340-356.
- Fischer, Ernst: Kafka Konferenz (1965), In: Heinz Politzer(Hg.), Franz Kafka. Darmstadt 1973, S. 365-377.
- Fülleborn, Ulrich: Der Einzelne und die 'geistige Welt'. Zu Kafkas Romanen. In: Claude David(Hg.): Franz Kafka. Themen und Probleme. Göttingen 1980, S. 81-100.
- Giese, Peter Christian: Interpretationshilfen. Lyrik des Expressionismus. Stuttgart 1993.
- Goldstücker, Eduard: Die Prager deutsche Literatur. In: Egon Erwin Kisch/ F.C. Weiskopf. Leben und Werk. Hg. vom Kollektiv für Literaturgeschichte im volkseigenen Verlag Volk und Wissen. Berlin 1963, S. 6-18.
- Goldstücker, Eduard: Die Prager deutsche Literatur als historisches Phänomen. In: Weltfreunde. Konferenz für die Prager deutsche Literatur. Red.: Eduard Goldstücker, Alois Hofman, Paul Reimann. (Prag 1967), S. 21-45.
- Goldstücker, Eduard: Über Franz Kafka. Aus der Prager Perspektive 1963. In: Heinz Politzer(Hg.), Franz Kafka. Darmstadt 1973, S. 351-364.
- Goltschnigg, Dietmar: Verrätselung und hermeneutische "Anforderungen". Franz Kafkas Roman *Der Proceß*. In: D. Goltschnigg: "Fröhliche Apokalypse" und nostalgische Utopie. Wien, Berlin 2009, S. 252-271.

- Gray, Richard T.: *Das Urteil*. In: M. Müller(Hg.) 2003, S.11-41.
- Gross, Otto: Von geschlechtlicher Not zur sozialen Katastrophe. Hamburg 2000.
- Hecker, Axel: An den Rändern des Lesbaren. Dekonstruktive Lektüren zu Franz Kafka: *Die Verwandlung, In der Strafkolonie und Das Urteil*. Wien 1998.
- Henel, Heinrich: Kafka meistert den Roman. In: Claude David (Hg.): Franz Kafka. Themen und Probleme. Göttingen 1980. S. 101-120.
- Henel, Ingeborg C.: Die Deutbarkeit von Kafkas Werken. In: Heinz Politzer (Hg.): Franz Kafka. Darmstadt 1973. S. 406-430.
- Hermes, Roger: Anmerkungen. In: Franz Kafka: *Brief an den Vater*. Originalfassung. Frankfurt am Main 2003, S. 65-92.
- Höfle, Peter: Kommentar. In: Franz Kafka: In der Strafkolonie. Text und Kommentar. Frankfurt am Main 2006, S. 57-133.
- Jagow, Bettina von: Rotpeters Rituale der Befriedung: Ein zweifelhafter "Menschenausweg" Franz Kafkas *Bericht für eine Akademie* aus eth(n) ologischer Perspektive. In: Zeitschrift für Germanistik 12 (2002) H.3, S. 597-607.
- Jahraus, Oliver/Stefan Neuhaus (Hg.): Kafkas *Urteil* und die Literaturtheorie. Zehn Modellanalysen. Stuttgart 2002.
- Jahraus, Oliver: Kafka. Leben, Schreiben, Machtapparate. Stuttgart 2006.
- Janouch, Gustav: Gespräch mit Kafka. Frankfurt am Main 1951.
- Janz, Rolf-Peter: Von Prag nach New York? Zu Kafkas Roman Der Verschollene. 2010 한국독어독문학회 가을 학술대회 발표논문집 13-21 쪽.
- Kahler, Erich von: Die Prosa des Expressionismus. In: Der deutsche

Expressionismus. Formen und Gestalten. Hg. von Hans Steffen. Göttingen 1965.

- Kaiser, Hellmuth: Franz Kafkas Inferno. Eine psychologische Deutung seiner Strafphantasie. In: Heinz Politzer (Hg.):Franz Kafka. Darmstadt 1973, S. 69-142.
- Kaus, Rainer J.: Erzählte Psychoanalyse bei Franz Kafka. Die Deutung von Kafkas Erzählung *Das Urteil*. Heidelberg 1998.
- Kaus, Rainer J.: Literaturpsychologie und literarische Hermeneutik: Sigmund Freud und Franz Kafka. Frankfurt am Main 2004.
- Kempf, Franz: Kafka und der Expressionismus. In: Seminar. A Journal of Germanic Studies 26. 1990. Univ. of Toronto Pr.
- Kilcher, Andreas/Detlef Kremer: Die Genealogie der Schrift. Eine transtextuelle Lektüre von Kafkas *Bericht für eine Akademie*. In: Claudia Liebrand/Franziska Schößler (Hg.): Textverkehr. Kafka und die Tradition. Würzburg 2004, S. 45-72.
- Kleinschmidt, Gert: *Ein Landarzt*. In: Albrecht Weber u.a.: Interpretationen zu Franz Kafka. München 1973, S. 106-121.
- Klinge, Reinhold: Mensch und Gesellschaft im Spiegel neuerer Romane. In: Der Deutschunterricht 23(1971) H.2, S. 86-102. (Bes. 94-96.)
- Klotz, Volker: Das europäische Kunstmärchen. Stuttgart 1987.
- Knapp, Gerhard P.: Die Literatur des deutschen Expressionismus. Einführung- Bestandsaufnahme-Kritik. München 1979.
- Koch, Hans-Gerd (Hg.): Als Kafka mir entgegenkam... Erinnerungen an Franz Kafka. Berlin 1995.
- Kremer, Detlef: *Ein Landarzt*. In: M. Müller(Hg.) 2003, S. 197-214.
- Krull, Wilhelm: Prosa des Expressionismus. Stuttgart 1984.

- Kurz, Gerhard: Traum-Schrecken. Kafkas literarische Existenzanalyse. Stuttgart 1980.
- Kudszus, Winfried: Erzählperspektive und Erzählgeschehen in Kafkas *Prozeß*. In: DVLG 44(1970), S. 306-317.
- Martini, Fritz (Hg.): Prosa des Expressionismus. Stuttgart 1977.
- Matt, Peter von: Eine Nacht verändert die Weltliteratur. In: Claudia Liebrand(Hg.): Franz Kafka. Neue Wege der Forschung. Darmstadt 2006, S. 102-115.
- Menninghaus, Winfried: Ekel. Theorie und Geschichte einer starken Empfindung. Frankfurt am Main 2002.
- Mladek, Klaus: "Ein eigentümlicher Apparat". Franz Kafkas *In der Strafkolonie*. In: Text +Kritik. Sonderband. Franz Kafka VII/94, S. 115-142.
- Müller, Beate: Die grausame Schrift: Zur Ästhetik der Zensur in Kafkas *Strafkolonie*. In: Neophilologus 84 (2000) No. 1, S. 107-125.
- Müller, Michael (Hg.): Interpretationen Franz Kafka. Romane und Erzählungen. Stuttgart 2003.
- Müller, Michael: *Das Schloß*. In: M. Müller (Hg.) 2003, S. 253-283.
- Müller, Michael: *Ein Hungerkünstler*. In: M. Müller (Hg.) 2003, S. 284-312.
- Müller-Seidel, Walter: Die Deportation des Menschen. Kafkas Erzählung *In der Strafkolonie* im europäischen Kontext. Stuttgart 1986.
- Martini, Fritz (Hg.): Prosa des Expressionismus. Stuttgart 1972.
- Nagel, Bert: Franz Kafka. Aspekte zur Interpretation und Wertung. Berlin 1974.
- Neumann, Gerhard: *Ein Bericht für eine Akademie*. Erwägungen zum "Mimesis". -Charakter Kafkascher Texte. In: DVLG 49 (1975) , S. 166-183.
- Nicolai, Ralf R.: Kafkas Amerika-Roman *Der Verschollene*. Würzburg

1986.

• Paulsen, Wolfgang: Deutsche Literatur des Expressionismus. Bern 1983.

• Pazi, Margarita: Fünf Autoren des Prager Kreises. Frankfurt am Main 1978. (=Würzburger Hochschulschriften zur neueren deutschen Literaturgeschichte 3)

• Pazi, Margarita: Franz Kafka, Max Brod und der Prager Kreis. In: Franz Kafka und das Judentum. Hg. von Karl Erich Grözinger, Stephane Moses, Hans Dieter Zimmermann. Frankfurt am Main 1987, S. 71-92.

• Pfeiffer, Joachim: Franz Kafka. *Die Verwandlung/Brief an den Vater*. München 2004.

• Pinthus, Kurt: Menschheitsdämmerung. Ein Dokument des Expressionismus. Hamburg 1959.

• Plachta, Bodo: *Der Verschollene*. In: M. Müller (Hg.) 2003, S. 75-97.

• Politzer, Heinz (Hg.): Franz Kafka. Darmstadt 1973.

• Politzer, Heinz: Dieses Mütterchen hat Krallen. In: Literatur und Kritik 9. Jg. (1974) H. 81, S. 15-33.

• Preisner, Rio: Aspekte einer provokativen tschechischen Germanistik, Teil I. Kafka-Nestroy. Würzburg 1977.

• Raabe, Paul: Franz Kafka und der Expressionismus. In: Heinz Politzer(Hg.): Franz Kafka. Darmstadt 1973, S. 386-405.

• Reimann, Paul: Die Prager deutsche Literatur im Kampf um einen neuen Humanismus. In: Weltfreunde. Konferenz über die Prager deutsche Literatur. Red.: Eduard Goldstücker, Alois Hofman, Paul Reimann. Prag 1967, S. 7-19.

• Rietsch, Jörn: Der Prager Autor Franz Kafka und die frühe Erzählung "Beschreibung eines Kampfes". In: brücken. Neue Folge. (Hg. Michael Berger und Kurt Krolop) Berlin /Prag/Presov 1992, S. 101-195.

- Robertson, Ritchie: Kafka. Judentum, Gesellschaft, Literatur. Stuttgart 1988.
- Robertson, Ritchie: Der Prozeß. In: M. Müller(Hg.) 2003, S. 98-145.
- Salfellner, Harald: Franz Kafka und Prag. Prag 1996.
- Schlingmann, Carsten: Literaturwissen. Franz Kafka. Stuttgart 2003.
- Schmidhäuser, Elsbeth: Franz Kafkas Erzählung *In der Strafkolonie*. Psychoanalytische und andere Aspekte. In: Jahrbuch der Psychoanalyse 36 (1996), S. 178-224.
- Schmidt, Ulrich: Von der 'Peinlichkeit' der Zeit. Kafkas Erzählung *In der Strafkolonie*. In: Jahrbuch der Deutschen Schillergesellschaft 29 (1984), S. 407-445.
- Schmidt, Ulrich: "Tat-Beobachtung". Kafkas Erzählung *In der Strafkolonie* im literarisch-historischen Kontext. In: Hartmut Binder (Hg.): Franz Kafka und die Prager deutsche Literatur. Bonn 1988, S. 55-69.
- Schmitz, Walter/Ludger Udolph: Tripolis Praga. Die Prager Moderne um 1900. Katalogbuch. Dresden 2001.
- Scholz, Ingeborg: Franz Kafka. *Brief an Max Brod, Der Prozess, Das Schloss*. Hollfeld 1980.
- Sokel, Walter H.: Der Expressionist Franz Kafka. In: Forum 10 (1963), S. 288-290, 363-365.
- Sokel, Walter H.: Die Prosa des Expressionismus. In: Expressionismus als Literatur. Gesammelte Studien. Hg. von Wolfgang Rothe. Bern, München 1969, S. 153-170.
- Sokel, Walter H.: Der Literarische Expressionismus. München 1970.
- Sokel, Walter H.: Kafkas Verwandlung: Auflehnung und Bestrafung. In: Heinz Politzer (Hg.): Franz Kafka. Darmstadt 1973, S. 267-285.
- Sokel, Walter H.: Zwischen Drohung und Errettung. Zur Funktion Amerikas

in Kafkas Roman *Der Verschollene*. In: Amerika in der deutschen Literatur. Neue Welt-Nordamerika-USA. Hg. v. S. Bauschinger u. W. Malsch. Stuttgart 1975, S. 246-271.

- Sokel, Walter H.: Franz Kafka. Tragik und Ironie. München 1976.
- Speirs, Ronald: Das Urteil oder die Macht der Schwäche. In: Text und Kritik-Sonderband. Franz Kafka. München 1994, S.93-108.
- Stach, Reiner: Kafka. Die Jahre der Erkenntnis. Frankfurt am Main 2008.
- Stölzl, Christoph: Kafkas böses Böhmen. Zur Sozialgeschichte eines Prager Juden. München 1975.
- Stromšík, Jiří: Kafka aus Prager Sicht 1963. Ein Rückblick von 1991. In: Norbert Winkler/Wolfgang Kraus (Hg.): Franz Kafka in der kommunistischen Welt. Kafka-Symposium 1991, Klosterneuburg. Wien/Köln/Weimar 1993, S. 120-143.
- Sudau, Ralf: Franz Kafka. Kurze Prosa/Erzählungen. 16 Interpretationen. Stuttgart 2007.
- Urban, Cerstin: Kafka, Erzählungen I. Hollfeld 2003.
- Urzidil, Johannes: Da geht Kafka. München 1966.
- Urzidil, Johannes: Der lebendige Anteil des jüdischen Prag an der neueren deutschen Literatur. In: Bulletin des Leo Baeck Instituts. 10. Jg. (1967). Frankfurt am Main 1967.
- Václavek, Ludvík E.: Zur Vielschichtigkeit der Kafka-Rezeption in der CSR 1945-1989. In: Norbert Winkler/Wolfgang Kraus (Hg.), Franz Kafka in der kommunistischen Welt. Kafka-Symposium 1991, Klosterneuburg. Wien/Köln/Weimar 1993, S. 144-154.
- Vietta, Silvio/Hans Georg Kemper: Expressionismus. München 1975.
- Wachler, Dietrich: Mensch und Apparat bei Kafka. Versuch einer

soziologischen Interpretation. In: Sprache im technischen Zeitalter 20 (1981), S. 142-157.

- Wagenbach, Klaus: Franz Kafka. Eine Biographie seiner Jugend 1883-1912. Bern 1958.
- Wagenbach, Klaus: Franz Kafka in Selbstzeugnissen und Bilddokumenten. Reinbek bei Hamburg 1964.
- Wagenbach, Klaus: Franz Kafka. Reinbek bei Hamburg 2007.
- Weber, Albrecht/ Carsten Schlingmann, Gert Kleinstadt: Interpretationen zu Franz Kafka. München 1973.
- Westerwinter, Margret: Erläuterungen zu Franz Kafka. *Ein Bericht für eine Akademie*. Hollfeld 2007.
- Wiese, Benno von: Die deutsche Novelle. Von Goethe bis Kafka. 2 Bde. Düsseldorf 1962.
- Zilcosky, John: Wildes Reisen. Kolonialer Sadismus und Masochismus in Kafkas *Strafkolonie*. In: Weimarer Beiträge 50 (2004) 1, S. 33-54.
- Zimmermann, Hans Dieter: Franz Kafka. Der Proceß. Frankfurt am Main 1995.
- Zimmermann, Hans Dieter: *In der Strafkolonie* - Die Täter und die Untätigen. In: M. Müller (Hg.) 2003, S. 158-172.
- Zimmermann, Hans Dieter: Kafka für Fortgeschrittene. München 2004.
- Zimmermann, Werner: Deutsche Prosadichtungen unseres Jahrhunderts. 2 Bde. Düsseldorf 1974.

주요 인명 찾아보기

[ㅎ]

카프카 작품 찾아보기

Franz Kafka
프란츠 카프카
인간·도시·작품

초판 인쇄 2012년 2월 10일
초판 발행 2012년 2월 20일
지은이 김충남
발행인 박 철
기획 · 권원순 Director, University Press
편집 · 탁경구 Executive Knowledge Contents Creator
편집진행 1 · 신선호 Chief e-Contents Creator
편집진행 2 · 정재원 Chief Contents Creator
마케팅 · 김태문 Chief Marketing Creator
발행처 한국외국어대학교 출판부
130-791 서울시 동대문구 이문로 107
전 화 02)2173-2495~7
FAX 02)2173-3363
홈페이지 http://press.hufs.ac.kr
전자우편 press@hufs.ac.kr
출판등록 제6-6호(1969. 4. 30)
편집 · 디자인 (주)이환디앤비 02)2254-4301
인쇄 · 제본 (주)SM C&P 02)468-6100

ISBN 978-89-7464-711-7 93850 정가 14,000원
* 잘못된 책은 교환하여 드립니다.